职业院校旅游服务与管理专业工学结合系列教材

旅游服务基础技术

主　编　刘长英
副主编　陈　卫　钟　莹　李少立
　　　　刘　琳　廖文娟　周媛媛
主　审　陆　朋

中国物资出版社

图书在版编目（CIP）数据

旅游服务基础技术/刘长英主编．—北京：中国物资出版社，2010.9
（职业院校旅游服务与管理专业工学结合系列教材）
ISBN 978-7-5047-3474-7

Ⅰ.①旅… Ⅱ.①刘… Ⅲ.①旅游服务—高等学校：技术学校—教材 Ⅳ.①F590.63

中国版本图书馆 CIP 数据核字（2010）第 118160 号

策划编辑 张利敏
责任编辑 张利敏
责任印制 何崇杭
责任校对 孙会香 梁 凡

中国物资出版社出版发行
网址：http://www.clph.cn
社址：北京市西城区月坛北街 25 号
电话：(010) 68589540 邮政编码：100834
全国新华书店经销
中国农业出版社印刷厂印刷

开本：787mm×1092mm 1/16 印张：16 字数：379 千字
2010 年 9 月第 1 版 2010 年 9 月第 1 次印刷
书号：ISBN 978-7-5047-3474-7/F·1368
印数：0001—3000 册
定价：26.00 元
（图书出现印装质量问题，本社负责调换）

全国职业院校旅游服务与管理专业
工学结合系列教材编审委员会

出版说明

为了编写这套教材，中国物资出版社筹备的“全国职业院校旅游服务与管理专业教材编审委员会工作会议”第一次会议和第二次会议先后在杭州和北京召开，会议贯彻以职业技能训练为中心任务、以工学结合为体系的现代化高职教育教材编写理念，探索具有旅游服务与管理专业特色的工学结合的教材编写模式，搭建了企业管理人员与一线教师交流的平台。

工学结合的教材应该根据具体的专业所属的行业领域和职业岗位（群）的任职要求，参照相关的职业资格标准，按照职业岗位编排教材体系与实训项目内容，从而使教材有效地体现知识与工作职位的一体化。这样的教材必然具备两个特点：一是必须有企业人员参与教材编写，体现校企合作、工学结合；二是必须与相关职业资格标准相结合。

那么旅游服务与管理专业工学结合的教材应该是怎样的？

旅游服务与管理专业工学结合的教材应该是以岗位（群）为依据划分项目，再将项目分解成任务，并且具体地讲解完成任务所需要的步骤，从而同时实现技能目标和知识目标。它不同于传统的“实训教程”，也不等于众多小模块的拼凑，更不是简单地将“章”变“项目”，“节”变“任务”。而是将系统的知识与技能有机地结合起来表述，有严格的项目、任务分解依据，读来轻松又不失严谨。

本系列教材还配有电子教学资料，包括电子教案、教学指南、课时建议、练习题答案、实训设置等，能够为老师授课和学生学习提供诸多便利，起到小型“资料库”的作用，欢迎登录 http：//www. clph. cn 进行下载。

本系列教材从策划伊始到问世，都伴随着策划人的详尽调研、行业专家的认真解惑和编写老师的严谨耕耘，它具备如下特点：

1. 通俗易读，深浅有度。理论知识广而不深，基本技能贯穿教材的始终。图文并茂，以例释理的方法得到广泛的应用，十分符合职业院校学生的学习特点。

2. 工学结合的编写思路。一方面注重企业的参与，另一方面注重与相关职业资格标准相结合。

3. “套餐式”教材，电子教学资料请专业人士制作。现代化的手段可以帮助丰富和发展传统的教材，PPT 可以使学生的注意力更加集中，书本的附加内容可以使书本内容形象生动，适量的配套练习、详细的参考答案可以培养学生自学自测的能力。

4. 兼顾老师授课和学生学习。教材不仅设置电子教学资料减少老师备课的工作量，在内容安排上兼顾了可读性的提高，使学生能够自主学习。

“职业院校旅游服务与管理专业工学结合系列教材”符合职业教育的教学理念和发展趋势，能够成为广大教师和学生教与学的优秀素材，同时也可以作为饭店管理人员、相关从业人员的自学读物。

序　言

《旅游服务基础技术》为高等职业教育《旅游学概论》的替代创新型教材。它主要定位于构建高等职业教育旅游服务类专业课程体系的专业基础课程。多年以来，高等职业教育旅游服务类专业都是仿照本科的人才培养体系开设相关课程，比如，本科（4年）开设《旅游学概论》，高职高专（2年或3年）也开设《旅游学概论》。其实，高等职业教育的学制、教学时数、培养对象、培养目标与普通本科教育是不一样的，因此，仿照本科开设《旅游学概论》及诸多相应课程是不合适的，高等职业教育应该有自己的课程体系。

《旅游服务基础技术》编写的基本理念是：以应用为目的，以必需、够用为核心原则，通过专业基础知识与技能的优化整合，使学生在最短的时间内掌握旅游服务必需的基础技术。本书遵循旅游服务类专业的教学规律和行业需求特点，注重吸收最前沿的理论研究成果，引用最新颖的行业动态资料，紧紧围绕培养旅游业高技能应用型服务人才的目标进行编写。

在编写过程中，我们吸收了基于工作过程的人才培养理念。首先，从体例上创新，采用基于工作过程的“模块导入、任务驱动”的编写模式。其次，突出案例教学的特点，采用了大量直接反映当前旅游业现状的典型案例。最后，不苛求教材的系统性与完整性，只求突出高等职业教育旅游服务类专业高技能应用型人才的培养特点。

在内容安排上，本书以旅游服务基础技术为核心，通过活泼的形式展现理论知识的框架，通过平实浅显的语言引导读者深入浅出地理解和掌握旅游服务基础技术。选材时，既考虑到国内外旅游业发展的现实需求，又注重理论研究的超前性和未来旅游业发展的态势。

从整体上看，全书内容翔实，信息量大，资料新颖，做到了既突出实践又有一定的理论深度，并且通俗易懂，体现了实用、创新、前瞻的特色。通过对本书的学习，学生能迅速理解和掌握旅游服务基础技术。

本书由刘长英担任主编，负责整体修改和定稿。参与编写人员及分工如下：刘长英编写模块一、模块四、模块五、模块六、模块七任务三和任务四、模块八；陈卫编写模块二；刘琳编写模块三；周媛媛编写模块七任务一；廖文娟编写模块七任务二；李少立编写模块九；钟莹编写模块十。

本书针对性强，主要适合于高等职业教育旅游类及相关专业学生使用，也适合于旅游行业员工培训使用。

刘长英

2010 年 7 月

目 录

模块一 服务意识——卓越旅游服务的灵魂

应知应会

1. 认识和掌握旅游服务的内涵与特证。
2. 树立良好的旅游服务意识。
3. 熟练运用良好的服务意识的主要表现方法。

动脑筋

2005年9月12日上午，建设历时5年多的香港迪士尼乐园举行盛大开幕典礼，国家副主席曾庆红、香港特区行政长官曾荫权出席了开幕仪式典礼。曾庆红在致辞中说，香港迪士尼乐园的建成，为香港经济的繁荣发展提供了一个新的增长点。下午1时，在海内外关注的目光中，香港迪士尼乐园正式开启迎接首批游客的大门，全日接待1.6万名早已预订好门票的海内外游客。香港迪士尼乐园是继日本之后亚洲第二个也是全球第五个迪士尼乐园。乐园预计首年入场人次是560万。

2009年11月4日8时30分，上海市人民政府新闻办公室授权宣布，上海迪士尼乐园项目申请报告已获国家有关部门核准。据有关部门透露，在国家有关部委的关心与指导下，中美双方经过多年接触和谈判，本着互惠互利的原则，于2009年年初签订了合作框架协议，上海方面按有关程序向国家有关部门上报了项目申请报告。2009年10月底，上海迪士尼项目已获国家有关部门核准。目前，中美双方正就项目合作的具体内容和细节进行深入磋商，将在上海浦东新区共同建设世界一流的迪士尼乐园。

（资料来源：南方网、东方网）

思考：中国第一个迪士尼乐园为什么选在香港？不选在上海呢？

迪士尼这种大型的主题公园的选址建设需要考虑多方面的因素，其中一项重要的“软件”就是旅游服务员工的服务素质。首先，中国香港作为一个旅游发达的地区，从事旅游服务业的员工比中国内地及亚洲其他地区的服务员工要有经验。其次，香港是一个国际化的大都市，旅游服务员工的外语水平比内地旅游服务员工高。迪士尼高层也曾说，在亚洲地区，香港服务员工的素质要高于中国内地，如果香港迪士尼成功，那么在中国内地就有可能再建造迪士尼；如果香港失败，那么中国内地就不会再建迪士尼。

任务驱动

任务一　认识旅游服务的内涵与特征

旅游业无论怎样变化，都离不开“服务”这个核心宗旨。美国一家咨询公司研究发现，客人转换供应商的原因，有70%是由服务问题引起的。还有研究资料表明，客人由于对服务不满意而离开供应商，比由于价格或产品质量等因素而离开供应商的可能性大五倍。因此，我们学习旅游服务基础技术，就必须从认识服务的内涵与特征开始。

一、什么是服务

关于服务的定义，《旅游服务基础术语》（GB/T 16766—1997）中是这样解释的：“服务（Service)”是指为满足客人的需要，供方与客人接触的活动和供方内部活动所产生的结果。另外，专家给“服务”下的定义是这样的：服务就是一方向另一方提供的基本上是无形的任何活动或利益，并且不导致任何所有权的产生。它的生产可能与某种有形产品密切联系在一起，也可能毫无关联。两相比较，第一个定义抓住了“服务”的两个关键点，一是服务的对象，二是说清了服务本身是一种工作，需要动手动脑筋；第二个定义则抓住了服务的本质内涵。

上述定义阐述了服务所提供给客人的基本上是无形的活动或利益。可见，服务是具有无形特征却可给人带来某种利益或满足感的可供有偿转让的一种或一系列活动。服务通常是无形的，并且是在服务提供方和客人接触面上至少需要完成一项活动的结果。要深入理解服务的内涵，可从以下几个方面来把握。

（1）在接触面上，服务提供方或客人可能由员工或装备来代表；

（2）对于服务提供，在与供方接触面上客人的活动可能是实质所在；

（3）有形产品的提供或使用可能成为服务的一个部分；

（4）服务可能与有形产品的生产和供应结合在一起。

随着社会的发展，服务业领域越来越广阔，服务的含义也越来越广泛。它既包含营利性的服务行业所提供的服务，如旅行社、旅游饭店、旅游交通、旅游景区等，也包含非营利性组织所提供的服务，如政府通过学校、医院、警察、市政等部门提供的服务。目前，第一、第二产业归类后所“剩余”的部门，都被纳入服务业，又被称为第三产业。早在20世纪90年代，服务业吸纳就业人数比例和创造的GDP（Gross Domestic Product，国内生产总值）比重在发达国家都达到70%左右。世界经济已经步入了“服务经济”时代。

服务作为一种特殊的产品，与有形产品进行比较的话，两者有着较为明显的区别，如表1-1所示。

表 1-1 服务与有形产品的区别

服务	有形产品
非实体	实体
生产、销售与消费同时进行	生产、销售与消费分离
一种行为或活动过程，核心价值是在交易过程中产生的	一种物品核心价值是在工厂生产出来的
客人一般参与生产过程	客人一般不参与生产过程
不可储存	可以储存
所有权没有转移	所有权转移

二、什么是服务意识

服务，显然指的是行动。意识，指的是思想。而服务意识则是指员工在同一切与组织利益相关者（人或组织）的交往中所体现的为其提供热情、周到、主动的服务的欲望和意识，即自觉主动做好服务工作的一种观念和愿望，它发自服务员工的内心。

服务意识有强烈与淡漠之分，有主动与被动之分，这是认识程度问题。认识深刻就会有强烈的服务意识；有了强烈展现个人才华、体现人生价值的观念，就会有强烈的服务意识；有了以组织为家、热爱集体、无私奉献的风格和精神，就会有强烈的服务意识。

服务意识的内涵：它是发自服务员工内心的思想观念；它也是服务员工的一种本能和习惯；它还是可以通过培养、教育训练形成的意识。

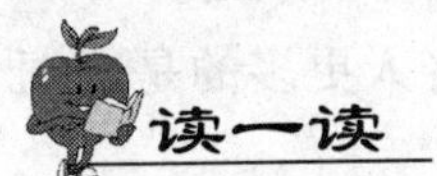
读一读

Service 注解

世界服务业协会把“service”的七个字母拆开，扩展为一连串的句子，用于表述“服务”的深层内涵：

S——Smile for everyone.（微笑待客）

E——Excellence in everything you do.（精通业务）

R——Reaching out every customer with hospitality.（亲切友善）

V——Viewing every customer to return.（一视同仁）

I——Inviting your customer to return.（邀请再来）

C——Creating warm atmosphere.（宾至如归）

E——Eye contact that shows we care.（凝神关注）

三、旅游服务的基本特征

从服务与有形产品的比较中，我们可将旅游服务的基本特征归纳为五个方面，如图1-1所示。

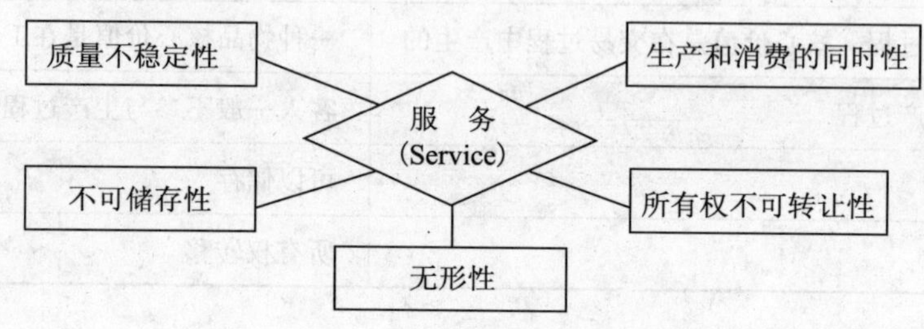

图1-1 服务的五个特征

（一）旅游服务的无形性

无形性是旅游服务的显著特点和最基本的特征，也是有形产品和服务之间最基本的，也是最常被提到的不同点。因为服务是由一系列活动所组成的过程，而不是实体，这个过程我们看不见，尝不到，摸不着，听不到，也闻不出来。它不可能像有形产品那样可以看到、感觉到或者触摸到。

旅游服务是一方向另一方提供的基本上是无形的活动或利益，客人收获的也只是一种主观感受与体验，而这种感受与体验对于客人来说又确实是无形的。由于旅游服务在生产和消费过程中不涉及任何实体的转移，旅游服务在消费完成后便消失了，因而客人所拥有的对旅游服务的权利并未因服务交易的结束而产生像有形产品交换那样实体的东西。

由于旅游服务的无形性，客人难以感知和判断其质量和效果，因而客人更多的是依据服务设施设备来衡量。

（二）旅游服务质量的不稳定性

旅游服务是由人表现出来的一系列行为的过程，因此员工所提供的服务通常就是客人眼中的服务。员工的服务态度、技能不可能完全一样，即使同一个员工，在不同的时间、地点和环境，所提供的旅游服务质量也往往不同。此外，客人的消费与员工的生产往往处于同一时空，员工和客人之间的相互关系、相互作用以及伴随这一过程的所有变化因素都会导致旅游服务质量的不稳定性。同时，这些也导致服务质量取决于旅游组织不能完全控制的许多因素，如客人对其需求的清楚表达的能力、员工满足这些需求的能力和意愿、其他客人的到来以及客人对旅游服务需求的程度。这些因素使旅游组织无法确知服务是否按照原来的计划和宣传的那样提供给客人。有时候服务也可能会由中间商提供，那就更加大了服务的不稳定性。

（三）旅游服务的生产和消费的同时性

有形产品通常是先生产，然后存储、销售和消费，所有产品都要在接受检验合格之后

才进入市场流通，这就确保了产品的质量。但旅游服务刚好相反，往往是先销售，然后同时进行生产和消费，这就不可能有时间来检验提供给客人的服务是否合格，旅游服务最主要的检验员就是客人。客人还经常可以在一定程度上参与生产过程。有些服务是很多客人共同消费的，即同一个服务由大量消费者同时分享，比如一场婚宴、一个酒会，这也说明了在服务的生产过程中，客人之间往往会有相互作用，因而会影响彼此的体验。

旅游服务生产和消费的同时性使得服务难以进行大规模的生产，服务不太可能通过集中化来获得显著的规模经济效应，问题客人（扰乱服务流程的人）会在服务提供过程中给自己和他人造成麻烦，并降低自己或者其他客人的感知满意度。另外，旅游服务生产和消费的同时性要求客人和员工都必须了解整个服务传递过程。

（四）旅游服务的不可储存性

由于旅游服务的生产与消费是同时进行的，因而服务是不可储存的，也是不能运输的。也就是说，某一旅游服务资源如果不能在当天变为产品提供给客人，那么这个资源就永远地浪费掉了。比如一家有 360 间客房的旅游饭店，如果在某天只销售了 220 间客房，那么剩余的 140 间客房在这一天的收益就流失了。即使第二天这些客房又售出了，但前一天的损失是永远无法弥补的。

旅游服务供过于求的现象，过剩的不是服务本身，而是闲置的服务生产力；反过来说，当服务供不应求时，也不可能把以前闲置的资源拿出来继续使用。为了充分利用生产能力，对需求进行预测并制订有创造性的计划成为重要和富于挑战性的决策问题，同时由于服务无法像有形产品一样退回，服务组织必须制定强有力的补救策略，以弥补服务失误。尽管服务员工糟糕的服务已没法退回，但是旅游组织可以通过更换或培训服务员工来重拾客人的信心。

（五）旅游服务具有所有权的不可转移性

客人购买旅游服务时得到的只是一定时空范围内对旅游服务或相关设备设施的使用权。对于大多数服务来说，购买服务并不等于拥有其所有权。它可能与某些有形产品联系在一起，但不发生任何所有权的转移。如旅游饭店为客人提供客房服务，但这并不意味着客人就拥有了饭店客房的所有权。实际上，客人购买的只是一定时间范围内的客房使用权。

由于缺乏所有权的转移，客人在购买服务时并未获得某种实体的所有权，因此感受到购买服务的风险性，从而造成消费上的心理障碍。为了克服客人的这种障碍，许多饭店采用“会员制度”，对于那些经常来消费或一次性消费达到一定金额的客人，向他们赠送会员卡或贵宾卡，使他们经常可以享受到饭店的一些优惠政策，以维系他们与饭店的关系，从而让他们在心理上产生一种始终拥有饭店所提供的服务的感觉。

任务二　树立良好的服务意识——让客人找到“上帝”的感觉

服务是旅游业的本质，也是旅游经济发展的立足点。由于旅游产品具有生产、销售、消费同时发生的特点，一旦售出后发现质量问题就很难补救。尽管各国都已经制定了各种旅游服务标准、规范，但要真正做到个性化、精细化、人性化的服务，还需要在良好的服务意识上多多用功。因为意识决定人的行为，服务意识的提升，决定了服务质量的好坏，也决定了服务工作的优与劣。

一、良好的服务意识——客人就是上帝、服务从心开始

意识就是一种感觉，而旅游服务意识就是在旅游服务岗位上应该做到的一些基本要求。旅游服务意识是旅游组织为赢取客人忠诚，以客人满意为核心开展服务工作时所应遵守的基本信念和价值标准。

意识决定态度，态度决定一切。有什么样的思想，就有什么样的生活和工作态度。因此，良好的服务意识是卓越的旅游服务技术的灵魂。良好的服务意识的内容可提炼为一句话，即客人就是上帝、服务从心开始。

客人就是上帝，强调的是永远把客人放在第一位，客人的利益高于一切。人们常说消费者是上帝，游客作为消费者就是旅游服务业面对的上帝。面对上帝，我们必须树立“客人是我们的衣食父母”的观念。客人需要我们，我们更需要客人，客人是我们存在的理由。如果我们失去了服务的对象，没有客人的消费，也就意味着旅游业生命的终止。旅游的客人越多，人气越旺，越显出旅游业的生机和活力。旅游业的兴旺发达，组织的生存发展，领导的成就业绩，员工的尊严体面，全依赖于客人对我们的信赖和支持。可见，提升服务品质，满足游客的旅游需求，是旅游业生存和发展的根本。

服务从心开始，强调的是在服务中要遵循行业的基本准则，客人满意就是我们的工作标准，我们要用真心来创造感动。旅游需求是旅游业发展的动力。人的需求是随着生活的变化而变化的，这决定了旅游服务质量标准不可能是一成不变的，旅游服务业必须适应游客需求的变化，而这些都是服务质量提升的难点所在。因此，旅游服务必须依托人的观念和经营理念的更新，适时而变，因变应变。“服务从心开始”的真谛正是要求员工发自内心地为客人服务，这种服务融入了感情，倾注了心血，因而具有极大的感染力和生命力，最容易为客人所认同和接受。

对旅游服务员工来说，客人就是上帝、服务从心开始，不应该只是一句口号，也不应该只是一时的冲动。它应该是旅游服务员工的一个良好习惯，并且让这个习惯在旅游服务的过程中每时每刻都完美地体现出来。

中国台湾一企业家到欧洲某地去旅游，据说当地的咖啡世界闻名，许多游客都慕名而来品尝美味的咖啡。他也选择了一家当地人向他推荐的咖啡店，在该店顾客亲自完成咖啡的冲泡后，再慢慢品味咖啡的香甜。进到店里，他要了一壶咖啡，刚准备自己冲泡时，老板过来了，示范了全套咖啡冲泡方法和品美味的动作，告诉客人一定要让咖啡在口中停留

片刻，用舌头卷上咖啡慢慢享受。客人被震撼了，想不到一杯小小的咖啡还有如此多的学问，客人真想马上重复一遍老板的动作，然后品尝美味的咖啡。这时，老板让店员重上了一壶咖啡，告知客人“免费”。客人在老板的亲自帮助下，品尝了有生以来最香甜的咖啡。在离开该店的时候，客人看到了古老的店名“1848”。1848 年的咖啡店，到现在不仅存在，而且生意非常红火，许多有尊贵地位的名人都曾品尝过该店的咖啡。

二、良好服务意识的内涵

旅游业的服务核心特性决定了良好的旅游服务意识的内涵特征。

（一）以客人为中心

作为服务性行业，良好的服务意识体现在旅游组织与客人面对面的服务过程中，客人的要求在服务流程的各个环节中均可能有所体现。只有坚持“以客人为中心”的原则，旅游组织才能随时发现客人的需要，改善服务质量，从而使客人满意，提高旅游服务技术水平。同时，在旅游消费中客人一般较少有十分明示的要求，大量的需求是预期和潜在的。比如，在餐饮消费中，客人点菜后希望等候多长时间；在饭店入住时，客人是否需要安静的休息环境等，都属于客人预期的要求。这些要求需要旅游组织员工在服务过程中，通过“以客人为中心”进行识别和确定。否则，会引起客人对旅游服务工作的不满。

（二）注重客人需求的旅游服务技术转化

在识别和确定了客人的潜在需求后，旅游组织应将这些需求与政策法规的要求、组织自身的要求如服务承诺等加以明确，并通过签订合同，或制定公开的服务公约、服务规范、口头承诺等加以制度化。这样，客人的需求才能转化为具体的旅游服务技术标准和要求。旅游组织在将客人的要求转化为良好的服务意识时，要特别注意以下几个特性：①旅游服务的功能性，即新的服务技术标准和要求能否更好地完善旅游组织的服务功能；②旅游服务的经济性，即旅游者接受新的服务项目所需费用的合理性；③旅游服务的时间性，即新的旅游服务技术能否达到及时、准时和省时的标准和要求；④旅游服务的文化性，文化是旅游业发展的灵魂，旅游者在享受旅游服务项目的过程中，精神需要的满足是旅游最具魅力的卖点。

（三）以客人满意度为核心目标

客人满意度（Customer Satisfaction，CS）是衡量旅游服务技术水平的唯一标准。旅游业的服务特性决定了旅游服务技术水平难以物化和准确衡量，客人对旅游服务的满意程度成为旅游服务意识的核心目标。然而，旅游服务产品是否符合要求，该要求是否全面反映了客人的期望，符合要求的服务能否令客人满意等问题，旅游组织的认识和客人对组织的评价往往不能一致。因此，旅游组织在良好的服务意识的养成上要特别关注客人意见获取方式和信息利用方法的可信性，尽量使旅游组织和客人对旅游服务技术的评价保持一致，最终树立令客人满意的良好的旅游服务意识。

三、为什么要有良好的旅游服务意识

（一）旅游服务的特性决定的

旅游服务很难做到标准化，服务质量难以控制。同时，对旅游需求而言，旅游者寻求的是异域风情与民俗。旅游者希望获得的是一个不平凡的、充满神秘感和新奇感的旅游经历。如果强调服务产业化、标准化，势必导致不同旅游目的地文化、环境的趋同化，人们无论走到哪里接触的都是同一样的环境、清一色的服务，这样就违背了旅游者出游的初衷，必然会使旅游者兴趣锐减，从而转向其他需求的消费，引起整个旅游行业的衰退。在努力开发和保留客人的过程中，服务尤其是超值服务将会使旅游企业拥有一个显著且持久的竞争优势。这一切，都需要建立在旅游服务员工良好的旅游服务意识的基础之上。

（二）竞争带来的

世界旅游业竞争已进入以保留原有消费者和从竞争者手中争夺消费者为重点的阶段。客人是企业生存的根本。随着时代的发展，客人的期望值在不断提高，客人不断寻找最符合自己想法的产品、最适合自己的产品、自己最喜欢的产品。由此可见，良好的旅游服务意识是旅游业增强游客满意度，提升竞争力的重要筹码。

（三）服务——旅游业利润的源泉

旅游提供给游客市场交换的主要是非物质的游历时段，游客购买的主要是服务与精神上的满足和享受。旅游企业是营利性的经济组织，要赢利有一个前提，那就是要不断地有客人来光顾。没有客人，就没有生意；没有良好的服务，就没有回头客。为了让客人来，我们需要规范我们的服务。因此，旅游服务员工应以客人的需要为出发点，经常思考“为满足客人，我该怎么做”。将服务从“无意识的待客”中跳脱，处理好提供超级客人服务和保证公司兴旺发达的关系。

客人流失的各种原因，如表1-2所示。

表1-2　客人流失的原因

原　因	失去的客人的百分比（%）
死亡	1
搬走了	3
自然地改变了喜好	4
在朋友的推荐下换了公司	5
在别处买到更便宜的产品	9
对产品不满意	10
服务员工对他们的需求漠不关心	68

四、服务的关键因素——客人需要什么

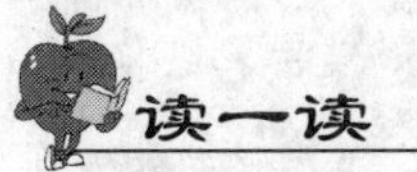

读一读

一个枕头

在某饭店的客房部，员工在为客人整理房间时发现客人的枕头中间有一条折痕，该员工马上意识到客人对客房枕头的高度不满意，但客人没有表现出来。于是，当晚，客人回到房间时，意外地发现床上多了一个枕头，那天晚上，客人睡了一个甜美的觉。从此以后，这位客人只要到这个城市就再也不去其他饭店了，而且，他还为该饭店带来了许多新的客人。

旅游服务是一个灵活性很强的工作，因此，良好服务意识的培养意义很大。做好分内的本职工作，只能是一名合格的员工；要想成为一名优秀的员工，还需要真正站在客人的立场上，时刻有为客人着想的服务意识。服务意识似乎有些抽象，也有些模糊，但服务意识的基本表现是明确的，那就是细心观察客人的行为，把他表达的和没表达的愿望和需求放在心中，用服务去满足客人，用诚心去打动客人。

在现代经济技术条件下，旅游服务的硬件差距越来越小，旅游者对旅游服务质量满意与否，很大程度上依赖于旅游服务员工能否按照客人的需要来提供相关服务的能力，再也不是刻板地执行服务规范。

如何去发掘并满足客人的一些个性化和非常规性的需求？需从关键因素谈起。所谓关键因素是指在旅游服务过程中引起客人满意或不满意的组织或员工的服务行为，以及造成这些行为的原因。根据旅游行业的经验总结，以下的服务一定会是让客人最满意和最难忘的服务：

（1）物美价廉的感觉；

（2）优雅的举止；

（3）清洁的环境；

（4）令人感觉愉快的环境；

（5）温馨的感觉；

（6）可以帮助客人成长的事物；

（7）让客人得到满足；

（8）方便；

（9）提供售前和售后服务；

（10）认识并熟悉客人；

(11) 产品具有吸引力；
(12) 兴趣；
(13) 提供完整的选择；
(14) 站在客人的角度看问题；
(15) 没有刁难客人的隐藏制度；
(16) 倾听；
(17) 全心处理个别客人的问题；
(18) 放心；
(19) 显示自我尊严；
(20) 能被认同与接受；
(21) 受到重视；
(22) 有合理的能迅速处理客人抱怨的渠道；
(23) 不要等待太久；
(24) 专业的员工；
(25) 前后一致的待客态度。

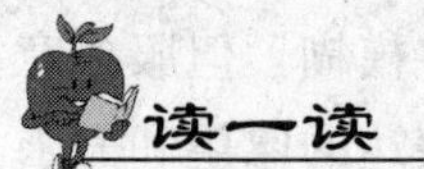

读一读

张家界倾力打造一流服务

如今，哪怕只是一名匆匆的过客，都会对湖南张家界景区的干净游道、温馨提示、热情帮助、优质服务留有印象！张家界景区1800多名职工，担负着98公里游道中的咨询、服务、保洁和将2000多吨垃圾运至景区外的任务。多年来，他们始终以“一流质量、一流服务、一流形象、一流管理”为目标，成效十分显著。

金鞭溪：背上小包、五项服务

刚入新年第3天，一对山东客人在张家界自助旅游时，从袁家界景区到达金鞭溪千里相会景点时已是晚上8点多，伸手不见五指，只能靠微弱的手机光缓缓前移。恰好被金鞭溪的巡逻人员发现，工作人员把游客带回办公室，安排好吃住，女工作人员还一针一针地帮他们缝补好破了的背包，并与他们所住的宾馆联系说明了原因。他们的一言一行，让游客非常感动：“张家界景区的服务工作真是一流！”

据介绍，2009年3月以来，金鞭溪景区管委会在原有的“你扔我捡、以德服人”服务理念的基础上，进一步提出要“背上小包”、“五项服务”，“背上小包”即服务包内装有药品、针线等，“五项服务”即全天保洁、夜间护送、义务咨询、遗失找寻、紧急救助，希望借此来着力打造景区五星级服务。截至2010年1月，金鞭溪景区共做好人好事1000起，找回失散游客400多人次，找回客人丢失物品300多件，夜间护送游客2000多人次。

黄石寨：四最景区、两项服务

黄石寨景区是张家界旅游开发最早、最为成熟的景区之一，管委会根据景区目前存在的“风景特质未能完全凸显、环境有待进一步美化、管理服务水平有待进一步优化”三大差距。重新确立了打造“四最”景区，即“最雄奇风景、最舒心环境、最优质服务、最愉悦享受”的精品景区，提升常规服务和应急服务两项服务，以争取15分钟之内到现场为奋斗目标。

据统计，2009年景区共向游客发放问卷调查2000余份，赠送女职工亲手绣的土家香包、土家鞋垫等礼品200余份，为老人提供拐杖1700余根，紧急救助游客500人次。另外，还重新布置服务区和游客休憩区5处，增添电子显示屏3处，为游客滚动播放黄石寨气温、湿度以及游览线和温馨提示。

袁家界：科学发展“四员”服务

袁家界景区管委会一直注重为游客提供一个安全、文明、有序的和谐环境，因此在学习与实践相结合中，向游客公开承诺“四员”优质服务，即每名职工都是义务的卫生员、防火员、服务员、讲解员，让袁家界景区的服务更加细微化和人性化。

景区定期举办服务能手、服务经验、心得体会交流座谈活动，以保证让景区游道洁净，游客舒心。2009年景区共为游客义务咨询1765次，找回游客失物243件（折合人民币13万余元），帮助16名失散游客返家，化解矛盾14起。

张家界景区开展“实实在在的服务，让游客真真确确得享受”活动以来，曾先后荣获“全国三八红旗集体”、“全国先进基层党组织”、“全国工人先锋号”等殊荣。

任务三　良好的服务意识——我们如何表现

旅游组织获利能力是由客人忠诚度决定的，客人忠诚度是由客人满意度决定的，客人满意是由客人所获得的价值大小决定的，价值大小最终要靠具备良好服务意识的员工的表现来创造。在整个旅游服务工作中，员工起着主导作用。而这种主导作用具体体现在对客人的服务行为表现上。这种行为包括微笑、眼神交流、合适的语言，以及与客人接触的每一个细节。

一、微笑——能给人宾至如归的感觉

世界名模辛迪·克劳馥说过：“如果女人出门时忘了化妆，最好的补救方法就是亮出你的微笑。”可见世界上最好的化妆品是微笑，你应该经常微笑。微笑是沟通人与人之间心灵的钥匙，是一种非语言的心意沟通，是人类最好看的表情，是一句不学就会的世界通用语。

（一）微笑的魅力

微笑是世界的共通语言。微笑通常代表：“我欢迎您，我以极大的热情与周到的服务

欢迎您。”一个亲切的微笑正告诉别人：“见到您我真高兴。”就算语言不通，一个微笑就能带给彼此一种会心的感觉。所以，微笑是旅游服务员工最好的语言工具，在有些情况下甚至不需要一言一行，只要一个笑容就可以打动客人。

1. 微笑意味着尊重客人

微笑能美化自我形象，传达真诚，给人一种有礼貌、有涵养的良好印象。微笑能消除误解和隔阂，是沟通感情、化解矛盾的最好方法。客人花钱来消费，不愿意看到员工愁眉苦脸的样子。当客人怒气冲冲地来投诉时，旅游服务员工一张紧绷绷的脸只能火上浇油。相反，如果旅游服务员工能真诚地对客人微笑，就可能感染客人，使他平息怒气。

2. 微笑能激发热情

微笑能激发你的工作热情，有利于保持良好的工作状态。微笑经常传递这样的信息：“见到您我很高兴，我很乐意为您服务。”所以，微笑可以激发服务热情，使旅游服务员工能为客人提供周到的服务。

3. 微笑可以增强创造力

当一个人微笑时，往往处于轻松愉悦的状态，有助于思维活跃，从而创造性地解决客人的问题。相反，如果神经紧紧绷着，只会越来越紧张，创造力也会相应地被扼杀。

（二）微笑的要求

旅游服务员工的微笑要发自内心，自然大方、亲切，要由眼神、眉毛、嘴巴、表情等方面协调动作来完成。为客人服务的第一秘诀就是展现你的亲切笑容。当客人靠近的时候，旅游服务员工绝对不能面无表情地说：“请问找谁？有什么事吗？您稍等……”这样的服务会令客人觉得很不自在；相反，你一定要面带笑容地说：“您好，请问有什么需要我服务的吗？”

（三）微笑的表达

微笑的表达要与眼睛、语言、肢体相结合。

1. 与眼睛的结合

旅游服务员工微笑的时候，眼睛也要“微笑”，不然，给人的感觉会是“皮笑肉不笑”。眼睛是心灵的窗户，眼睛会说话也会笑。如果内心充满温和、善良和厚爱时，那么眼睛的笑容一定也非常感人。学会用眼神与客人交流，这样你的微笑才会更传神、更亲切。

2. 与语言的结合

接待客人时，应微笑着说“早上好”、“您好”、“欢迎光临”等礼貌用语，不要只笑不说，或只说不笑。如果只笑不说，对方无法确知你要向他传达的意思；如果只说不笑，对方就会感觉你的问候不是发自内心的。

3. 与肢体的结合

肢体语言也是传递信息的一个重要方面。在微笑的同时运用肢体语言，能够相得益彰，给客人以最佳的印象。例如，营业员在介绍产品时，如果只有微笑和声音语言，没有肢体语言的配合，那么客人对产品就不会有太多的感性认识，销售成功的可能性也就会大

打折扣。

（四）笑容的训练

只有发自内心的微笑才是最真诚的笑容，而旅游服务员工要想在任何情况下都能展现这样的笑容，就需要对其进行刻意的训练。

人的脸上一共有17块肌肉，它们会牵动每一个笑容，只要有一块肌肉失去作用，你的笑容就不能完美展现，所以，要多多练习如何微笑。当然，会很好地控制自己的情绪也是进行训练的一项必不可少的内容。只要你做到以上两点，你就可以拥有自然而又亲切的笑容了。

职业化微笑：要求露出6～8颗牙齿，表情就是落落大方的笑。这叫笑肌拉动，是一种生理因素，你想说不笑也不可能。如说“茄子”。

心理学的研究表明：一个人如果要改变一个最简单的习惯动作，至少要重复21次；如果要改变一个长期养成的习惯动作（如改用左手写字），则要经过半年的时间，才能得心应手。

（五）轻轻一笑，可以拉近彼此的距离

要想拉近彼此的距离，一定要展现你天使般的笑容，而且这个笑容要像小孩子一样天真无邪。当客人看到你的这种笑容时，不但不会对你产生排斥的心理，而且会留下极好的印象。所以，要想拉近你与客人之间的距离，一定别忘了展现你天使般的笑容。

另外，微笑要注意距离、要与客人互动、要大方。

二、眼神——心灵的窗户

人们在交往中通过目光的交流传达自己的意愿、情感等信息，称为眼神。眼神是通过眼睛传递情感的一种动态语言，是面部表情中最富于表现力的部分。它可以传达出欣喜、关注、厌恶或是不安等多种情绪。印度诗人泰戈尔说：“一旦学会了眼睛的语言，表情的变化将是无穷无尽的。”所以，在旅游服务活动中，旅游服务员工要学会善于运用眼神、解读眼神。

目光的交流也需要技巧。如何借助眼神增添旅游服务工作的魅力，是需要学习和修炼的。在服务过程中，如何做到见面打招呼就能从你的眼神中读出微笑？可以试用这个方法：打招呼之前，先用眼睛静静地看对方1秒钟，将对方的面容印入脑中，然后从眼睛开始，让亲切和温暖的笑容从眼部表现出来，再慢慢扩散到整个脸上。1秒钟的目光停留，是为了给对方一个尊重的礼遇和专有的笑容，容易让对方留下深刻的印象和好感。

很多人在与人交往的时候，目光是躲闪的，缺少自信，其实没有什么比充分地抬起头来看着对方更能传递自信的魅力了。因此，在旅游服务工作中，我们的眼神不要左顾右盼，应站好并目视客人。作为一名旅游服务员工，眼神的表达更深奥而微妙。如果你善于借助眼神表达，善于从眼神中了解对方，往往会给对方默契和善解人意的印象。

理想的眼神表达至少应该注意以下几点。

（一）眼神注视的角度

目光应是坚定坦诚和与自己的心灵相通的，不能死死地直视对方，更不能傲慢和居高临下。平视是最好的角度，这样使交流也如目光这条线路一样直接而顺畅。在日本迪士尼的员工服务规程中有这样的规定：请你时刻与客人的目光平视，如果对方是一个孩子，请你蹲下来与对方交流。“蹲下来”这 3 个字，使人性化的服务得到了充分体现。仰视和俯视都会使双方的心理产生差距。目光过低，显得缺乏自信；目光过高，容易让人产生傲慢和轻视感。

（二）眼神接触对方的时间

与人交谈时，对方很少注视你，且注视你的时间不超过整个相处时间的 30%，这似乎就说明这个人不在乎你或对你的谈话内容不怎么感兴趣；若对方注视你的时间超过 60% 时，则表明对方对谈话内容很感兴趣。故应掌握好这一时间度。目光长时间的接触和交流是对对方最大的支持与肯定，同样对方会受到你良好情绪的感染，对你也抱有兴趣。不过，直视或长时间凝视，通常意味着对私人空间或势力范围的侵犯，是不礼貌的或挑衅性的行为；完全不看对方，是自高自大、傲慢无礼的表现，或企图掩饰内心的空虚和慌张等。

（三）眼神注视停留的部位

通常在与别人交流的时候，目光的主体应该是对方的眼睛，为了避免长时间的直视，给对方产生压力和局促感，可以在对方的双眼和嘴部的三角区中做适当的调整。如果交谈的时间较长，可以将目光迂回在眼睛和眉毛之间，或是随着他的手势而移动视线。千万不要一直生硬地瞅着对方，通常这样的目光是审视的、挑剔的、刁难的意思。如果长时间盯着对方的某个部位看，可能还会造成误解，使对方以为自己脸上有什么不妥当的地方，妆容乱了或是脸上有脏东西等，无端给对方造成了压力。在旅游服务沟通过程中，运用眼神要注意依据语境、场合来确定视线停留的部位。

（四）善用眼神的变化

不同的眼神传递不同的含义：正视表示庄重，仰视表示思索，斜视表示轻蔑，俯视表示羞涩。眼神的变化要与有声语言、其他的表情动作协调一致，成为一个有机整体。一般和客人目光接触的时间，应是与对方相处的总时间的 1/3，每次注视对方的眼睛不超过 3 秒，这样对方会感觉比较自然。在表示问候、致意和道别的时候都应面带微笑，用柔和的目光去注视对方，以示尊敬和礼貌。目光柔和地照在对方的脸上，并不是单纯地注视，否则会让人感觉不友善，也不能从脚底看到头顶反复打量对方，即便对方的穿着有不得体的地方，也应该使目光变化时尽量不着痕迹。更不能目光游移不定，让人缺乏信赖感和良好的沟通感。

三、语言——使用职业化用语与客人交流

职业化用语是旅游服务员工对客人表示友好和尊敬的语言，它具有体现礼貌和提供服务的双重性。成功、有效的语言，能使交流双方心理认同，给对方以一种满足或愉悦感，达到

心理相悦、心灵相近的目的。因此，在旅游服务工作中，与客人谈话应掌握一些语言技巧。

（一）旅游服务工作中常用的职业化用语

1. 五声十字

“五声”即客人到来时有迎客声，遇到客人有称呼声，得到协助有致谢声，麻烦客人有致歉声，客人离别有送客声。“十字”敬语即“请、您好、谢谢、对不起、再见”。

2. 服务用语

旅游服务员工在服务工作中应根据不同的时间、地点、场合、对象使用不同的敬语，以提高服务质量。常用的服务用语有：欢迎语、祝贺语、告别语、道歉语、应答语、征询语、婉言推托语。

3. 称呼用语

旅游服务员工在日常工作中与客人见面时应恰当使用称呼用语。正确使用称呼用语，会使客人感到温暖，可以缩短客人与旅游服务员工之间的距离。

依照惯例，在工作场合，最正式的称呼有三种，即称呼交往对象的行政职务、技术职称或是其泛尊称（可广泛使用的尊称）。相反，在工作场合，不适当的称呼主要有：无称呼、不适当的俗称、不适当的简称、地方性称呼。

正确使用称呼的方法：

（1）泛尊称：男宾无论年龄大小与婚否统称“先生”；女宾则视婚姻状况而定，对已婚女子称“太太”或“夫人”，对未婚女子称“小姐”，对不明婚姻状况的女宾称“女士”。也可连同姓名、职、衔、学位一起使用。“同志”是国内常用的称呼，对不同性别、年龄和职业的成年人均可称“同志”。

（2）对有职位、学位或军衔的客人，以其职位、学位或军衔称呼，尤显尊敬。如称呼“博士先生”、“王总经理”、“卡特教授”、“上尉先生”。对于相当于部长以上职位的外国客人，可在称呼后面加上“阁下”以示尊敬，如“部长先生阁下”。

在服务工作中，切忌使用“喂”来招呼客人，即使客人离你距离较远，也不能这样高声呼喊，而应主动上前去恭敬称呼。

读一读

礼貌用语

基本礼貌用语：请、您好、谢谢、对不起、再见、请原谅、没关系、不要紧、别客气。

常用服务礼貌用语：

欢迎语——欢迎您、欢迎光临、欢迎您光临××（餐厅、酒店、饭店等）。

祝贺语——祝您节日快乐、祝您生日（圣诞、新年、新婚、新春）快乐、恭喜发财、祝您演出成功、祝您生意兴隆、祝您健康长寿等。

道别语——再见、晚安、明天见、祝您旅途愉快、祝您一路平安、欢迎您再次光临、欢迎您下次再来、谢谢您的光临、祝您好运。

提醒语——请走好、请当心、请别遗忘您的东西、请不要在这边抽烟。

道歉语——对不起；请原谅；打扰了；失礼了；抱歉；非常抱歉；给您添麻烦了；对不起，让您久等了；请原谅，耽误您的时间了。

应答语——是的；好的；我明白了；听清楚了；请放心，我马上去办；谢谢您的好意；不要客气；没关系，这是我应该做的；对不起，请您再说一遍；请原谅，我不明白您的意思；请您重复一遍好吗？非常高兴为您服务；愿意为您效劳。

征询语——我能为您做些什么？您还有别的事吗？请您……好吗？您喜欢（需要、能够）……吗？

婉拒语——很遗憾，不能帮您的忙；承您的好意，但是我还有许多工作；这不符合我们饭店（酒店）的制度，实在抱歉；十分感谢，不过我不能接受。

（二）旅游服务工作中的语言技巧

1. 使用客人易懂的话语

一句话可以得罪人，同样，一句话也可以令人感受到你的亲切，愿意与你交谈。当你和客人交流时，最好不要或者尽量减少使用所谓的专业术语，比如医学专业术语、银行专业术语等。许多客人无法听懂那些专业术语，如果你在与其交谈时张口闭口皆术语，就会让客人感觉很尴尬，也会使交流受到影响。所以，招呼语要通俗易懂，要让客人切身感觉到你的亲切和友善。

2. 简单明了的礼貌用语

“请”字开头，“谢谢”压阵，“对不起”不离口。简单明了的礼貌用语在生活中很常用，当你服务客人时，它们就更是必不可少的好帮手了。你要多说“您好”、“大家好”、“谢谢”、“对不起”、“请”等礼貌用语，向客人展现你的专业风范。

金钥匙

7岁的小彬手里拿着一支雪糕兴冲冲地跑来，对爸爸说：“小张叔叔给我买的。”

爸爸说：“你说了谢谢吗？”

小彬说：“没有呀。”

爸爸说：“真没有礼貌，快去，对小张叔叔说声谢谢！”

过了不久，小彬回来了。

“谢了，但已经没有用了。”小彬回答说。

“为什么？”

“小张叔叔说不用谢。”

思考：在旅游服务中，你会不会就是小彬？请你想想小彬主要有哪几个方面缺憾？

在人际交往中，在为客人提供服务的过程中，有许多人在不同程度上就是这个小彬。他们在这方面主要有两个缺憾：

一是认为没必要说“谢谢”；二是确实不会说“谢谢”。

这两种情况，前者是观念认识上的问题，后者是技术能力上的问题，但都会对服务造成不良的后果，必须予以改变。

“谢谢”就是对别人的帮助自己言辞上的一种情感回报。“谢谢”有下列几种功能：一是表达自我情感。人们在接受别人的善意言行后，都会产生一种感激之情，情动于衷，发乎言辞。二是强化对方的好感。人际关系学认为：人际交往是一个互动的过程，一方的善意行为必然引起另一方的酬谢，而这种酬谢又将进一步使对方产生好感，并发出新的善意行为。三是调节双方的距离。

旅游服务员工在说“谢谢”时要注意以下问题：说“谢谢”的最大要领是要情动于衷，言为心声。所以，应该在语言行为的表现上下工夫，做到声情并茂，表情恰当。切忌夸张、生硬。

3. 生动得体的问候语

所有的服务行业都要使用服务用语，所谓的服务用语就是重点表现出服务意识的语言，比如“有没有需要我服务的？有没有需要我效劳的？”这样的问候语既生动又得体，需要每个旅游服务员工牢记于心、表现于口。切忌使用类似“找谁？有事吗？”的问候语。

4. 顺应客人，与其进行适度的交谈

顺应客人强调的是顺着客人的心理与其进行适度的交谈。比如，当客人说“对不起，请问你们总经理在不在”时，服务员工应该马上回答“您找我们总经理吗？请问贵公司的名称？麻烦您稍等一下，请这边走……”与此同时，要自然展现出合宜的肢体语言。

金钥匙

情侣就餐

一对热恋的情侣相聚饭店就餐，希望在一个安静、舒适、无外人干扰的环境下倾诉真情。就餐期间，餐厅的服务员依据饭店“热情周到”的服务标准，不断询问他们对饭店的饭菜是否满意，对服务还有什么其他要求等。结果，这对情侣不但没有表扬这位服务员的服务，而且对服务非常不满。

向客人提供恰到好处的服务是旅游服务的最高境界。里兹·卡尔顿酒店集团的创始人里兹常说，人们喜欢有人服务，但是要不露痕迹。他把他的服务方法归纳为四点：看在眼里而不形于色，听在心中而不流于言表，服务周到而不卑躬屈膝，尊重客意而不自作主张。好的服务应该是无形的服务，即客人接受了服务却感觉不出有额外的打扰。比如一家餐厅，看起来似乎并没有多少服务的员工，可当客人需要时，服务的员工马上就出现了，这样的服务客人会感到十分舒适。

5. 避免不当言辞

一些双关语、忌讳语，它们都是一般人平时较为忌讳的话语，当你不小心触及这些话语，很有可能会令客人感觉不舒服，甚至对你产生厌恶感。如爱讲一些带有颜色的话语，或讲一些诸如“这边有一老先生在吃，没多久了”等不当言辞。对旅游服务行业来说，了解哪些话语不能说非常重要，一旦因为一句话得罪了客人，后果可能就会比较严重。

不说“不”的服务

收银台的服务员突遇客人怒气冲冲地质问：“我的信用卡怎么会刷不出？上一站刚刚用过，而且是金卡!”这时，作为一名优秀的服务员不能直接回答：“我怎么会知道?”妥善的处理方法是：面带真诚的微笑向客人说：“对不起，请稍等。我打电话给银行，或许是电脑刷卡机出故障了。”然后立即打电话给银行，询问原因。把询问的结果——电脑出故障了，告知客人，或请客人换一张信用卡。当然别忘了再次跟客人说声“非常抱歉，麻烦您，让您久等了”等。经过上述的回答，肯定能得到客人的谅解，让客人满意。再如，饭店或商场的服务员总能接到客人提出订出租车的要求。这本不是饭店或商场服务员的岗位职责。但是，商场服务员不能跟客人说：“这里不叫车。”而是请客人“稍等”，然后主动与有关部门联系，并将办理的情况及时转告客人。所以，你千万不可对客人说“不”，那样会伤害客人的感情。

当然，有时候客人的要求我们确实不能够满足，此时，你唯一可做的就是为客人提供备选方案，也不能够直接回答“不”。比如，客人打电话到饭店定套房，可是，当天饭店的套房已经客满。你不能直截了当地回答：“本饭店的套房已满。”因为那样就等于向客人说了“不”。在这里，如果你把话改为：“对不起，虽然本饭店今天的套房已满，如果你愿意的话，×××有你需要的房间，且条件很好，价格也不错，可以为你定下来吗?”最起码，这个回答没有中断与客人的联系，而且，这样的对话能让客人感受到你的服务。

6. 赞美用语不绝于口

一只腿的鸭

有一位王爷，他最喜爱吃烤鸭腿。他的厨师的拿手好菜就是烤鸭。

一段时间，王爷发现自己吃的烤鸭总是只有一只腿，心中纳闷，便找来厨师问道：

“还有一只鸭腿呢?”

厨师说:“王爷,鸭子都只有一条腿!”王爷极为诧异。

饭后,王爷跟着厨师去鸭圈查个究竟。天气炎热,鸭子躺在地上休息。每只鸭子都只露出一只腿。

厨师指着鸭子说:“王爷你看,这鸭子不全都是一条腿吗?”

王爷听后,便大声拍掌。鸭子受惊吓,站了起来,露出了另一只腿。

王爷说:“这鸭子不都是两只腿吗?”

厨师答道:“对!对!不过,王爷,只有鼓掌,鸭子才会有两条腿呀!”

没有人不喜欢被赞美,这是人的一种天性。对旅游服务行业来说,做好对客人的赞美工作是非常重要的。如何发现一个人真正值得真诚赞美的地方也有一定的规律可循,比如说,对老年人应该更多地赞美他辉煌的过去、健康的身体、幸福的家庭或有出息的儿女等;赞美年轻母亲的小孩往往比直接赞美她本人更有效……对不同对象要从不同的方面去赞美,才能取得良好的效果。

(1)对年轻人的赞美。年轻人充满活力,对一切充满好奇也充满信心,所以,赞美他们要从性格豪迈、能力强、做事努力、将来一定有非凡成就以及外表、判断力、工作表现、诚意、两性朋友等几方面入手。这几方面代表了绝大多数年轻人的心理愿望,如果你能在言语中让他们美梦成真,你的赞美自然就会收到极好的效果。

(2)对男性的赞美。成熟男性最在乎的是自己的成就,所以你的赞美要从事业入手。譬如:“能请教一下您经过了怎样的努力,才拥有了今天事业的成就?”(赞美事业成功);“不知道哪一天才可以像您一样,能够有这么好的事业,这么多的员工来帮您赚钱。”(肯定其工作成果);“哇!王××,您的实力真是无人可比啊!”(恭维其实力);“像您这么有地位的人,我们真的是望尘莫及啊!”(仰慕其社会地位),等等。

(3)对女性的赞美。女性较之男性更显温柔本色,她们关心自己的容貌,关心自己的家人,也渴望拥有足够保护自己的智慧和能力,她们更敏感、更需要细致入微的赞美。所以,要想做好女性赞美工作,一定要了解女性的特点及关注点,这样才能打动她们。

(4)赞美方法7项原则,如表1-3所示。

表1-3　赞美方法7项原则

赞美方法	具体的秘诀
(1)努力发现长处	发现小孩、携带物、服装、仪容等长处
(2)只赞美事实	以自信的态度对所发现的长处赞美
(3)以自己的语言赞美	不要使用引用的言语,而以自己的言语自然地赞美
(4)具体的赞美	具体表现“何处,如何,何种程度”的赞美
(5)适时的赞美	设法在说话的段落,适时地加以赞美

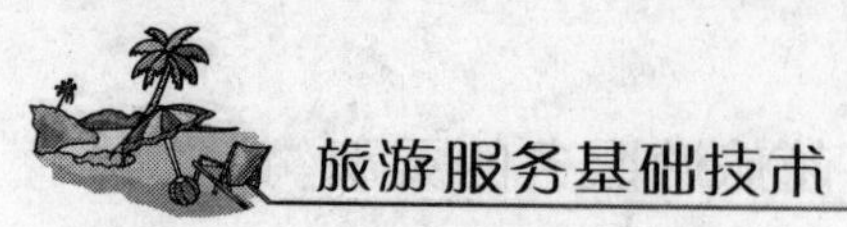

续 表

赞美方法	具体的秘决
(6) 由衷的赞美	为克服“害羞的情绪”，要练习由衷赞美的方法
(7) 于对话中加入赞美语	在客人回答问题或做产品说明时，对客人加以赞美

良好的旅游服务意识的表现是十分广泛的，还有接待礼仪、服务技巧、服务方式、服务效率等，这些将在其他项目作进一步讨论。

读一读

游客满意是我们最大的心愿

——访获奖优秀咨询员牛宝红

2010 年北京旅游咨询业务技能大赛在昌平圆满结束。北京西城区什刹海旅游咨询服务站获得了“最具人气奖”。会后，记者采访了该站优秀咨询员牛宝红。

他原来是一名志愿者，凭借一口流利的英语，成为了什刹海旅游咨询站正式咨询员。牛宝红对记者深有感触地说：“一个城市的魅力在于文化，北京文化的根在什刹海。”在牛宝红看来，什刹海风景区景色秀丽，皇城文化厚重，因此，每年都吸引着大批国内外游客前来旅游，领略这里的古韵，尽享古都的时尚生活。游人在什刹海风景区坐三轮车、游览胡同，感受老北京的民俗风情。

什刹海旅游咨询站，是座仿古建筑，雕梁画栋，三面环水，充满中国传统文化气息。作为北京旅游的对外窗口，每天来站咨询的中外游客络绎不绝。咨询员们以真诚的微笑，周到的服务，向游客们展现了北京乃至中国的旅游形象，展示了中华民族热情好客的传统美德和首都的时代风采。

牛宝红有很多故事。据说，曾有位来自加拿大的 Lisa 女士，只身旅游过世界 20 多个国家。2009 年 6 月初，她第一次踏上中国的土地，就来到北京什刹海风景区。Lisa 女士准备在北京住三晚。但她没预定到合适的旅馆。人生地不熟，焦急中，她看到什刹海旅游咨询站“i”的标志，便进来寻求帮助。

咨询员牛宝红急忙帮她与多家酒店联系，最后，帮她选择了什刹海风景区附近的一家宾馆。宾馆不仅价格实惠，而且还有免费早餐送到房间，Lisa 女士非常满意。根据她的要求，在接下来的三天时间里，牛宝红还为她安排了司马台长城一日游、北京胡同风情游，向她详细介绍了什刹海景区周边的丰富景点，尤其是故宫、景山和北海公园。

Lisa 女士非常喜欢北海公园里人们晨练的情景，那里给她留下了深刻的印象。对牛宝红流利的英语、贴心的服务，Lisa 更是赞不绝口。

回国前，Lisa 女士再次来到咨询站，她说：“什刹海旅游咨询站真是太棒了！”同时，

还送来了一封感谢信。信中这样写道："多亏了旅游咨询站的帮助，使我在北京的旅游非常愉快。我永远不会忘记你们真诚的微笑，热情的服务……"

据牛宝红介绍，他们站针对景区外国游客还特意准备了一套英文软件，里面有200多个国家的声像资料。当工作人员得知游客国籍后，几秒钟内就能播放出该游客家乡悦耳的音乐。熟悉的乐曲，每每让外国游客感动不已，很快便营造出一种温馨、和谐的氛围。

牛宝红说，咨询站还把旅游景点的中文资料，翻译成中英双语，向中外游客播放，这让很多来站咨询的游客纷纷驻足，仔细研究这些信息，并制订出新的旅游计划。这一创新做法，也得到了中外游客的欢迎。"游客的满意是我们最大的心愿。"牛宝红说。

在什刹海旅游咨询站，记者看到很多海内外游客写下的留言。字里行间，能感受到游客对咨询站的深情厚谊和感激之情。

牛宝红不仅热爱自己的岗位，业余时间还喜欢写诗。一首《赞什刹海》向记者敞开了他的心扉："站在京都城正中，车水马龙八面通。故宫殿堂近咫尺，什刹北海一望中。钟楼鼓楼添神韵，五光十色霓虹灯。旅游咨询尽祥和，游客心里暖融融。"平实的文字是牛宝红日常工作的真实写照。

模块小结

本模块主要学习了旅游服务的内涵与特征，并通过良好旅游服务意识（客人就是上帝、服务从心开始）的阐述，帮助同学们树立良好的旅游服务意识，让客人在我们的旅游服务中找到"上帝"的感觉。

为什么要有良好的旅游服务意识？这主要是由竞争以及旅游业的服务特性所决定的。我们如何表现良好的服务意识？首先是要掌握服务的关键因素（客人需要什么），其次是要能熟练运用良好的服务意识的主要表现方法。

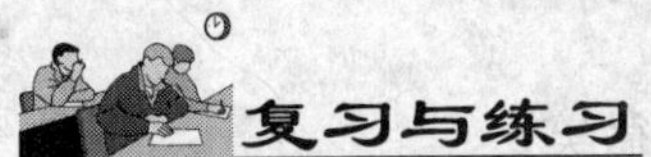

复习与练习

一、选择题

1. 服务意识是指员工在同一切与组织利益相关者（人或组织）的交往中所体现的为其提供热情、周到、主动的服务的________。

A. 行动和思想　B. 强烈和冷漠　C. 欲望和意识　D. 员工和装备

2. ________是指为满足客人的需要，供方与客人接触的活动和供方内部活动所产生的结果。

A. 舒适感　B. 服务　C. 旅游　D. 宾至如归感

3. "现做现卖"反映了旅游服务的________特征。

A. 无形性　B. 质量不稳定性

C. 生产和消费的同时性　D. 不可储存性

4. 旅游服务员工进入饭店客房前都必须遵循敲门、通报、得到允许后方可进去的规范，这样主要是为了使客人产生一种________。

A. 舒适感　　B. 安全感　　C. 吸引力　　D. 宾至如归感

5. ________是衡量旅游服务技术水平的唯一标准。

A. 旅游住宿　　B. 旅游环境　　C. 客人满意度　　D. 旅游者人数

二、简答题

1. 简述旅游服务的基本特征。

2. 如何理解良好的服务意识的内涵？

3. 为什么要有良好的旅游服务意识？

三、案例分析

寒酸老人

有一天，日本的三菱汽车销售店迎来了一位衣着寒酸的老人，他对热情服务客人的职员解释，他是因为外面酷热难当，想享受一下空调才走进来的。虽不是想象中的客人，服务员工依然热情不减，她为老人送上一杯冰水，并扶老人到豪华的沙发上休息。当老人起身观看展示的汽车时，服务小姐又走过来热情详细地介绍不同款式的汽车及其性能，对老人“我并不想买，也买不起”的答谢，她的回答是“没有关系!”结果老人出乎意料地买了十几台货车。

思考：结合本模块内容，请分析案例中服务的成功之处。

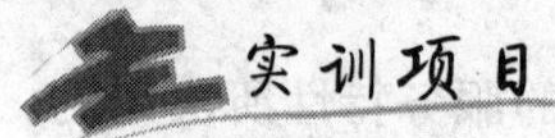

实训项目

【实训名称】

迷人微笑的训练方法。

【实训内容】

如果你按照下面的方法与步骤坚持一个月，就能获得迷人的微笑。

【实训步骤】

1. 对镜子摆好姿势，身体放松，念“E——”，让嘴的两端朝后缩，微张双唇，轻轻浅笑。

2. 减弱“E——”的程度，这时可感觉到颧骨被拉向斜后上方。

3. 相同的动作反复几次，直到感觉自然为止。

模块二 旅游礼仪——把服务形象做到完美

应知应会

1. 学生能根据服务工作的要求修饰自己的仪容仪表，纠正自己不良的仪姿仪态，展示良好的职业形象。
2. 学生能在服务接待工作中恰当地使用各种相应的礼仪为宾客提供礼貌、周到的服务。

动脑筋

被《时代周刊》誉为“美国第一位服饰工程师”的约翰·摩洛埃曾经作了这样一项有关服装的研究：

他派一位上层社会出身的大学生去100家公司，每家公司老板都事先通知秘书，这是他新招聘的一位助理，当老板不在公司的时候，请秘书听助理的指挥。而助理通常都是要求秘书提供3份职员的个人档案。试验将100个企业分成两组，第一组，助理穿着高档服装，头发梳理得一丝不乱，一副成功人士的打扮。第二组，助理穿着普通服装，十足一个刚毕业的学生模样。有意思的事情发生了，在第一组试验时，几乎所有的秘书都有求必应，其中42次在10分种之内，助理要的3份员工档案到位；在第二组试验时，也就是穿着普通服装的时候，助理受到了冷遇，1/3的秘书表情冷淡或有微词，10分种内员工档案到位的情况只有12次，其余以各种理由推脱或不理。

思考：请根据心理学的知识猜测秘书的心态？

尽管这个案例没有说明表情冷淡的秘书的心态，但根据心理学的知识，我们可以大胆地猜测，他们当时可能在心里暗暗嘀咕：哼，也不看看自己什么材料，就来指挥我。这个案例让我们重新认识了服装的作用，它不仅仅是遮羞、保暖和美化生活，它还是一个职业人士走向成功的手段。所以您在从事服务工作时，服装应该穿得大方、得体，给客人以美感，把高贵和尊贵留给了客人，这就是您的最佳着装。

以上案例还告诉我们：一个人的仪表会影响别人对您的总体印象。要成为彬彬有礼、风度翩翩、备受欢迎的人，首先必须注意个人礼仪。优雅的仪表会令您成为一个有魅力、有修养、处处受人欢迎的人，这是让您终身受益的财富。

任务驱动

旅游服务礼仪是指旅游从业人员，在旅游服务工作中，用以维护组织或个人形象，对服务对象表示尊重与友好的行为规范。它属于职业礼仪的范畴，是一般礼仪在旅游服务工作中的运用和体现。

任务一　旅游服务员工个人礼仪

个人礼仪的实质就是要塑造和维护良好的自我形象。对个人而言，优雅的礼仪会令您成为一个有魅力、有修养、处处受人欢迎的人，这是让您终身受益的财富；对旅游企业来说，服务员工的礼仪素养，就是企业精神的象征，代表着企业形象和服务水平，影响企业信誉、经济效益和社会效益。可见，个人礼仪是旅游服务礼仪的基础。

个人礼仪的主要内容包括仪容、服饰、言谈、举止、个人卫生等方面应遵循的礼仪基本要求。

一、仪表礼仪

仪表指人的外表，主要包括人的容貌、姿态、服饰，是精神面貌和内在素质的外观体现。容貌，也就是人的长相，一般包括面部、发型等，是一个人仪表的基础，在很大程度上取决于遗传因素。姿态，就是人的行为举止，是构成一个人仪表的动态因素，是后天训练或习惯而成的结果。服饰，即人的穿戴打扮。服饰是一种文化现象，也是一种无声的美感交际语言，它不仅是遮体御寒的一种手段，而且是仪表的发展、创造和补充。良好的仪表仪容是旅游服务员工的一项基本素质，注重仪表仪容是尊重客人的需要，也是树立企业形象的手段，更体现了企业管理水平和服务质量的高低。所以，旅游服务员工必须注重自己的仪表仪容。

（一）修饰礼仪

1. 头发的修饰

头发是人体的制高点，是别人第一眼关注的地方。所以，在工作场合，个人形象的塑造，一定要“从头做起”。修饰头发包括护发、烫发、染发和佩戴假发、发饰、帽子等。无论采用哪种方法，都要注意美观大方，自然得体。

按发质选择洗发、护发用品，注意水质，勤于清洗，勤于梳理，注意保持头发洁净亮泽、柔软整齐，不蓬松散乱。勤于修剪，发型应美观、大方、实用，富有时代感。

旅游服务员工的头发长短要男女有别，适中为度。依据自己的特点慎选发型，应与自己的脸形、体形、年龄、身份、工作性质和周围环境相协调。男子不留长发或扎小辫子，不剃光头，不留胡须、鬓角；鬓发不盖及耳部，后不触领；短发能体现阳刚之美。女子不

留披肩长发，头发不遮脸，刘海儿不遮眉，长发应扎起或盘起来；不用带刺激香味的发乳、摩丝等；不用花俏艳丽的发饰，用一个点缀为佳。

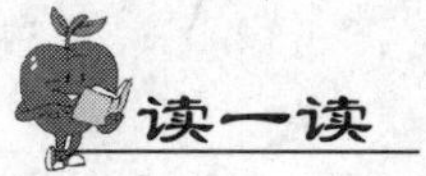

读一读

脸形与发型

一般来说，脸形有瓜子脸、四方脸、圆脸和梨型脸。

(1) 瓜子脸：这是东方女性标准脸形，有人也称之为美人脸。这种脸形发型选择的余地大，比较容易装扮。但一般而言，这种脸形显得瘦削，将头发散下来可显得丰润些。

(2) 四方脸：这种脸形特征是面部下方较宽，显得比较刚毅、果断，但较缺乏柔美感。可将头发散下，使脸部看起来更加柔和些。

(3) 圆脸：这是一种可爱的脸形，面部轮廓较圆，下巴丰腴。这种脸形的人一般要比实际年龄看起来较年轻，但缺乏立体感。可以选择线条简洁的发型，将头顶部头发梳高，并设法遮住双颊。

(4) 梨型脸：这种脸形显得随和。特征是额头偏窄，下颚较宽。这种脸形的人宜留短发，并增加额头两侧头发的厚度。

2. 化妆的礼仪规范

旅游服务员工化妆上岗，有助于使其单位形象更为鲜明、更具特色，是塑造单位形象之必需；旅游服务员工化妆上岗，意在向交往对象表示尊重之意。在服务交往中化妆与否，绝非个人私事，而是被交往对象作为一个尺度，来判定旅游服务员工对其尊重的程度。在国外，从事旅游服务工作，女士不化妆、男士不修面，就会被对方理解不尊重他，甚至是蔑视他。

女性服务员工的仪容除了“洁”以外，应以淡雅、清新、自然为宜，美容化妆应遵守护肤为主、彩妆为辅，淡妆为宜、重在避短的规则。自然是化妆的最高境界，女性的妆容要配合气质、皮肤、年龄，化妆风格应该和自己的气质相近；化妆的基本作用就是增加美丽度，做到扬长避短。因此，化妆要体现出典雅又不失清新的职业女性格调，表现出成熟、干练而又亲切的职业形象，让领导、客人感到你值得信赖。化妆不排斥个性化的追求，但必须有“法”可依，女性的妆容应该展现出既时尚又和谐自然的美感，如在一些隆重的场合不妨把自己装扮得亮丽一些，令自己显得神采飞扬，以此来体现企业的现象。生命在于运动，保持良好的心境、充足的睡眠和注意合理的饮食是值得提倡的积极化妆方法。

男子化妆已呈大众趋势。男士美容重在一个“洁”字，即干净整洁，其主要原则是整齐、洁净、大方；整体格调健康舒适；养成自我保健习惯。

旅游服务员工化妆禁忌：勿当众化妆、勿残妆示人、勿评论他人、勿离奇古怪。

读一读

皮肤保洁

首先是洁肤。应选择合适的洗脸水。一般可以先用温水，以让毛孔扩张，洗出残留在毛孔中的灰尘。然后立即用冷水敷一下脸，使毛孔收缩，减少水分流失，并使皮肤保持弹性。再配以适合自己肤质的洗面奶或洁面霜使用，将适量洗面奶倒在手心，用手指将其轻涂于脸上，由下往上螺旋式按摩清洗，尤其是额头、鼻翼、嘴角处要着重清洗。然后用清水洗净。由于表皮最外层的角质是层层覆盖的鳞片状，因而我们提倡由下往上洗脸，这样可以洗去藏在“鳞片”之间的污物，并保持肌肤的正常纹理。除了每日一至二次的日常洁肤外，有条件的每周还可以用泥浆式或撕拉式面膜进行一次深层清洁，将面膜均匀涂在脸上，注意避开嘴和眉眼，待面膜中的水分彻底挥发后，将其撕下来，可彻底清除污垢。还有别忽视脖颈的清洗。

其次是爽肤。由于洁肤用品呈碱性，用水清洁皮肤之后，常有绷紧的感觉，而健康的肌肤应呈微酸性，因而应平衡皮肤的酸碱度，而且还要使张开的毛孔收缩，防止毛孔增大而导致皮肤粗糙。那就需要用爽肤水（或称紧肤水、收缩水等）来调整。可将爽肤水倒在化妆棉上或直接倒在手心里，用手指均匀地往脸上轻按并轻拍，以促进其吸收。

最后是润肤。爽肤后还应为肌肤补充营养。白天用日霜，夜间用晚霜。日霜可防止灰尘附着在皮肤上和免受紫外线的侵害，并为肌肤提供所必需的养分，夏天使用防晒霜来阻挡强烈日晒更为重要。夜间是养颜的最佳时机，因此在临睡前用晚霜，能使养分被充分吸收，达到养颜之目的。

3. 个人卫生

旅游服务员工要注意手部的保洁与修饰，勤洗手，勤修剪指甲，禁止留长指甲，禁止在指甲上涂饰彩妆，不外露腋毛；保持下肢的清洁，勤洗脚，勤剪趾甲，适度掩饰，不裸腿、不赤脚，不露趾、不显跟、趾甲慎用彩妆；注意全身卫生和生活卫生，勤洗澡，勤换衣，保持口腔干净卫生，清爽宜人，养成良好的卫生习惯，上班前不吃有异味的食品等；不在他人面前抠鼻子、擤鼻涕、修指甲、剔牙齿、打哈欠、搔痒、咳嗽、打喷嚏、吐痰等，人前避免不雅行为。

（二）服饰礼仪

服饰是一种无声的语言，能够反应一个人的社会生活、文化水平和各方面的修养，也传递着一个人的个性、身份及其心理状态等多种信息。一个人穿戴什么样的服饰，直接关系到别人对他个人形象的评价。

1. 着装原则

（1）整洁原则：要求一整齐、二清洁、三完好。

(2) 个性原则：要求选择服饰的造型、款式、色彩、质地都要体现个性，符合自己的体形、肤色和气质，隐丑显美，给人以性格感。

(3) 和谐原则：服饰要与年龄、性别、职业、体形、肤色、季节、场合等相协调。

(4) 文明原则：要求着装文明大方，符合社会的传统道德和常规做法，忌穿过露、过透、过短、过紧的服装，也不宜一味追求怪异。

(5) TPO 原则：TPO 原则是有关服饰礼仪的基本原则之一，着装要规范、得体，就要牢记并严守 TPO 原则。TPO 原则的 T、P、O 三个字母，分别是英文“Time（时间）”、“Place（地点）”、“Occasion（场合）”这三个单词的缩写。它是指人们在选择服装时，应力求使自己的着装与时间、地点、场合协调一致。

时间原则有早晚性、季节性、时代性的含义。如果白天工作时间需要服务上级领导或与刚结识不久的客人会面，建议着装要正式，以表现出专业性；而晚上、周末或休闲时间与客人在非正式的场合会面，则可以穿得休闲一些。因为工作之余，客人也会要放松自己，这时您如果穿得太正式，就会给客人留下刻板的印象。但是，如果参加较正式的晚宴，则需要遵循场合原则，穿正式晚宴装。每年有春夏秋冬之分，每个季节都应该有适合该季节气候特点的服装。如果冬天穿得太薄，客人会看得不舒服；而夏天穿质地厚重的衣服，客人会感觉您保守及不合时宜。因此，在着装时要选择与气候相适度的服装。着装除了随时段和季节而变化外，还应该顺应时代的潮流。虽然一味地跟着潮流走不一定会产生好的效果，但是背离当今的时代特点和大众的审美观，也会与别人格格不入。比如，“萝卜裤”曾经在 20 世纪 80 年代初风行神州大地，但如果现在还有男性穿这样的裤子上班或服务客人的话，则会让客人觉得很滑稽。

场合原则指着装要随地方、场所、位置不同而变化。场合可以分为正式场合和非正式场合。在正式场合，如：与客人洽谈，参加正式会议或出席晚宴等，职员衣着应庄重、考究。男士可穿质地较好的西装，打领带，女士可以穿正式的职业套装或晚礼服。在非正式的场合，如：朋友聚会、郊游等，着装应轻便、舒适。试想一下，如果一位女士穿着高跟鞋、窄身裙去郊游，将会发现给自己带来诸多不便。同样的，如果穿便装去出席正式晚宴，不但是对宴会的不尊重，同时也会令自己颇觉尴尬。

地点原则要求着装要入乡随俗、因地制宜。女士穿西式套裙去办公事，就要使自己显得成熟稳重。穿着旗袍去赴宴，意在展示自己所独具的女性魅力，而穿上一身牛仔装与友人郊游踏青，则使同行者感到轻松愉快、平易近人。

总之，穿着打扮应该与时间、场合、地点保持和谐。这样不仅能令自己感觉舒适、信心十足，也能给别人留下良好的第一印象，唤起别人对你的好感与共鸣，乐意与你交谈，在无形之中使双方的关系变得融洽、亲切。否则，会显得和这个环境格格不入，甚至滑稽可笑。

2. 西服着装的礼仪规范

西装是最常见、最标准的国际性礼服。因造型优美、做工讲究、实用性强、四季皆宜等优点，深受各国人民喜爱。

西服穿着讲究“三个三”，即三色原则、三一定律、三大禁忌。三色原则是指男士在正式场合穿着西服时，全身颜色必须限制在三种之内。否则就会显得不伦不类，失之于庄重和保守。三一定律是指男士穿着西服、套装外出时，身上的鞋子、腰带、公文包的色彩必须统一，最好为黑色。这有助于提升自己的品位。三大禁忌是穿着西装时注意避免出现袖口上的商标没有拆、在非常正式的场合穿着夹克打领带和男士在正式场合穿着西服套装与袜子不搭配的现象。

西服的八要穿法：一要拆除商标；二要熨烫平整；三要扣好纽扣；四要不卷不挽；五要慎穿毛衣；六要巧配内衣；七要腰间无物；八要少装东西。

西装的韵味不是单靠西装本身穿出来的，而是用西装与其他衣饰一道精心组合和搭配出来的。正规场合衬衫以白色为佳，又可选择蓝、灰、棕、黑色；无任何图案为佳；大小合身，袖口、领口露出1～2厘米左右，下摆扎入裤腰内。领带的主色调应与西装套装的色彩一致，公务、社交场合以打领带为好，休闲场合则不必打领带，打好领带的下端用皮带扣上，领带夹宜夹在领带打好后的“黄金分割点”上，即衬衫的第四、第五粒纽扣之间。与西装搭配的皮鞋、袜子以深色、单色为宜，以黑色最佳。

西装与领带、领结的起源

西装起源于100多年前的欧洲，据说是由渔民发明的。它原流行于西方国家，以庄重舒适、挺拔美观而流行于世，现已成为世界各国普遍认同和喜爱的男士服装。

据说最原始的“领带”来自古时候在山林里的日耳曼人，是他们脖子上为使兽皮不致脱落的草绳。而真正使领带成为上流社会时尚的是法国国王路易十四。有一天他看到一位大臣上朝时，在脖子上系了一条白绸巾，还在前面打了一个领结，显得十分漂亮。路易十四极为赞赏，当即宣布领结为高贵的标志。

3. 西装套裙穿着的礼仪规范

如果说西装是男士在公务场合的最佳选择，那么西装套裙应是女士最理想的职业服装。一套做工考究、质地上乘、典雅得体的西装套裙，可塑造与众不同的职业女性形象。

西装套裙的具体穿法：大小适度，穿着到位，适应场合，协调妆饰，兼顾举止。并且注意在重要场合不能穿着黑色皮裙，特别是涉外商务活动；穿西装套裙，鞋袜的搭配一般是黑色高跟或半高跟皮鞋、单色高统袜或连裤袜；穿着西装套裙必须穿袜子，袜子应当完好，裙摆的下面不宜露出袜口。

4. 制服着装的礼仪规范

制服是标志一个人从事何种职业的服装，是旅游服务行业的形象定位，内含一定的文

化品位和管理思想。旅游服务业中，各岗位的制服各不相同，均逐渐向国际化、多样化发展，呈多姿多彩景象。

穿着制服的要求：

（1）整齐。必须合身，注意四长：袖到手腕、衣至虎口、裤到脚面、裙到膝盖；四围：领围、上衣胸围、腰围、裤裙臀围；内衣不外露；不挽袖卷裤；不漏扣、不掉扣；领带、领结不系歪；佩带工号牌、帽子与手套。

（2）清洁。无油渍、无污垢、无异味。

（3）挺括。不皱、平整。

（4）大方。款式简练、高雅、自然、流畅。

读一读

有一天，甲对乙说："你们空姐的制服太好看了，我每次在候机楼看见空姐们走过都觉得特别美！"

乙听完后问甲："你是觉得每个空姐都长得漂亮吗？"

甲费解地摇摇头："好像不是这个原因，她们中也有长相一般的，更何况我只是远远望去，长相眉目也看不太清晰。"

"仅仅是因为衣服漂亮吗？"乙又问道。

甲停顿片刻后说："算是吧，给人整体的感觉非常好，气质不凡。"

5. 配戴饰品的礼仪规范

饰品，对旅游服务员工而言，是指在其整体服饰中发挥装饰作用的一些配件。主要的饰品有首饰、手表、皮具、围巾等。选用和佩戴首饰，要注意选用规则和佩戴礼节，遵守以少为佳、同质同色、风格划一、符合身份的原则。以少为佳：一般而言，佩戴首饰时，总量不宜多于三种，每种不宜超过两件；同质同色：同时佩戴多件首饰时，应尽量选择质地、色彩上都基本相同的首饰；风格划一：同时佩戴的多件首饰应当统一风格，并与其他衣饰的风格协调一致；符合身份：作为旅游服务员工工作时应只佩戴一只戒指和一只手表。

戒指通常应戴在左手上，戴在不同的手指，含义不同：戴在食指上，表示无偶而求爱；戴在中指上，表示正处在恋爱之中；戴在无名指上，表示已订婚或结婚；戴在小手指上，表示独身主义。一般情况下，一只手上只戴一枚戒指为宜。在西方国家，未婚女子的戒指戴在右手中指上；而修女的戒指总是戴在右手的无名指上，意味着"把爱献给了上帝"。

手镯和手链：一只手上不能同时戴两支或两支以上的手镯和手链，手部不漂亮的人不宜戴手镯和手链。如果在左臂或左右两臂同时佩戴手镯和手链，表示已结婚；如果只在右臂佩戴手镯和手链，表示佩戴者是自由而不受约束的。

项链、耳环、胸花：项链的佩戴因人而异（脖子、性格）；佩戴耳环要与脸形相协调，在正式场合，应避免佩戴发光、发亮、发声的耳环；选择胸花要兼顾年龄、装束、场合等因素。

手表、钢笔、打火机被西方人一度看做男士三大配件，并被当做身份的象征。手表是一种常用的计时工具，又是一种重要的饰品，因社会上流行“男人看表”，故手表是男性一件十分关键的饰品。现在皮包、皮夹、皮带兼具实用性与装饰性功能，是每个旅游服务员工的必备用品。

二、仪态礼仪

仪态是泛指人们身体所呈现出的各种姿势，也叫仪姿、姿态，它包括举止动作、神态表情和相对静止的体态。仪态是映现一个人涵养的一面镜子，也是构成一个人外在美的主要因素。不同的仪态显示人们不同的精神状态和文化教养，传递不同的信息，因此，仪态又被称为仪态语。在人际交往中，人们除了用语言表达思想情感以外，还常常用身体姿态表现内心活动。用优美的姿态表达礼仪，比用语言更让受礼者感到真实、美好和生动。

旅游服务员工仪态的具体要求：挺拔的站姿、端庄的坐姿、雅致的走姿、优雅的蹲姿和正确的体态语言。

（一）站姿

站姿的基本要求是端正、挺拔、优美、典雅；基本要领是头正、肩平、臂垂、躯挺、腿并。具体要求如下：直立站正，重心放在两脚中间；上身正直，挺胸收腹，腰直肩平；目光平视，面带微笑，嘴微闭；双臂放松，自然下垂于身体两侧或双手交叉握于腹前（左手握在右手上）。

女性服务员工的站姿有前腹式和丁字式。前腹式站姿：双手交叉握于腹前，双脚呈“V”字形，脚尖开成45度至60度，膝和脚后跟要靠紧；丁字式站姿：双手交叉握于腹前，两脚尖向外略展开，右脚（左脚）在前，将右脚（左脚）跟靠于左脚（右脚）内侧。男性服务员工的站姿有“V”字形和两脚平行形两种。“V”字形：脚掌分开呈“V”字形，脚跟靠紧，双手置于身体两侧自然下垂；两脚平行：两腿分开，双脚平行，分开比肩宽略窄些，双手在身后交叉。

旅游服务员工的不雅站姿有：双手叉腰，抱在胸前，插入口袋，脚不停抖动；身体东倒西歪，依靠他物；单腿站立，将另一腿踏在其他物体上；趴在其他物体的台面上。

规范站姿的训练方法

贴墙法：使后脑、双肩、臀部、小腿肚、双脚跟部位紧贴墙壁。

贴背法：两人背对背相贴部位同上，在肩背部放置纸板不掉下。

顶书法：头顶书本，使颈梗直，收下颏，挺上身以书不掉下为宜。

（二）坐姿

坐姿也是一种静态的身体造型，是人们在工作、社交应酬中经常采用的姿势。端庄优美的坐姿不仅给人以文雅、稳重、大方的感觉，而且也是展现自己气质和风度的重要形式。坐姿的基本要求是腿直、身正、文雅。基本要领是入坐轻稳、动作协调、左进左出、位前转身、平稳坐下。

旅游服务员工在工作中的基本坐姿有：

(1) 女士标准坐姿：要求入座者上身与大腿、大腿与小腿均成直角，并使小腿与地面垂直，双膝并拢，双脚保持小丁字步，不宜坐满椅面，以占2/3左右为宜。适用于最正规的场合。

(2) 男士标准坐姿：上身正直上挺，双肩正平，两手放在两腿或扶手上，双膝并拢（双膝允许分开，不超肩宽），小腿垂直落于地面，两脚自然分开成45度。

不雅的坐姿有：双腿过度叉开；高架“二郎腿”或“4”字形腿；腿脚抖动摇晃；左顾右盼，摇头晃脑；上身前倾后仰或弯腰曲背；双手或端臂，或抱脑后，或抱膝盖，或抱小腿，或放于臀部下面；双腿长长前伸，或脚尖指向他人；双手撑椅；又跷脚又摸脚；坐下后随意挪动椅子。在正式场合，这些不雅坐姿既不尊重客人，也不符合礼仪服务的规范要求。

（三）走姿

走姿是人体所呈现出的一种动态，是立姿的延续。走姿是展现人的动态美的重要形式。无论是日常生活或公共场合，走路都是“有目共睹”的肢体语言，往往能表现一个人的风度和韵味。人们走路的样子千姿百态，各不相同，给人的感觉也有很大差别。有的步伐矫健、端正、自然、大方，给人以沉着、庄重、斯文的感觉；有的步伐雄壮，给人以英武、勇敢、无畏的印象；有的步伐轻盈、敏捷，行走如风，给人以轻巧、欢悦、柔和之感。但另有一些人由于不重视步态美或由于生理原因，逐步形成了一些不规范的步态：或摇头耸肩，左右摇动；或弯腰弓背，步履蹒跚等。这些都需要在日常生活中注意纠正。

走姿的基本要求是直行、匀速、无声。基本要领是头正、肩平、躯挺、步位直、步幅适度、步速平稳、警惕不良姿态。

具体要求：行走时，应上身挺直，头部端正，下颏微收，两肩齐平，挺胸、收腹、立腰，双目平视前方，精神饱满，表情自然。左脚起步时身体向前方微倾，走路要用腰力，身体重心有意识地落在前脚掌上。行进时步伐要直，两脚应有节奏地交替踏在虚拟的直线上，脚尖可微微分开。左脚前迈时，微向左前方送胯；右脚前迈时，微向右前方送胯，但送胯不明显。双肩平稳，以肩关节为轴，两臂前后自然协调摆动，手臂与身体的夹角一般在10度到15度之间。摆幅以30度到35度为宜。

行走时步态美不美，关键在“五步”：步幅、步位、步速、步韵、步态。

所谓步幅，是指行进时前后两脚之间的距离。在生活中步幅的大小往往与人的身高成正比，身高脚长者步幅就大些，身矮脚短者步幅也就小些。人们行进时，一般的步幅与本人一只脚的长度相近，即前脚的脚跟距后脚的脚尖之间的距离。通常情况下，男性的步幅约 25 厘米，女性步幅约 20 厘米。

所谓步位，是指行走时脚落地的位置。走路时最好的步位是两只脚所踩的是同一条直线，而不是两条平行线，特别是女性走路，如果是两脚分别踩着两条线走路，那是有失雅观的。

所谓步速，是指行走时的速度。要保持步态的优美，行进的速度应保持均匀、平稳，不能过快过慢、忽快忽慢。在正常情况下，应自然舒缓，显得成熟、自信。当然，男女在步速上亦有差别，一般来说男性步伐矫健、豪迈、刚毅、洒脱，具有阳刚之美，步伐频率每分钟约 108～110 步；女性步伐轻盈、柔软、飘逸、娴淑，具有阴柔之美，步伐频率每分钟约 118～120 步，如穿裙装或旗袍，步速则慢一些，可达 110 步左右。脚步要干净利索，有鲜明的节奏感，不可拖泥带水，也不可重如马蹄声。

步韵就是行进时的韵律。行进时，膝盖和脚腕要富于弹性，腰部应成为身体重心移动的轴线，双臂应自然轻松一前一后地摆动，保持身体各部位之间动作的和谐，使自己走在一定的韵律之中，显得自然优美，否则就失去节奏感。

步态是一种微妙的语言，它能反映出一个人的情绪。当心情喜悦时，步态就轻盈、欢快，有跳跃感；当情绪悲哀时，步态就沉重、缓慢，有忧伤感；当踌躇满志时，步态就坚定明快，有自信力；当生气时，步态就强硬、愤慨。人们往往可从步态中觉察出人的心理变化。步态还要分场合，脚步的强弱、轻重、快慢、幅度及姿势，必须同出入场合相适应。在室内走路要轻而稳，在公园里散步要轻而缓，在阅览室里走路要轻而柔，在婚礼上步子要欢快、轻松，在丧礼上步子要沉重、缓慢。总之，步态要因地、因人、因事而宜。

不雅走姿有：方向不定，忽左忽右；体位失当，摇头、晃肩、扭臀；或扭来扭去的“外八字步”和“内八字步”；左顾右盼，重心后坐或前移；与多人走路，或勾肩搭背，或奔跑蹦跳，或大声喊叫等。

(四) 蹲姿

在工作或公众场合，人们从低处取物或俯身拾物时，弯腰曲背，低头撅臀，或双腿敞开、平衡下蹲，尤其是穿裙子的女士下蹲两腿敞开，在国外被视为“卫生间姿势”，既不雅观，更不礼貌。从仪表美角度讲，以下几种蹲姿可供借鉴。

1. 高低式

下蹲时，左脚在前，右脚靠后。左脚完全着地，右脚脚跟提起，右膝低于左膝，右腿左侧可靠于左小腿内侧，形成左膝高右膝低的姿势。臀部向下，上身微前倾，基本上用左腿支撑身体。采用此式时，女性应并紧双腿，男性则可适度分开。若捡身体左侧的东西，则姿势相反。这种双膝以上靠紧的蹲姿在造型上也是优美的。

2. 交叉式

交叉式蹲姿主要适用于女性，尤其是适合身穿短裙的女性在公共场合采用。它虽然造

型优美但动作难度较大。这种蹲姿要求在下蹲时，右脚在前，左脚居后；右小腿垂直于地面，全脚着地。右腿在上、左腿在下交叉重叠。左膝从后下方伸向右侧，左脚跟抬起脚尖着地。两腿前后靠紧，合力支撑身体。上身微向前倾，臀部向下。

（五）手势

手势是旅游服务员工向客人作介绍、谈话、引路、指示方向时常用的体态语言。手势的基本要求是正规、得体、适度。

不同的手势包含不同的含义：如掌心向上的手势有一种虚心、诚恳、友善、尊重他人的含义；掌心向下的手势意味着高傲无礼、缺乏诚意；攥紧拳头暗示进攻和自卫，也表示愤怒；伸出手指指点，是要引起他人的注意，含有教训人的意味。

手势的具体要求：

（1）在介绍客人或物品、指引方向、引路时，应手指自然并拢，掌心向上，以肘关节为轴指向目标，同时，上身前倾，眼睛要看着目标；

（2）在递东西给客人时，应用双手恭敬地奉上；

（3）鼓掌时，右手掌拍在左手掌心上，时间、力度与情景相衬。

使用手势的注意事项：切忌用手指或笔尖直接指向客人；手势要与面部表情和身体各部分配合，才能使客人感觉到服务热诚；同一手势在不同国家、不同地区有不同的含义。因此，在使用手势时，还要注意各地方的不同习惯，以免闹出笑话和误会。

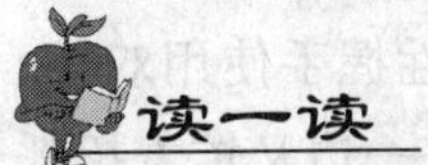

读一读

人际空间

在社会活动中，每个人需要有一定的个人的空间。根据美国人类学家爱得华·霍尔提出的四个界域，人际空间分为四个区域，如表 2-1 所示。

表 2-1　人际空间的四个区域

区　域	距　离		含　义	适用范围
亲密区	0～45 厘米	0～15 厘米	亲密、爱抚、安慰	恋人、夫妻、密友交流
		15～45 厘米		
个人区	45～120 厘米	45～75 厘米	亲切、友好、融洽	朋友、同事谈心
		75～120 厘米		
社交区	120～360 厘米	120～210 厘米	严肃、庄重、认真	会见外宾、商务谈判
		210～360 厘米		
公众区	360 厘米以上	360～750 厘米	公开、大度、开朗	演讲、报告、讲课

任务二 旅游服务礼仪

旅游服务员工在服务工作中，要注意根据实际情况自觉、恰当地使用各种相应的礼节、礼仪服务客人。因为讲究礼节、礼仪是使客人感到宾至如归的前提，更是对客人表示尊重和友好。

一、握手礼仪

握手礼是指旅游服务员工在服务宾客的过程中，与宾客握手时应遵守的礼仪规范。握手起源于远古的摸手礼。据说原始人为了说明手中没有武器，表示友好，就会伸出右手，并且让对方摸一下。现代人的握手礼表示致意、亲近、友好、寒暄、道别、祝贺、感谢、慰问、鼓励的意思。

握手礼的动作要领是：与对方行握手礼时，起身站立，距离对方 1 米（一步）左右，上身略向前倾，伸出右手，掌心向左，四指并拢，拇指张开，与对方相握，两手相握后形成一个直角。握手时要目视对方、面带笑容、稍事寒暄、稍许用力、握手的时间以 3 秒钟为宜。握手应遵循“尊者决定”的原则，由一般长者、身份地位高者、女士、先到者先伸手。

握手礼的禁忌有三心二意、戴着墨镜、戴着手套、只用左手、与异性握手使用双手。要注意避免如下情况：握手时漫不经心、心不在焉、左顾右盼、一边握手一边又忙着招呼他人；握手时争先恐后，不依照顺序依次而行；男士戴着帽子和手套同他人握手；衣冠不整，手指肮脏而与他人握手；用力而长久地握着异性的手；迟迟不握他人早已伸出的手、拒绝与他人握手，用左手去同他人握手，用双手与异性握手，交叉握手；握手时，把对方的手拉过来、推过去，或者上下左右抖个不停；握手时，长篇大论，点头哈腰，滥用热情，显得过分客套；握手时，仅仅握住对方的手指尖，或只递给对方一截冷冰冰的手指尖。

在涉外交际场合，遇到身份较高的外宾，有礼貌地点头微笑或鼓掌欢迎就可以。如果外宾没有主动伸手的话，不宜自行向前要求握手。另外，与数位外宾初次见面，握手问候的时间应大体上相同，不要给人以厚此薄彼的感觉。

读一读

握手礼的异域习俗

在许多国家或地区，由于民族文化和风俗习惯的不同，握手的形式也有所不同。

★ 美国人比较不拘礼节，第一次见面笑一笑，说声“嗨”或“哈罗”，并不正正经经

地握手。

★ 对意大利人不要主动握手，只有对方主动伸手时，才可以自然地伸手相握。

★ 日本男人往往一边握手一边行鞠躬礼，而日本女士则一般不跟别人握手，只是行鞠躬礼。

★ 菲律宾有些地方，人们握过手会转身向后退几步，向对方表明身后没有藏刀，是真诚的握手。

★ 尼日利亚人在握手前要用大拇指在手上轻轻弹几下然后再握手。

★ 坦桑尼亚人则在见面时先拍拍自己的肚子，然后鼓掌，再相互握手。

★ 中非黑人，见面时不是和对方握手，而是用自己左手握住右手挥动几下以代替握手。

二、介绍礼仪

在日常服务工作及社交场合中，人们往往需要首先向交往对象具体说明自己的情况，即介绍。介绍一般可分为三种：介绍自己、介绍他人、介绍集体。

（一）介绍自己

自我介绍就是在必要的工作或社交场合，把自己介绍给其他人，以使对方认识自己。在工作交往中，自我介绍，是绝对不可缺少的。恰当的自我介绍，不但能增进他人对自己的了解，而且还可能有出人意料之外的收获。

自我介绍的要领：

(1) 自我介绍时，可掌心向内，轻按左胸，但不能用拇指指向自己。表情要自然、亲切，注视对方，举止庄重、大方，态度镇定而充满自信，表现出渴望认识对方的热情。报出姓名、单位、部门及职务。

(2) 作自我介绍时，应掌握时机，如初次见面的时机或对方有兴趣的时机。内容繁简适度，态度谦虚，注意礼节。一般以半分钟为宜，情况特殊也不宜超过3分钟。如对方表现出有认识自己的愿望，则可在报出本人姓名、供职单位及职务的基础上，再简略地介绍自己的籍贯、学历、爱好、专长及与某人的关系等。当然，在进行自我介绍时，应该实事求是，既不能把自己拔得过高，也不要自卑地贬低自己。介绍用语要留有余地，不宜用"最"、"极"、"特别"、"第一"等表示极端的词。

(3) 自我介绍除了用语言之外，还可借助介绍信、工作证或名片等信物证明自己的身份，作为辅助介绍，以增强对方对自己的信任。

（二）介绍他人

介绍他人遵循"尊者优先了解情况"的规则，即按"尊者居后"的顺序进行介绍。

介绍他人时，介绍人应站立，行至被介绍人之间，呈三角对立，在介绍一方时，应微笑着用自己的视线把另一方的注意力引导过来。抬起前臂，五指并拢伸直，手掌向上倾斜，指向被介绍者。先称呼长辈、职位高者、主人、女士、已婚者、先到场者，再将被介绍人介绍出来，而后介绍先称呼的一方。介绍他人的内容包括被介绍人的姓名、单位、部门、职务，一般不介绍私人生活方面的情况。

介绍他人时应注意：介绍人不能用手拍被介绍人的肩、胳膊和背等部位；更不能用食指或拇指指向被介绍的任何一方；在介绍中要避免过分赞扬某个人，给人留下厚此薄彼的感觉；在介绍别人时，切忌把复姓当做单姓，如不要把“欧阳明”称“欧先生”；介绍人在介绍后，不要随即离开，应给双方交谈提示话题，可有选择地介绍双方的共同点，如相似的经历、共同的爱好和相关的职业等，待双方进入话题后，再去招呼其他客人；当两位客人正在交谈时，切勿立即给其介绍别的人。

（三）介绍集体

介绍集体分“单向介绍”和“多向介绍”两种。介绍内容，原则上与“介绍他人”的内容相同。

（1）单向介绍，如讲演、报告时，只介绍主角。如为两个团体进行介绍，应先介绍东道主或人少的一方，并注重身份、地位，对尊者最后介绍。

（2）多方介绍，则由尊而卑，或由近而远。其排列方法有：或以负责人身份为准，或以单位规模为准，或以单位名称的英文字母顺序为准，或以抵达的时间为准，或以座次为准，或以距介绍者的远近为准。

三、交换名片礼仪

名片，是一个人身份、地位的象征，也是一个人尊严、价值的一种显示方式，还是使用者要求社会认同、获得社会理解与尊重的一种方式。它使用起来简便、灵活、文明，能适应现代社会人际交往十分频繁的需要，因而成为现代交际的一种重要工具。在各种公务、商务场合，人们越来越注重递送、接受、保管名片的礼节规范。

（一）名片递接

名片是一种自我介绍的方式，一般是地位低的先递给地位高的，男性先递给女性，当对方不止一人时，应先将名片依次递给职务较高或年龄较大的人。递送名片时，应面带微笑，正视对方，将名片的正面朝着对方，恭敬地用双手的拇指和食指分别捏住名片上端的两角送到对方胸前。如果是坐着，应起身或欠身递送，递送时可以说一些“我叫××，这是我的名片，请笑纳”或“请多关照”之类的客气话。在未弄明对方的来历之前，不要急于递送名片。

（二）接收名片

接受他人名片时，应起身或欠身，面带微笑注视对方，恭敬地用双手接住名片并致谢。用30秒钟以上的时间，仔细把对方的名片“读”一遍，按名片上的职务称呼对方。应表现出认识对方的极大兴趣和对他的尊重。可回敬名片，如没有或没带名片，应向对方致歉。

（三）存放名片

接过名片后应放入名片夹最好是放入衣服左胸内口袋，以示对对方的尊敬。千万不可

随意搓揉、摆弄、折叠名片，也不能乱放、乱塞，甚至扔丢名片。

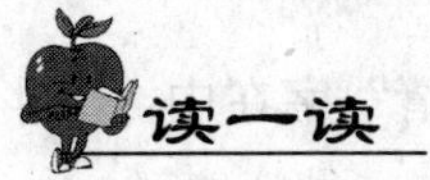

名片的样式

名片的样式分为两种，即横式和竖式。

横式。行序由上而下，字序从左到右。第一行顶格书写持片人的单位名称。第二行是持片人的姓名，用较大字号写在名片正中。有职务、职称或学衔的，通常用小字标在姓名下右侧。第三行是持片人的详细地址及电话号码、邮政编码。

竖式。行序由左到右，字序从上而下。第一行是持片人的单位名称，顶格写在名片左边。第二行是持片人的姓名，低两格用较大字号写在名片正中，持片人的职务、职称等用小字标在姓名下右侧。第三行是持片人的详细地址及电话号码、邮政编码。

四、电话礼仪

电话是现代社会人际交往的常用工具。接听电话时，要遵循“电话应对四原则”：声音谦和、内容简洁、举止文明、态度恭敬。

（一）打电话的礼仪

选择通话时间：早晨8点以后，节假日应在9点以后，晚间则应在22点以前；通话长度，遵循电话礼仪的“三分钟原则”。如无特殊情况，不宜在中午休息时和一日三餐的常规时间打电话；给单位打电话时，应避开刚上班或快下班两段时间。

拟好通话要点：通话前应拟好通话要点，备齐与通话内容有关的文件和资料；核对所打的电话号码；电话拨通后，应先向对方问候，后报自己的单位和姓名，再报出受话人姓名，如受话人不在，可请人转告或稍后再打；说话要直言主题，简明扼要，长话短说；如拨错号码，应向对方表示歉意。

（二）接电话的礼仪

及时接听：电话铃响后应遵循“铃响不过三声”的原则；如电话铃响四声后，接听时要先道歉；接听电话应先问好，再报自己的单位或姓名，然后问对方找谁；如遇紧急情况要暂停通话时，应致歉并说明原因；传呼时，应热情、及时，如需转告，应准确记下对方的电话号码和姓名，不可表现出冷淡或厌烦，不能让对方久等，或一挂了之；接到打错的电话，应以礼相待，不可指责、辱骂对方。

慎用免提：接听电话一般不使用免提键，如要使用则应遵循如下礼规：一是不要在对话的一开始就使用免提键；二是需要使用免提键时，须先征得对方同意；三是应向对方介绍在场接听电话的每个人；四是各人应依次与对方对话，而且应靠近电话机。每个人讲话时先自我介绍，如中途离开换人对话，要先向对方打招呼。

（三）电话应对的礼仪

注意“电话形象”：使用电话语言，不仅要坚持用“您好”开头，“请”字在中，“谢谢”结尾，并要控制好语气语调。

认真倾听应对：在通话中，应礼貌地呼应对方，适时地应声附和，不时地“嗯”、“哦”一两声，或说“是”、“好”、“对”之类的话语，让对方感到你是在认真倾听，不要默不做声，不要轻易打断对方的谈话；重要内容还要边听边记，并向对方复述一遍，以便校正；如发觉电话内容不宜为外人所知或有急事需要处理时，可委婉地告诉对方，稍后再回电话；如有未接电话，应尽早回话，如隔时较久，给对方回话应表示歉意并解释原因；通话结束，一般应由发话人先挂机，受话人再挂机。

读一读

剪彩仪式的起源

剪彩仪式源于一次偶然事件。1912 年，美国的圣安东尼奥州的华狄密镇有一家大百货公司将要开业。开张这天的一大早，老板按当地风俗，在开着的店门前横系一条布带，防止公司未开张前有闲人闯入。这时，老板的 10 岁的女儿牵着一条哈巴狗从店里匆匆跑出来，无意中碰断了这条布带，等在门外的客人以为这是该店为了开张志喜搞的“新把戏”，便蜂拥而入，争先购物，真是生意兴隆。不久，当老板的一个分公司又要开张时，想起第一次开张时的盛况，又如法炮制，这次是老板有意让小女孩把布带碰断，果然财运又很好。于是，人们认为公司、店铺开张时，让女孩碰断布带是一个极好的兆头，都争相效法。后来，人们用彩带取代了颜色单一的布带，并用剪刀剪断，执行人也由小女孩改成年轻的姑娘，后来又由当地官员或社会名流所替代，人们还给这种做法正式取名为“剪彩”。时至今日，剪彩已风靡全球，成为各种公关活动、开业志庆的一种重要仪式，并约定俗成地形成了一整套礼仪规范和要求。

模块小结

本模块阐述了礼仪的概念及意义，强调修饰、服饰、站、坐、行、蹲姿以及表情等个人礼仪的基本要求和规范，目的是提高旅游服务员工个人礼仪素养，有利于树立良好的个人形象和企业形象；培养服务员工在旅游服务工作中规范使用各种服务礼仪，如握手礼仪、介绍礼仪、使用名片礼仪、谈话礼仪和电话礼仪等，有利于提高企业的服务质量和管理水平。

复习与练习

一、选择题

1. 服务员上岗时可佩戴手表和________。

A. 一条手链　　B. 一枚戒指　　C. 一条项链　　D. 一对耳环

2. 着装的“TPO”原则是指________。

A. 与地点相适应　　B. 与场合相适应

C. 与环境相适应　　D. 与时间相适应

3. 女性服务员工的前腹式站姿：双手交叉握于腹前，双脚呈“V”字形，脚尖开成________，膝和脚后跟要靠紧。

A. 15°～30°　　B. 25°～40°　　C. 35°～50°　　D. 45°～60°

4. 在介绍客人或物品、指引方向、引路时，应手指自然并拢，________，以肘关节为轴指向目标，同时，上身前倾，眼睛要看着目标。

A. 掌心向上　　B. 掌心向下　　C. 掌心向左　　D. 掌心向右

二、简答题

1. 旅游服务员工对仪表仪容有哪些要求？

2. 旅游服务员工服饰要求有哪些？

3. 旅游服务员工与客人谈话时应遵守哪些基本礼仪？

4. 行握手礼时有哪五条禁忌？

三、案例分析

案例一：细微之中显素质

大学毕业生李某陪同学到一家知名企业求职。李某一贯注重个人修养，从他整洁的衣服、干净的指甲、整齐的头发上看，就给人一种精明、干练的感觉。来到企业人事部，临进门前，李某自觉地擦了擦鞋底，待进入室内后随手将门轻轻关上。见有长者到人事部来，他礼貌地起身让座。人事部经理询问他时，尽管有别人谈话干扰，他仍能注意力集中地倾听并准确迅速地予以回答，同人说话时，他神情专注，目不旁视，从容交谈。这一切，都被来人事部察看情况的企业总经理看在眼里。尽管李某这次只是陪同学来应试，总经理还是诚邀李某加盟这家企业。现在，李某已成为这家企业的销售部经理。

案例二：推销员为何被赶跑

炎夏的一天，某居民区苏太太家的门铃突然响了，正在家中收拾家务的苏太太打开门一看，迎面而立的是一位戴墨镜的年轻男士，但不认识，于是狐疑地问：“您是……”这位男士也不摘下墨镜，而是从口袋中摸出一张名片，递给苏太太，“我是保险公司的，专门负责这一地区的业务。”苏太太接过名片一看，不错，但推销员的形象，却打心底让她反感，便说：“对不起，我们不投保险。”说着就要关门。而这位男士动作却很敏捷，已将一只脚迈向门内，一副极不礼貌的样子，“你们家房子装修得这么漂亮，真令人羡慕，可是天有不测风云，万一发生个火灾什么的，再重新装修，势必要花费很多钱，倒不如现在你就买份保险……”苏太太越听越气，光天化日之下，竟然有人来诅咒她的房子，于是，硬把年轻男子赶了出去。

分析上述案例，李某成功的经验是什么？推销员为什么被赶出去？如果你是推销员，你如何做？

实训项目

【实训名称】

旅游接待礼仪实训。

【实训内容】

模拟饭店或旅行社接待客人。以小组为单位，演示饭店或旅行社不同岗位的服务礼仪，包括自行纠正仪容、仪表、仪态，进行自我介绍、递送名片、与客交谈、接听电话等训练。

【实训步骤】

1. 学生面对镜子（或互相）检查仪容、服饰和站、坐、行、蹲的姿态，找出不符合礼仪标准和规范的地方并自行改正，也可请教师实际指导。

2. 各小组轮流扮演服务员和宾客的角色，模拟接听预定电话训练。

3. 各小组轮流扮演服务员和宾客的角色，模拟饭店或旅行社各岗位的服务员接待宾客时的情景，进行握手、自我介绍（或介绍宾客）、递送名片、与客交谈等训练。

模块三 旅游心理——旅游服务的心灵密码

1. 掌握导游服务心理策略。

2. 掌握饭店前厅、客房、餐厅服务心理策略。

3. 掌握旅游交通、旅游购物和旅游投诉服务心理策略。

某年5月，北京导游员姜小姐接待了一个15人的法国旅游团。该团在京日程安排得很紧凑：第一天：晚上入境后，到饭店休息；第二天：上午参观天安门、故宫，下午去颐和园、动物园，晚上吃风味餐、看京剧；第三天：上午去八达岭长城，下午去定陵，晚上去王府井购物；第四天：上午去天坛、雍和宫，午餐后乘下午的航班去西安。

在第二天游览过程中，游客们兴致很高，每到一处他们都拍照留念，听导游员的讲解也十分认真。只是在景点的步行距离太长，团里大部分人是老年人，有些人就感到很劳累。晚上吃烤鸭的时候，气氛达到了高潮，因而京戏开演了30分钟他们才赶到剧场。回饭店的路上大家对当天的旅游安排非常满意，赞不绝口。

第三天，一些人的疲态便显露出来了。在长城，有人只是登上了一个敌楼，照了几张相便返回旅游车休息。在定陵有两位老年游客更是不愿下那么多台阶去参观地下宫殿，姜小姐只好将疲劳的游客先安顿好，再去为其他人导游。回去的路上，有些游客要求先回饭店休息一下，再去吃饭、购物，结果再次集合时，只有6个人去吃饭，其他人都想洗澡、休息了。晚饭后只有2个人要求到王府井购物，其他4个人自愿坐出租车回饭店。在送购物的客人回饭店的路上，姜小姐心里有一种说不出的滋味。

第四天上午，由于游客们行动过于缓慢，在参观过天坛之后，无法再去雍和宫参观了。大家匆匆到指定的餐厅用过餐后便赶去机场。在去机场的路上，姜小姐向游客们征求对此次在北京旅游的意见。有人反映，刚开始时感觉不错，但是越到后来越感到活动单调，并且有些劳累。对于姜小姐的服务和讲解大家还是感到很满意，但是他们认为，如果姜小姐能根据老年人的特点，多留出一点放松的时间，就更好了。

看到这里，您能明白这些法国旅游者为什么开始满意，后来却有意见吗？再者，游览日程及内容的安排存在什么问题？应该怎样认识、把握法国旅游者及老年人的心理需求并提供有针对性的旅游服务？在旅游过程中导游员应该如何进行自我心理调适？此外，旅游者在饭店，商场等环境中，心理需求有怎样的特点？应该采取怎样的服务策略和方法？请让我们带着这些问题进行下面的学习。

任务驱动

心理现象是指人的感觉、知觉、记忆、思维、情感、能力、性格和气质等。在现实生活中，人们无论从事什么活动，都伴随着各种心理现象。心理现象是人们时刻都在产生的，也是人们非常熟悉，随时会接触到、感受到的。正是在心理现象的调节下，人们的各种活动才得以正常地进行，旅游服务也不例外。

任务一　导游服务心理

旅游者购买和消费旅游产品，除了在餐饮和旅游生活中消耗少量有形物质产品外，更大量的是无形的服务和导游服务的消费。旅游服务要以有形的物质产品、自然社会现象为载体，在旅游活动中实现其价值和使用价值。而旅游产品之所以能以一种混合体的形态出现，主要是由旅游服务决定了其性质，旅游者对旅游经历的评价主要取决于旅游服务水平和质量。

导游在旅游者的整个旅游消费过程中具有十分重要的地位和作用。导游不仅是旅行社的代表，而且也是完成旅行社工作的核心人物。对于涉外旅游来讲，导游在一定程度上代表着国家和民族的形象，因而又有“民间大使”的美称。

一、导游应具备的心理素质

（一）广泛的兴趣爱好

丰富的知识是做好导游工作的前提，而广泛的兴趣是其入门的先导。导游所服务的对象来自社会的各个阶层，他们所受教育的水平也不尽相同，甚至有很多游客来自不同的国家。因此，在参加旅游活动的过程中，游客会对景点景区的风光、风土人情等向导游提出这样那样的问题，作为一名导游，就必须有足够的知识储备，做到有问必答，言之有物，才能满足游客的这一需求。

并且，随着时代的发展，现代旅游活动更加趋向于对文化知识的追求。人们出游除了消遣度假外，还想通过旅游来增长见识，丰富阅历，获取教益，这就对导游提出了更高的要求。为了适应游客的这种日益增长的需要，导游就必须做到知识面要更广，要有真才实学。只有这样，导游的讲解才能以渊博的知识做后盾，做到内容丰富。由此可见，丰富的知识是做好导游工作的前提。而只有兴趣广泛的人，才可能有如此广博的阅读面。因此，

广泛的兴趣是导游必备的心理品质。

（二）外向乐观的性格特征

导游特殊的工作性质要求他们必须具备外向乐观的性格特征。导游的服务对象是来自四面八方的游客，每个人的背景、性格都不尽相同，因此，导游应当是一个活泼型、外向型的人，具有爱帮助他人、乐于同各种类型的游客打交道的热情性格。只有这样，导游才能与所带团队的每一位游客建立起融洽和谐的人际关系，使游客感到亲切，并且乐于接受服务。

（三）处危不惊的意志品质

意志是人的积极性的特殊形式，它是人们自觉地调节行为去克服困难以实现预定目标的心理过程。良好的意志品质是导游成功地带领游客完成旅游活动的重要因素。导游必须在旅游者面前表现出充分的自信心和抗干扰能力。

读一读

某年秋天，西安导游李小姐接待了一个来自美国的旅游团。在去兵马俑博物馆的途中，游客们问了许多关于当地人民生活的问题。李小姐向他们简单介绍了本地居民工作、学习和收入的情况，并客观地介绍了我国在政治、经济和文化领域中所取得的进步。突然游客们看到了车窗外几个市民抓小偷的情景：一个抢了一位中年妇女手提包的小偷在逃跑，随着妇女的叫喊声，几个小伙子追了上去，将小偷擒获。看到这种情景，有些游客用照相机拍照。有一位一贯爱挑剔的女士突然指着车窗外问道："李小姐，刚才你不是说西安是历史古城，民风淳朴吗？怎么在旅游途中还会遇到贼呢？难道到你们社会主义中国来旅游也有安全问题吗？"这突如其来的问话立即使车内的气氛紧张起来。大家颇为担心地望着李小姐，接着纷纷向发问者投去不满的目光。听了她刻薄的问话，李小姐真想严厉地反驳她几句，但又觉得不够大度。如果听之任之，则又有失大体，显得太软弱。为了维护国家形象以及与广大游客已经建立起来的友好感情，恢复愉快和谐的气氛，她微笑地看着发问者，以幽默、和平的口吻回答道："目前世界上的任何地方都会有犯罪的现象，但中国的犯罪率是非常低的，在中国是非常安全的，根本不会发生小学生持枪杀人的案件，因为我们普通居民手里根本没有枪械。你们到中国旅游比美国总统在国内出行还要安全得多。不信你们可以打电话问你们的总统，哪里更安全？"李小姐的话刚说完，旅游车内便爆发出了笑声和掌声，那位发问的女士也尴尬地笑了。

（四）较强的能力品质

1. 良好的语言表达能力

在导游过程中，导游的各种心理品质主要是以言语体现出来的，导游活动的过程也主要是与游客言语交往的过程。此外，导游讲解就是通过导游的语言表达，向游客传达各种信息，使之从中陶冶情操，增长见识。因此，具备较好的语言表达能力是做好导游服务工作的关键。

2. 良好的感知力和观察力

导游应有良好的感知力和观察力，要善于观察旅游者并敏锐地感知其不同的心理反应，及时调整导游讲解和相应服务，采取必要的措施，运用多变的手法，保证旅游活动的顺利进行。

3. 灵活机动，有一定的预见能力

导游应善于从各种现象或得到的各种信息中预见可能会出现的困难或是危险，以平静的心态，审时度势，并且灵活机动地采取相关措施以避免和消除可能发生的意外事故。

某年夏季的一天，北京导游廖先生带着一个10人的加拿大旅游团在城内游览。当汽车行驶到长安街的时候，一位客人指着街道上方悬挂的彩旗询问，那些彩旗是欢迎何人的？廖先生因不知道那天有哪国的贵宾来访，此前又没有经过悬挂来访国国旗的地方，便说："今天有一个从加拿大来的旅游团访问北京，这些彩旗是专门欢迎他们的。"大家先是一愣，然后恍然大悟，开怀大笑，纷纷鼓起了掌。再去往颐和园的途中，一位游客嫌车速太慢，要求司机开车加速超车。廖先生连忙用手指着一位警察说："那可不行，要是让警察看到了，不但要吊销司机的驾驶证，还要把我作为责任人带走，罚我的钱。那么谁还敢给你们导游啊！"听完他的话，那位客人连连点头。

当到了一个公园吃晚饭时，司机师傅告诉廖先生，最近那里的治安不好，曾有旅游团的汽车被盗，所以请客人下车时把自己的照相机带下去。廖先生想，直接告诉大家容易引起紧张情绪，而且有损首都的形象。于是他对客人们说："今天我们要在一个景致优美的公园里吃晚饭，吃完饭司机师傅还要去加点汽油，我们可以利用这段时间拍拍照。"听他一说，大家连忙拿起了准备留在车上的照相机。

二、导游服务中的游客心理分析

（一）不同旅游阶段的游客心理

1. 初期的求安全心理和新奇心理

一般来说，人们选择到异国他乡旅游，大多是为了摆脱了日常紧张的生活、烦琐的事务，成为一个无拘无束的自由人，希望自由自在地享受欢乐的旅游生活。因此，游客初到某个旅游地，往往都会显得比较兴奋激动，并且会对当地的任何事物都感到新奇，什么都想看、想要问、想要知道，一些当地人司空见惯的平常事在游客眼里可能就是一件新鲜事，有强烈的追求新奇、增长知识的心理需求。

2. 中期的放松心理和求全心理

在一系列的旅游活动过程中，随着游客与导游以及游客之间相互接触的增多，相互之

间也越来越熟悉，同时游客在旅游初期阶段由于环境、周围的人和事的陌生等原因而出现的求安全心理和戒备心理也得以逐渐消除，游客感觉到的是轻松、愉快，开始出现一种平缓、悠闲、放松的心态。因此，游客的性格开始逐渐暴露，如各行其是，个性解放，没有时间概念，集体意识差，在一系列的参观游览活动中自由散漫，比较懒散。在这一阶段，由于游客之间彼此的人生观、价值观以及生活习惯的不同，团队内部成员间的矛盾也会日益显现。

与此同时，大多数游客在这一阶段还会出现一种求全心理，对自己所参加的旅游活动要求过于理想化。这些游客认为自己既然是花钱外出，那么旅游活动中的一切都应是理想而美好的，从而产生生活和心理上的过高要求，对旅游服务和旅游产品横加挑剔和指责，一旦其提出的要求得不到满足，就会出现强烈的反应，甚至是过火的言行。此外，游客在这一阶段提出的问题范围更广泛也更深刻，甚至还会有一些不友好以及带有挑衅性质的问题。

3. 后期的忙乱心理和回顾心理

一般来说，在旅游活动的后期阶段，游客的心理是较为复杂的，情绪波动很大，可以说是既兴奋又紧张。兴奋的是在整个旅游过程中自己增长了见识，放松了心情，另外旅游活动结束后，马上就可以返回自己的家乡，见到自己的亲人和朋友，和他们分享自己此次旅游的经历和见闻。但是在这一阶段，游客也会出现紧张和忙乱心理，如觉得时间过得太快，还有部分纪念品未买，担心行李超重等。此外有些游客还觉得意犹未尽，对尚未结束的游览恋恋不舍，甚至对当地产生依恋之情。

在旅游活动的后期阶段，导游应留出相对来说较为充分的时间让游客来处理自己的各种事务，本着认真负责的态度，尽力解决游客在这一阶段的困难，满足其要求。

（二）不同类别游客的心理特征

1. 阶层差异产生的不同心理特征

社会阶层是指由于收入水平、接受教育的程度、职业、身份、地位等综合因素的影响，社会中的个体形成的相对稳定、相对独立的不同层次的社会群体。在一个社会中，社会阶层是按等级次序构成的，每个阶层成员具有类似的价值观、兴趣爱好和行为方式。社会阶层的分类，是多种因素共同作用于社会心理的结果。不同的社会时期、不同的国家，甚至不同的学者，对于社会阶层的划分，都有不同的标准和方法。一般来说，人们常用财富、权力，有时候人们也参照社会经济因素，如通过个人的职业、收入、教育、财产等因素，对人群进行区分。

读一读

某年秋天，西安的导游冯先生接待了一个新加坡的旅游团。团内多数人是对中国历史有所了解、有所研究的教员。那么，要让他们玩得满意，简单地介绍中国历史就显得不太合适了。于是，冯先生经过考虑，决定给他们多讲一些西安的民俗习惯和西安人的生活方式。在讲西安的饮食文化时，他谈到西安的饮食不但有精美的仿唐宫廷菜肴，还有丰富多彩的地方风味小吃，其中“羊肉泡馍”、辣味食品和面食十分有特色……于是游客们兴致勃勃地与他侃起了“吃”。在游客们感叹中国文化博大精深的同时，冯先生请他们对秦始皇这个有争议的皇帝给予评价，结果有的说秦始皇很伟大，能够统一中国，修建了万里长城，有的说秦始皇很残暴，焚书坑儒，横征暴敛。回到饭店后大家都异口同声地说，今天玩得太开心了。

2. 年龄差异产生的不同心理特征

人随着年龄的增长变化，旅游行为也呈现出明显的变化规律。年龄的划分一般分为青年、中年、老年三种，结合家庭生命周期理论，我们也把年龄与游客的旅游需求与旅游行为的关系大致分为以下三个主要阶段，即青年阶段、中年阶段、老年阶段。

3. 性别差异产生的不同心理特征

在人类历史的不断进化和发展过程中，由于长期以来不同的社会分工，男性和女性在其生活空间、与社会的联系与交往以及所受的教育等因素的影响下，其各自的消费心理普遍存在着较为明显的差异。

一般来说，男性游客在旅游活动过程中较为独立，遇到问题喜欢独立思考，并且能从实际出发，不会带有很强的个人情绪，同时具有较强的自我控制能力。但是男性游客往往考虑问题不够周全，较为粗枝大叶，在一些旅游活动中爱出风头，喜欢表现自己。在旅游活动的选择上，男性游客更偏向于一些带有一定的冒险性的、需要消耗较大体力的项目，此外，那些具有较强知识性的旅游项目也更容易受到他们的青睐。

相对于男性游客而言，女性游客在旅游活动过程中表现为依赖性较强，并且感情丰富易受感染。在旅游消费中，女性游客极易因为旅游产品的特色、品位和环境气氛产生消费欲望；在参观游览过程中，她们也会因为导游富有表现力的讲解而情绪起伏。由于心细，女性游客在旅游活动过程中更善于观察，考虑问题也更全面周到，处事也更严密。此外，女性游客和男性游客在体力和意志上也存在一定的差别。因此，女性游客更喜欢休闲度假或是购物休闲，参加一些具有较强观赏性的旅游活动。

4. 东西方文化差异产生的不同心理特征

在中国，首先，传统的“天人合一”思想，塑造了中国人“天人合一”的旅游观。这种旅游强调人与自然的交融，旅游者乐于亲近自然，回归自然。近年来不断升温的生态旅游、绿色旅游越来越吸引人们的关注和参与，致使许多旅游产品都强调自己的绿色属性、生态属性。这正是迎合了当今旅游者的普遍心理。其次，重视家庭的传统观念，使家庭旅游较为流行，产生了中国人偏爱举家出游的现象。最后，中国是一个以小农经济为主体的国家，长期的小农经济形态，导致了中国人求稳怕变，缺乏冒险精神，身处异乡更是谨小慎微，生怕有意外发生，这种对安全的过分关注，是阻止人们出游的重要因素之一。因此，我国旅游者在旅游过程中，求安全的心理显得非常突出。此外，中国人一般比较爱面子，具有明显的社会取向或他人取向，重视他人对自己的行为的看法。在旅游活动方面，重视身边其他人的看法，力图和自己身份、地位一样的人选择相同的旅游产品与服务。这

种心态，有时候会造成旅游者“死要面子活受罪”的不良行为。

在西方，首先，旅游被认为是一种重要的精神文化活动。人们已经把旅游纳入了生活方式，如果有钱有时间不出去旅游，反而会让人觉得很奇怪。其次，西方人把旅游当做健康投资。日常生活中生活节奏加快，工作压力很大，造成很多人的身心长期处于亚健康或不健康状态。由于外出旅游可以消除人的身体和精神的疲劳，很多在日常生活中工作忙碌的人们，就充分利用旅游的时间，放松身体和精神。最后，西方人还把旅游视做时尚，旅游成为西方人生活的重要组成部分，代表着其气质、性格、品位、身份认同。因此，旅游从业者应该努力进取，不断更新旅游产品与服务，引导旅游消费时尚，创造多种旅游消费热点，满足具有不同价值观的旅游者的需要。

三、导游服务中的心理对策

（一）做好接团前的心理准备

导游在接受导游任务后，除了进行一些必要的物质准备工作，如认真查阅服务计划及相关资料，了解所接旅游团的全面情况，注意掌握该团重点游客情况和该团的特点，以及相关的语言知识和形象准备之外，还应做好相应的心理准备工作。

读一读

某年6月的一天，北京的导游员田先生接待了一个40人的美国旅游团。田先生深知尽快熟悉和记住客人的名字可以缩短与他们的心理距离，得到他们的信任，因此他在接团前熟背了客人的名字。在北京旅游的第一天，他就能丝毫不差地叫出了很多客人的名字和爱称。游客们对此感到十分惊奇，同时也感到非常亲切。有人问他记住那么多人名有什么诀窍时，他幽默地回答：“在见到你们之前，我觉得大家的面孔一定非常友好，见面后果然感到似曾相识，所以就有了过目不忘的灵感。”大家听后都高兴地笑起来。

（二）树立良好的个人形象

1. 服饰端庄舒适

导游的着装要符合本地区、本民族的着装习惯和导游的身份，衣着大方、整齐、得体、简洁，要方便导游服务工作。佩戴首饰要适度，化妆和发型要适合个人的身体特征和身份，并与之追求的风格和谐统一。不浓妆艳抹，不用味道太浓的香水，要尽量避免让人用“太”字来评价自己的衣着打扮。不要因为自己太光彩而夺取了客人的丰采，也不要衣冠不整而让游客对你丧失信心。上团时应将导游证书佩戴在正确位置。

2. 谈吐亲切文雅

导游亲切文雅的谈吐，能够很好地满足游客自尊心理的需求，有效地消除游客在旅游初期极易出现的陌生感和紧张感，缩短导游与游客之间的情感距离，也能增进导游和游客双方的理解。

3. 态度和蔼可亲

和蔼而亲切的态度对于做好旅游服务工作具有十分重要的心理功能，导游同样也应以良好的服务态度对待每一位游客，为他们提供友善、热情和积极的服务。对每一位游客，导游应不分其种族、国籍、民族、宗教信仰、贫富，一视同仁，以礼待人，应尊重游客的民族习俗和宗教信仰，不损害其民族尊严。

（三）提供心理服务的一般方法

1. 营造尊重氛围

求得尊重的需要是人类的基本需要。在旅游活动中，游客的这一需求显得尤为突出。他们都希望在其旅游的过程中，在与每一个人的交往中，其人格都能得到尊重，所提出的观点能得到别人的认同。因此，导游在服务游客时，应不论游客的肤色、宗教信仰和个人收入以及消费水平的高低，一视同仁地尊重他们。特别是对于那些出游的主要目的就是为了抬升自身的社会地位、寻求社会尊重的游客来说，尊重氛围的营造就显得更为重要。

2. 保持微笑服务

导游若想向游客提供成功的心理服务，微笑服务是其中一个非常重要的环节。要想把友好的信息传递给游客，开展并保持微笑服务是非常重要的，它能使游客消除陌生感，缩短导游员与游客的距离。对于导游来说，真诚而愉快的微笑就是他们很好的欢迎词，是友谊的象征，也是信赖之本，是尊重对方的示意，是情感沟通的桥梁，是美的象征。

3. 协调客我关系

导游服务工作的基本内容就是与各类游客打交道，通过与游客的交往与之建立融洽的感情。因此，导游和游客之间关系的协调就显得非常重要。协调客我关系的关键是导游必须尊重游客，并以此来赢得游客的尊重。

4. 提供个性化服务

个性化服务，是指导游在做好旅行社服务计划要求的各项规范化服务的同时，针对游客的个别要求而提供的服务。个性化服务是一种建立在理解人、体贴人基础上的富有人情味的服务。

提供个性化服务的必要性是由于导游的服务对象是千差万别的人，游客的一些特殊需求往往不是按标准服务所能完全解决的。

某年8月的一天，西安的导游江先生接待了一个20人的旅游团。在参观兵马俑的时候，他发现一位老人上厕所的次数十分频繁。他过一会儿就要上厕所，而且对厕所的卫生状况也要求很高，厕所不干净或人多，他还不愿进，急时还直尿裤子。经了解，由于连日的旅游活动比较辛苦，加上他尿频的毛病，所以这几天上厕所次数明显增多。除了观看一些重要的景点外，江先生让他在车上多休息，不让他走太多的路。游览途中，江先生还特意在路过的饭店、商店门前停车，安排大家去卫生条件好的洗手间方便。每到一处，他总

是提醒这位老人先去上厕所。回到饭店后，他又陪同老人去一家医院看病，为他开了一些医治尿频的药。由于采取了积极的措施，老人在以后的游览过程中没有再尿裤子，精神也好多了。

四、导游服务中的心理策略

（一）预测游客的心理

实践证明，导游在服务前预测游客的心理是非常必要的，也是做好迎客服务工作的重要依据。

导游应根据游客的基本情况，如年龄、性别、国籍、民族和职业等，分析游客的一般心理需求和行为特点，服务前的心理预测应尽可能做得细致而全面，从而为制订服务计划和安排导游日程提供有效而重要的参考依据。

（二）激发游客的兴趣

导游应善于调整游客的情绪，激发其游兴。旅游期间，游客往往处于既兴奋又紧张的状态之中。紧张感容易使游客疲劳，影响游兴；而兴奋感则促使他们随导游去探新猎奇、寻觅美好的事物。导游应学会激发游客的游兴，让游客有不虚此行的感觉。

（三）调节游客的情绪

一般来说，当客观现实符合人的需要时就会产生积极的情绪；反之，人们就会产生忧伤甚至是恐惧等消极的情绪。作为导游来说，应努力成为游客情绪的组织者和调节者，尽可能地满足游客的需要，使每一位游客的情绪都能一直处于积极的状态之中，从而保证旅游活动的顺利进行。

（四）满足游客的需求

尽最大可能地满足游客的需求是导游服务的基本原则，贯穿于导游服务的始终。如果游客提出的个别要求是合理的，并且经过努力是可以办到的，导游就应努力满足游客的要求。

满足游客的各项合理要求是导游服务工作的一个重要方面。为了更好地满足游客的各种需求，导游在为游客提供优质服务时，应随时关心旅游者，了解他们的个别需求，将规范化服务和个性化服务结合起来，做到在“合理而可能”的情况下既满足游客的一般需求，又在此基础上满足其个别要求，以提高游客的整体满意度。

任务二 饭店服务心理

饭店一般指旅游饭店，或称旅游涉外饭店。饭店是为国际和国内旅游者提供住、食、行、娱、购等方面综合服务的公共场所。近代饭店最初只是为客人提供住宿，现代饭店功能有了相当大的日益多样化的发展变化。除了食宿设置之外，会议交流、信息沟通突出表现了现代饭店的特色，文娱生活增加了饭店的吸引力，康乐活动平添了饭店和谐的情调，商务服务使饭店成为商界首选的据点，饭店已经成为一个小“都市”。

饭店服务心理可分成前厅服务心理、客房服务心理、餐厅服务心理、康乐服务心理、会议服务心理和商场服务心理。

一、前厅服务心理

（一）美化环境

环境是影响客人的需求和心理、影响饭店形象声誉的重要因素。一般来说，游客刚进入某家饭店，对该饭店的感性认识在很大程度上决定了其对饭店的第一印象，而第一印象形成之后，会在很大程度上影响其对饭店的整体印象。饭店在进行前厅环境的设计时应注意为客人营造一种温暖、放松、舒适和欢迎的氛围，应尽量使每一位来到饭店的客人都能够备感温馨，留下深刻的印象。

（二）注重仪态

这里的仪态主要是指前厅服务员工行为的姿势和风度。它既是人的精神面貌的外在表现，又是游客形成对服务员工良好的视觉印象的首要条件。

1. 形体容貌

体形和容貌具有一定的审美价值，而且能够在一定程度上反映个体的心理特点，对他人来说会产生一定的影响。由于第一印象的重要影响，饭店对于前厅服务员工的容貌要求相对较高，一般都会选择面容娇好端庄、体形健美挺拔的员工担任前厅服务工作。

2. 着装修饰

前厅服务员工的服饰既是对个体容貌、体形的加工和衬托，也是企业文化的体现。良好的服装服饰能给人留下美观、舒适、优雅、大方的感觉，形成良好的视觉形象。对前厅部的服务员工的服饰穿着要求既富有特色，又美观实用；既要与整体的大堂环境相适应，又应与其特定的职业岗位相符合；既要使游客产生美感，又应使其能够联想到饭店有形和无形产品的优质质量等，从而增强其对饭店的信任度，促其消费。

3. 行为举止

前厅服务员工的行为举止也应大方得体、热情庄重。服务员工的行为风度能够在一定程度上反映出服务员工的性格和心灵，这也是游客在评价饭店服务员工的服务水平、服务态度的一个重要的参考因素。

（三）规范言行

服务员工的言行同样也是游客知觉对象的一部分，是饭店服务能否给游客留下良好的第一印象的重要影响因素之一。同时，语言沟通也是人们交流信息、表达情感的主要媒介。服务员工的准确表达对于游客的情绪起着最直接的影响作用。

（四）提高效率

游客经过一定时间的旅途奔波进入饭店后，都希望能在最短的时间内安顿下来，进入到自己所需要的客房休息以解除旅途疲劳，恢复体力。因此，焦虑、急切的心理表现得非常明显，在前厅办理入住登记手续的这段时间对他们来说通常都是越短越好。同样，游客

在离店时显现出来的急切心理也是很常见的，在这种时候，游客需要的不是等候，而是能够快速并且准确地结账，以便能迅速离店。

（五）公平合理

追求公平是现代社会中人们的一种普遍心理。客人在旅游、商务活动中存在消费档次高低之分，但求公平、求合理的心态是一致的。反之，客人就会感到不公平，直至产生不满和愤怒，甚至进行投诉。这些将给饭店及旅游业带来巨大的毁誉和经济损失。我们平常分析投诉案例时常见到的现象，很多都是“因小失大”，冒犯了客人。说到底，让客人感受到不公平的待遇，这在前厅服务中尤其要注意避免。

二、客房服务心理

客房是饭店的基本设施和经济收入与利润的主要来源。游客住店期间，在客房停留的时间最长，和服务员工的接触最多。因此，客房服务水平的高低会直接影响游客对饭店的整体评价。

（一）提供优质服务

1. 清洁安全

如果游客一进入房间，映入其眼帘的便是整洁如新的卧具，洁净卫生的地面、墙面和橱柜以及摆放有序的各种物品和设备，就会在心理上对饭店产生信赖感、舒适感和安全感。当然，游客入住客房后，客房服务员工也应每天按规定在客房内进行清洁整理工作，包括及时清理客用垃圾，按照饭店或是游客的要求更换床单、被褥以及及时补充客房内的低值易耗品等。

2. 宁静舒适

客房保持宁静的环境是客房服务的一个重要的组成部分，任何时候，不管有没有客人在休息，这一点都必须做到。当然，这也会带给客人舒服、高雅的心理感受。

3. 主动热情

服务员工除了应该熟练掌握客房清洁工作的操作程序，还应努力培养自己的服务意识，优化服务态度。而服务意识集中表现的一个重要方面就是在对客人服务中做到主动。主动就是服务要先于客人的开口，客人还没提出疑问或是要求，服务员工就能解除客人心中的疑问或是提供能够满足客人要求的服务。在饭店客房中，主动的服务包括很多方面。

4. 耐心细致

耐心细致的服务不仅是客房服务员工应具备的心理品质，也是饭店赢得客人的积极评价的有效途径。在服务过程中，服务员工应学会有意识地控制和调节自己的情绪，面对不同类型的客人的具体要求应做到不厌不烦，尽力满足。即使是在工作非常繁忙时，也应对客人非常耐心，不急不躁；对爱挑剔的客人不厌烦；对老弱病残客人照顾得细致周到。

（二）提供超常服务和延伸服务

饭店客房的超常和延伸服务主要是在给游客核心服务（如清洁、宁静、安全的客房）和支持核心服务的促进服务的基础上，提供的一种额外超值服务。这些服务的提供，能够使客人在心理上产生一种物超所值的感受，带来意外的惊喜。

三、餐饮服务心理

（一）树立餐厅形象

1. 美好的视觉形象

用餐环境是为客人提供优质的餐饮服务的基础，是满足客人物质享受和精神享受的重要条件。整洁卫生的就餐环境是客人选择用餐场所的首要因素。这不仅关系到就餐者的身心健康，而且也关系到就餐环境和氛围的营造。因此，创造一个整洁卫生的就餐环境是吸引客人的重要手段。当然，餐厅为了树立美好的视觉形象，除了做好环境的清洁卫生工作，餐厅还应从环境的布局和家具的设置摆放以及餐厅内的色彩选择等方面入手。

2. 愉快的听觉形象

现代心理学研究表明：音乐对于人们的情绪、身心具有特殊的调节机制，优美的听觉形象可以促进食欲，调节游客的心境，使人感到轻松愉快。音乐是表达情感的物质载体，人们能够从中体会到丰富的思想感情，从而引起丰富的联想和强烈的共鸣。研究表明，背景音乐对于游客在消费场所的消费购买行为有着直接的影响。合适的背景音乐能帮助制造良好的进餐氛围，对于活跃餐厅气氛，减弱噪声，提高游客和服务员工的情绪，刺激购买行为有着最为直接的影响。

3. 良好的嗅觉形象

在餐厅中，由于环境的特殊性，往往有各种气味，包括有各种饭菜味、各种酒味甚至烟草味。这些气味混合在一起，带给人的心理感受通常都是极不愉快的，会极大地影响游客的进餐情绪。为了保持餐厅良好的空气质量，一方面要做好餐厅的通风工作，另一方面要做好餐厅内的温度调节工作。一般来说，现代化餐厅比较适宜的温度大多为18℃～22℃。如果温度过高则易使人感觉闷热，大汗淋漓；温度过低又会使人感觉寒冷，嗅觉的感受性下降，从而影响人的食欲。同时，过低的餐厅温度也会使桌上的菜肴很快变凉，影响游客品尝佳肴美味。

（二）树立食品形象

在人们以往的印象中，菜肴质量仅仅指的是菜肴的卫生情况以及菜肴是否可口。现在，随着菜肴制作水平和人类饮食文化的不断发展，除了原来菜肴是否卫生可口这一单一的评判标准外，菜肴质量的内涵又有了扩展，如今人们对菜肴质量的评价主要包括其是否拥有美好的色泽、优美的造型以及菜肴口味是否可口等几个方面。

1. 美好的色泽

菜肴的颜色是游客评判菜肴的视觉标准，同时它也是对菜肴菜点的装饰，对游客的心理产生直接作用。一般来说，餐饮消费心理中的视觉主要有两类：一类指彩色视觉如红、橙、黄、绿等视觉；另一类则指无彩色视觉如黑、白、灰等视觉。研究表明，菜肴食品的颜色与人的情绪和食欲存在着一定的内在联系。每一种菜肴食物的色彩都有其特定的心理功效，红、黄、绿等颜色比较容易激起游客的食欲。比如说红色食物能够兴奋中枢神经，

易使人感到食物有浓郁的香味且口感鲜美，此外红色食物还会给人以华贵喜庆之感；黄色食物多给人以淡香的感觉，高雅、温馨，可以调节人的心境；绿色食物在人们心目中往往代表了新鲜、清爽，有舒缓情绪、愉悦心境的作用。餐饮工作员工应本着以食物的自然色为主的原则，充分利用各种色彩对人的心理的调节功效来制作各色菜肴产品。

2. 优美的造型

菜肴是否具备优美的造型是菜肴质量的外在表现，也是游客评定菜肴质量的视觉标准之一。精细优美的菜肴形象可以起到美化游客视觉，满足其对菜肴的美感享受。当然，为了满足游客对视觉美感的追求，餐厅除了对菜肴本身应追求造型优美，形象生动外，在盛装菜肴的器具上也应注意搭配。盛具的精美，对于菜肴具有衬托作用，能够使之锦上添花。古人云："美食不如美器。"餐具的形象的确会对游客的就餐心理产生影响。餐桌上，各式美食美器相映成趣，容易让人感到赏心悦目，食欲大增。此外，餐具的搭配应与食物本身的大小以及分量相称，才能有美的感官效果。

3. 可口的风味

菜肴口味的好坏是人们评价菜肴烹制技术水平的最重要的标准，因此菜肴的口味好坏对于餐厅来说至关重要。对于菜肴来说，最基本的要求就是口味纯正、味道鲜美、调味适中。当然，餐厅南来北往的客人很多，而环境的影响和地方的习俗会让不同地域的人们在菜肴的口味有一定的偏好，比如说在我国就有"南甜北咸、东辣西酸"之说。因此，餐厅在为客人提供菜肴时，应充分考虑其主要客人群的饮食习惯和偏好，以更好地满足他们对菜肴的口味需求。心理学研究表明，凡是新鲜的、奇特的事物总能引人注目，激发人们的兴趣。游客一般都存在在旅游活动过程中探新猎奇的心理需求，都希望能拥有一段不同于平常的经历，甚至会将品尝美味佳肴以及那些极具传统的地方特色食品，作为自己的旅游活动的一部分。而旅游目的地所拥有的独具特色的风味饮食，则恰好从饮食这一层面满足了游客的这一心理需求。

4. 合理的收费

在保证菜肴质量的基础上，餐厅的收费也应注意其合理性。菜肴价格的公平合理是游客对餐厅所提供的菜肴产品和服务的基本要求。菜肴价格定得是否适当，或高或低，会直接关系到餐厅与游客双方的切身利益，也会直接影响到游客的心理承受力，更直接体现在游客对餐厅菜肴食品是否愿意消费，以及消费数量的多少。如果价格与产品的质量不相符，菜肴产品的质量很好或者其产品质量一般甚至欠佳，但是由于其定价非常高，超出了人们能够接受的范围，客人就会觉得太昂贵，认为是餐厅恣意抬价。这样既影响餐厅的声誉和销售，同时也会最终影响游客对饭店的总体印象和评价。此外，由于当今餐饮消费者外出就餐频率的增多，对价格的高低已经渐成习惯，如果菜品的质量偏低于人们的习惯价格，游客又会怀疑是产品的质量有问题，同样也会对其就餐心理产生不利的影响。因此，餐厅制定的收费一定要合理，要让游客觉得他们的花费是物有所值甚至是物超所值的，有心理上的平衡感。

（三）树立员工形象

1. 仪表整洁，技巧娴熟

仪容仪表是优质餐饮服务的重要体现，它将直接影响客人对服务员工以及整个餐厅的观感，甚至会影响到游客对整个饭店的印象和评价。因此，必须重视服务员工的仪容仪表，工作制服的式样、色彩和质地都应和餐厅的整体风格相协调。这样，可以将餐厅的服饰与餐厅的室内环境艺术结合起来，增强艺术特色，产生形象吸引力。对于服务员工的发型、饰物的要求是做到整洁、大方，特别是女性服务员工在工作时应把头发束起，避免为客人上菜或是提供其他服务时有头发掉落或是垂下，引起客人的反感甚至对餐厅的卫生状况产生质疑。此外，服务员工的举首投足如坐姿、站姿等方面都应做到规范得体、自然大方，以期给游客留下良好的印象。由于餐饮服务工作的特殊性，服务员工在穿着工作制服时应随时注意保持整洁平整，避免工作制服不干净或是穿戴不整齐给游客带来不适感，破坏餐厅甚至是饭店的形象。餐厅服务员工在为客人服务时，还应做到准确娴熟，以提高服务质量和工作效率。

2. 服务热情，主动耐心

心理学研究表明：处于饥饿状态中的人由于血液中血糖含量的降低，是比较容易发怒的。因此，服务员工在为客人服务时，应主动热情，使其处于较为愉快的情绪状态中，并利用情绪对客人行为的影响作用，协调客人与各方面的人际交往，创造良好的心理气氛，达到服务的最佳境界。服务员工在向客人问好、拉椅让座、看茶倒水、送香巾以及点菜时，应做到积极热情，要让游客感觉到服务员工不是在例行公事，简单地敷衍，而是发自内心的欢迎宾客。同样，在宾客用餐过程中，服务员工应继续保持积极热情的服务，以保证宾客能够满意、顺利地用完餐，如适时地为客人斟酒，主动地为客人撤换烟灰缸，适时地撤走餐桌上的空菜盘等。服务员工应尽力把一切的服务工作做在宾客开口之前。在对客服务过程中，服务员工还应做到耐心细致，切实地去观察体会宾客的实际心理需求。

3. 提供个性化服务

在餐厅的经营发展中，除了为客人提供必要的常规性服务，现在也越来越重视服务产品的差异化创新，开始有针对性地推荐一些适合宾客心理需求的产品和服务，“个性化服务”应运而生。

我爱喝绿茶

某天，八位客人在郑州丰乐园酒店宴会厅刚一落座，服务员小刘便热情地奉上了迎客茶。突然，坐在主宾席上的张先生吃惊地问小刘：“你怎么知道我爱喝绿茶?”原来，其他七位客人的杯里都是菊花茶，只有给张先生沏的是绿茶。小刘微笑着对张先生说：“您是

第二次来丰乐园用餐了，我们知道您喜欢喝绿茶。”一句话，让全桌的人几乎要沸腾了，最激动的要数张先生了，他连连赞叹：“没想到，我只来过一次，真的让我感到意外，谢谢你！”小刘说：“不用谢，现在整个餐厅的人都知道您爱喝绿茶。另外，我还知道您在吸烟的时候爱在烟灰缸里倒些水。”说着，就给张先生倒上了。张先生再一次激动不已，脸上露出满意的笑容。一直到用餐结束，宴会厅里都谈笑风生，同时也对丰乐园的服务津津乐道，赞不绝口。原来，第一次来的客人是尤其贵宾，只要在丰乐园消费一次，酒店就会记录客人的档案材料，并通知给每一个部门，只要客人再踏进丰乐园，服务员都会按照客人的喜好和习惯给他提供周到的服务。因此，服务员小刘知道张先生爱喝绿茶就不足为怪了。

美国著名营销学家瑟普丽诺（Carol Esurprenant）和所罗门（Michael R. Solomon）指出：个性化服务的含义是因人而异。个性化服务就是服务员工根据个体以及特殊餐饮消费者群体的特点、要求，提供相应的优质服务，让客人在接受服务的同时产生舒适的精神心理效应（自豪感或满足感），从而留下深刻的印象，并赢得他们的信任而成为回头客。个性化服务相对于标准化服务的区别在于，个性化服务要求更为细致的主动服务、灵活服务以及超常服务。因此，餐厅为宾客提供的服务应该是：用规范化的服务来满足消费者的共性要求，用个性化的服务来满足消费者的个别需求。

餐厅提供的个性化服务实际上也就是那些看似平凡实不平凡，看似容易实则很难的细节性主动服务。如正值盛夏时节，当宾客一走进餐厅，服务员工就满面笑容地出来迎接，及时送上两次小毛巾（一次冷的，一次热的），隔五分钟后又送来一盘水果解暑，就会令客人感到好像回到了自己的家一样。这就是一种针对特殊气候条件下的个性化服务。

为了更好地为客人提供个性化服务，服务员工首先应切实地把宾客放在第一位，做到“心中想着宾客”，然后要注意从宾客的一言一行中发现宾客的特殊需求，急宾客所急，努力地用一些针对性服务去化解宾客的困难，以实现最佳的服务效果。

个性化服务是餐厅经营管理的关键。以人为本，把工作重点放在满足客人的需求上，才能谈得上为客人提供优质服务，让他们真正感到在餐厅用餐是一种享受。

任务三 旅游其他服务心理

一、旅游交通服务心理

（一）游客对旅游交通的基本心理需求

游客对旅游交通的基本心理需求是多方面的，这些基本的心理需求服务于其对旅游的总需求。概括起来，游客的基本心理需求主要有以下几方面。

1. 安全的心理需求

安全需要是游客首位的、最关心的交通需要。而游客对旅游交通安全的需求，可以总结为两个方面：

手续便利：安全与便利是分不开的，便利的手续在省心、省力、省时的同时也意味着游客的人身和财产安全更有保障。

旅途平安：人对安全的需要是仅次于人的生理需要的。外出旅游是人生的乐事，每个人都希望能平平安安、快快乐乐地度过这段有意义的生活，此时旅途平安对于旅游者来说尤为重要。

据成都《华西都市报》2006年3月2日的报道：2006年3月1日，一辆由四川遂宁射洪县开往深圳的大客车在广西境内自行燃烧。车内既没有消防设备，又没有供逃生砸碎车窗玻璃的铁锤，导致车辆最终被烧焦报废。更令人痛心的是：全车旅客中有16人被活活烧死，侥幸逃生的人都被烧成重伤或轻伤。在遇难的16人中，男性10人，女性6人，其中有2岁和6岁的女童各一人。死亡的人中之所以男性多于女性，是因为在灾难面前，这些男人们让妇女、儿童先走，把死亡留给自己，令人感佩。据逃生者讲，这辆客车出站后就毛病不断，沿途多次修理，进入广西境内后车下就开始冒烟。这是一辆典型的病车，却居然能载客上路，真是令人费解！

2. 时间的心理需求

要做到让游客有更多的时间游览，组织者就应该做到：

交通准时：希望交通工具准时启程、准时到达、准时返程。

速度适宜：行宜速，游要慢。

3. 舒适的心理需求

舒适的交通服务可以缓解身心疲惫，改善游客情绪，提高游客兴致。

乘坐舒适：这是对物质方面的要求。旅游交通服务设施的条件状况，直接影响着游客的心理感受。

优质服务：这是精神方面的需求。游客希望在旅途中得到文明礼貌、热情周到、人性化的服务。

（二）旅游途中游客的心理和行为

1. 享受旅途者

这一类多为老年游客，由于受生理条件的限制，加上时间充裕，阅历丰富，他们希望行程缓慢，喜欢悠然信步的方式，将旅途本身和旅游目的地视为同样重要的旅游过程。因此宽敞舒适的旅游专列、游船当为首选。老年人旅游多为消除苦闷，打破寂寞，驱散烦恼；同时能开阔眼界，丰富知识，增强体质，陶冶情操。为使老人感受到生活的乐趣、生命的价值，在旅途中应配备医护员工，同时合理安排活动，既不让老人劳累，又能感受到生活的多姿多彩，生命的希望与活力。

2. 看重目的地者

如果游客是以度假为目的，那么他将希望尽快赶往旅游目的地，把更多的时间用于悠闲、安逸地度假。这类游客对旅途不感兴趣，会选择飞机、特快列车或直达车，尽可能缩短旅途，不让旅途多占用度假时间。

3. 走马观花者

中青年游客要应对激烈的生存竞争，要学习、要充电，闲暇的时间很少。他们出游大都选择节假日和与出差有关系的旅游线路。因为时间关系，他们大多属于走马观花者。为了能在有限的时间内尽量多走多看，他们往往会平分旅途和目的地时间。

4. 猎奇求异者

这类游客喜欢新鲜经历和新奇事物，喜欢不同寻常的经历。他们的旅游常常伴随着探险，因而在旅途中，他们往往会摈弃四平八稳的交通工具，而选择骑马、骆驼，坐竹筏、驴车等，在体验新颖的交通方式中，获得全新的刺激和与众不同的感受。

（三）旅游交通服务的心理策略

有效服务的心理策略可以考虑以下几个方面：

1. 完善的旅游交通硬件环境让游客行得放心

(1) 合理的线路设计。要让游客“进得去、出得来”，就要设计和规划安全、高效、四通八达的铁路、航线、公路网。

(2) 完备的基础设施。首先要依据地理条件对其进行合理地规划和布局；其次，基础设施应具备安全性和适应性，要考虑到游客对安全、便利的需要。

(3) 适宜的交通工具。首先，要选择与旅途相适应的交通工具，以确保旅途的安全和便利。其次，安排多样交通工具以满足游客的多样性需求。最后，提供现代化的交通工具以满足游客舒适的心理需求。

2. 优质的旅游交通软件环境让游客行得舒心

(1)“一条龙”的服务体系。“一条龙”的服务体系是在旅客联合运输的基础上延伸和发展起来的。旅客联合运输，指组织两种以上运输方式完成旅客从起运站（港）至目的地点的一种松散型联合运输形式，它的特点是统一客票、一次购票、一票到底，使游客在中转地能及时换乘，手续简化。

(2) 灵活的、人性化的交通服务方式。人性化的服务因其细致入微地为游客着想，“以人为本”，最能打动游客，满足游客的心理需求。面对形形色色的游客和各种不同的心理需求，在交通服务方式上，灵活、人性化的做法往往会立竿见影，比如订票、退票方便，给游客自主选择权和充分的游览时间等，都给游客带来了切实的好处。

二、旅游购物服务心理

（一）游客购物的一般心理分析

1. 求纪念心理

这种心理非常传统和典型，表现为游客对异地具有民族特色、地方特色、审美价值和纪念价值的旅游商品兴趣浓厚，并购买它们作为礼物带回家送给亲友或留做旅游纪念以加深对旅游经历的感受。

2. 求新心理

伴随生活水平的提高，如今很多游客好奇心强，喜欢标新立异，追求自我价值。时尚、新颖或独特的商品最能满足他们追新猎奇和追求个性的心理。这类游客不重视商品的实用性和价格高低，而是更多地关注商品的造型、色彩、式样、外观等。他们对广告宣传和社会潮流很敏感，易受情绪的支配。

3. 求名心理

有这种心理的游客追求名牌商品和贵重物品，以显示自己的品位、地位、财富和身份。

4. 求实心理

这种心理的特点是注重实用、实惠。具有这种心理的游客注重商品的使用价值和质量，价格上要经济实惠。他们在购物时仔细慎重、精打细算，不易受外型、包装、商标和广告宣传的影响。

以上这些常见的旅游购物心理往往是相互交织的，游客在购物中往往希望旅游商品能带给他们多方面的满足。

（二）旅游商品的心理因素

商品除了具有其能满足人们某种特定需要的物质属性外，还具有便利性能、审美性能、情感功能和社会象征性等延伸属性。旅游商品也是一样，旅游者购买旅游商品会受到购物环境、旅游商品的延伸属性的影响。

1. 旅游商品的设计心理

（1）地方特色突出。虽然不同的旅游者对旅游商品的兴趣各有侧重，但绝大多数旅游者最感兴趣的仍是有特色的旅游纪念品。所谓有特色的旅游纪念品，就是产品能够真正代表和体现当地的文化特色，且新颖独特、不可替代。

（2）品种、档次齐全。旅游市场面对的游客是多层次的，不同的收入层次、不同的社会阶层、不同的文化背景和消费习惯决定了不同的心理需求。因此旅游商品设计上应更加丰富、更加多样化，考虑不同消费群体的需要。

（3）包装易识别、美观、便于携带：

易识别。通过独特的商标、形状、色彩、材质、文字说明等，树立品牌，显示产品的用途、用法、产地、特性、储存方法等，便于游客在短时间内区别、选购。

保护商品，方便运输、储存、携带。包装设计应科学、合理、轻便、安全，与商品特性相适应，以保护商品品质完好、数量完整，方便游客携带、使用、长途运输和储存。

美化、宣传商品，促进销售。包装装潢设计应富有强烈的商品性：宣传商品，美化商品，提高商品的外观档次。通过增强视觉效果，给游客文化熏陶和美的享受，吸引游客的眼球，激发其购买的欲望。

2. 陈列心理

(1) 适宜的陈列形式，提高旅客的能见度。陈列商品的货架，其高度应与游客的视角、视线和距离相适应。另外，橱窗、柜台、货架要清洁、干净、明亮，其中陈列的产品应保持丰富、整齐。商品陈列的数量也会影响游客的购物心理。

(2) 合理的物品摆放，适应游客购物习惯。首先，为了让游客在短时间内采购到称心如意的商品，商品的陈列应充分考虑到游客的购买习惯。其次，商品的陈列应层次分明、合理搭配以促进销售。最后，要巧妙地运用光线和色彩来营造气氛。

(3) 精心布置，刺激游客的随机购买心理。俗话说："爱屋及乌。"当客人被商品所营造的艺术气氛所打动，产生积极的联想，他的潜在需求也就被激发出来，对商品的购买欲望也就产生了。陈列艺术是营造艺术气氛的核心。在保持商品独立美感的前提下，通过艺术造型、巧妙布局，将待销售的商品布置在主题环境或背景中，达到整体美的艺术效果。生动的陈列可以唤醒消费者的知觉，作出积极的决策。

(三) 旅游商品销售服务心理

随着游客的增加、旅游购物热的持续升温，提高销售服务员工的服务水平成为打造优质购物环境的迫切需要。销售服务员工了解游客的心理需求，能够提供有针对性的服务，是促进销售的有效法宝。

1. 敏锐观察游客的心理活动

(1) 认清游客的真实动机。来商店的游客，其购物目标各异。服务员可以通过观察、分析作出判断。

(2) 等待时机。为了避免因为客人过多而顾此失彼，服务员要做到"接一问二联系三"，即在服务第一位客人时，便询问第二位客人"我能为您做些什么"，顺便向第三位客人点头示意或打招呼。尊重每一位客人，不要让客人受冷落，这是留住客人的有效方法。

(3) 针对性服务。所谓针对性服务，就是根据游客个体心理与行为的差异提供相应的服务。

2. 运用艺术的柜台语言

(1) 亲切。当服务员面带甜美的笑容，一句亲切的问候，便能缓解游客生理和心理的疲劳。

(2) 得体。服务员要注意观察消费者的心理活动，说话针对消费者的情境才能得体，消费者才会乐于接受。在称呼客人和介绍商品时，基本要求是简明、准确、规范。要注意保护游客的自尊心。

(3) 生动。生动的语言可以让员工在最短的时间里实现与客人的沟通。这需要服务员工具备流畅的语言表达能力、敏捷的语言应变能力。

3. 展示熟练的操作技能

(1) 介绍商品、诱导消费的技巧。介绍商品可以采用口头介绍结合实物展示的方法。游客通过视觉、触觉、听力、嗅觉、味觉的多感官接触，达到直观的、最佳的感受效果，使游客对商品产生信任，从而诱导游客消费。诱导消费的重点是如何进行诱导，销售员工在介绍商品时，不是强制游客接受，而是促成游客自发选择。

（2）商品包装技巧。员工给商品包装时要熟练、细致，根据商品的特性和游客的要求，将商品包装得美观、牢固。

4. 讲究诚信

很多游客异地购物时，会有层层顾虑：害怕被宰、被骗，托运、退换货物不方便等。尤其是在贵重物品的选购过程中，游客会因这些心理顾虑而打消购买的念头。只有解决游客的后顾之忧，规范销售服务，游客才能放心购物。

三、旅游投诉心理

（一）游客投诉的心理原因

游客投诉的原因很多，既有与旅游经营单位服务有关的主观原因，也有一些客观原因。

1. 主观原因

（1）不尊重客人。对客人厚此薄彼；语言和行为不文明、不礼貌；法制观念淡薄。

（2）工作不负责任，服务水平低。员工缺乏责任心，马虎了事，粗枝大叶。

2. 客观原因

（1）服务标准众口难调。在对旅游服务的要求上，一千个游客心中有一千种标准。面对来自世界各地的游客，由于受语言障碍、自然环境、突发事件、风俗习惯等客观条件的影响，服务很难尽善尽美。

（2）游客个性差异。气质、性格、情绪不同的游客处理问题的方法有着明显的差异。一般说来，外向、情绪不好的客人容易投诉，内向、情绪好的客人通常抱怨几句就算了。所以我们不能武断地认为客人没有投诉便是没有问题。细心观察客人的言语、表情、和动作，很快地弥补服务的不足，才能让客人保持良好的心境。

（二）游客投诉时的心理表现

1. 求尊重心理

游客作为被服务者、作为消费者，有权利获得价质相符的服务。在整个旅游活动中，游客求尊重的心理一直贯穿始终，而当服务不能令人满意时，投诉更是其获得尊重的重要途径。

2. 求发泄心理

游客在遇到不称心的事情后，会产生挫折感，继而会产生抵触、焦虑、愤怒的情绪。只有通过适当的方式将这些情绪宣泄出来，游客才能恢复心理平衡。投诉便是一种最有效的发泄方式，通过口头或书面形式，将自己的烦恼、愤怒表达出来以后，挫折感会减少，心境才能平静、轻松。

3. 求补偿心理

游客在遭受了物质或精神损失后，当然希望能够得到一定的补偿，以弥补自己的损失。例如，游客对饭菜质量不满意，希望更换或打折；对于旅行社擅自改变路线、削减项目或降低服务标准，游客希望退还部分费用；被服务员弄脏的衣物希望能免费干洗；遇到交通意外，希望得到赔偿；买到假冒伪劣商品，希望退货；被虚假广告欺骗，希望补偿损失等。

4. 求保护心理

游客敢于投诉，是自我法律保护意识的觉醒。通过合法的途径投诉，既是为自己，也是为所有的消费者寻求利益保护。通过投诉，使相关部门重视游客的反映、并不断改进，服务质量才能不断提高，游客才能在今后的旅游中得到更优质的服务。

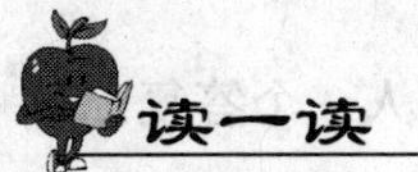

客人给总经理的一封信

我是一个很好的客人，无论店方的服务如何，我从不投诉。我发现每当自己投诉，对方的态度都很讨厌。人生苦短，何必为不愉快的小事执著。我从不抱怨，从不唠叨，从不指责别人。也没有想过要在公共场所大吵大闹，这样做太伤和气！别忘记我是一个很好的客人。

让我告诉您我的另一方面：我就是那种受到不良对待后，永不光顾的客人！

没错，这样做不能让我即时发泄不满的情绪，远不及当面指责他们的痛快，但从长计议，这可是致命的报复！

其实，像我这样的客人，加上我众多的“同道”，大概足以拖垮一家酒店！像我这样好的人在世间多的是。当我们受到不良的待遇时，我们会光顾第二家店铺。哪家酒店和员工够殷勤，懂得重视客人，我们会到哪里去。总的来说，那些不懂得以礼待客的酒店每年会因此损失达数百万计的收益！

当我们看到这些酒店不惜重金，企图用宣传攻势使我回心转意时，我觉得他们是多么的可笑，想当初，如果他们懂得以亲切的态度和殷勤的服务挽留我这个客人，就不至于到如此地步！

（三）处理游客投诉的心理策略

1. 礼貌服务、耐心倾听

提早起立问候。条件许可的话，可以为客人倒上茶，请他们坐下，以缓和气氛，让交谈变得轻松。游客投诉时，心中一定有怨愤，不发泄出来，情绪无法平静。我们应当有礼貌地服务，耐心听他们把话说完，听取意见时，可以适当做些记录，便于以后核实，保持冷静，不要做辩解和反驳。尤其是在投诉者宣泄愤怒时，服务员工不适时的解释可能会被认为是在推脱或是狡辩，而招致更多的不满。

2. 表示尊重、诚恳道歉

无论真相如何，发生投诉，就意味着我们的服务还存在缺陷，并给游客带来了不便与烦恼，他们发牢骚、投诉，是因为他们关心企业，是因为他们确实遇到了问题和麻烦，确实需要我们的帮助，而他们的投诉将有助于我们改进工作。学会站在投诉者的立场考虑问题，以诚恳的态度向他们表示理解、尊重与歉意；注意聆听，注意平息客人的怒气，适当地通过岔转话题；以旅游单位代表的身份欢迎并感谢他们提出批评和意见。有时，还可以请职位高的经理或主管来向客人道歉，以示重视。

3. 弄清真相、妥善处理

接到投诉后，要尽快核实情况，找出投诉的原由和出错的环节，给客人一个答复。

4. 吸取教训、完善服务

员工必须认识到，没有一个客人愿意投诉，员工应该把客人的每次投诉看成是一次改善服务、留住客人的机会，必须尽一切努力，保证投诉的客人得到安抚，重新赢得客人对饭店的信心。问题解决后，要再与客人联系，欢迎他再提宝贵意见。作好投诉处理记录和报告，向上级汇报整个过程。

定期了解客人对投诉处理工作的反映，及时归纳经验、总结工作中的疏漏和不足，并整理成书面意见，呈报总经理或相关部门，以便引起重视，帮助经营单位不断改进服务工作，完善管理制度。只有学会从失败中吸取教训，我们才能不断成长。

金钥匙

下午5时许，中班服务员亚玲正在搞公共区域卫生，突然看见420房的客人探出头来，东瞧瞧西望望。细心的亚玲马上意识到客人在找服务员，她立即过去有礼貌地向他问好："下午好，先生，有什么事需要我帮忙吗?""你们酒店是怎么搞的，天气这么冷，连空调都没开，是不是空调坏了?"客人带着埋怨的口气对亚玲说。"我可以进房间检查一下吗?"亚玲面带微笑地说。"嗯。"她随着客人进了房间，看到空调的开关到"OFF"状态，连忙对客人说："对不起，先生。未能详尽介绍房间内设备的使用方法是我们工作未做好，请原谅。"边说边打开空调至"1"档，这时暖风徐来。客人感觉到有了暖气，连说"谢谢"。

问题：

1. 请问你对亚玲的行为有什么看法?

2. 我们从中得到什么启发?

分析：

由于酒店所接待的客人来自不同的阶层，个别客人对房间设备的使用方法不熟悉，因而误认为是酒店的设备出了问题。像这样的投诉事件也比较常见，所以我们服务员工在发现此类情况时，不能直截了当地对客人说"你不会用，我来教你"。这样会使客人感到有失面子而觉得难堪。本案例中的亚玲遵循"宾客至上"的原则，并在语言技巧上使用得非常恰当，在无形中将"对"让给了客人，让客人感到台阶可下。另外亚玲还做到了服务在

客人开口之前，有较强的超前服务意识。

模块小结

本模块分析了旅游业几大支柱产业中的服务心理问题。首先介绍了导游服务心理，重点分析了导游服务的心理对策等问题，然后介绍饭店服务心理，较详尽地阐释了饭店前厅、客房、餐厅服务方面的心理问题及对策；接着介绍了交通服务心理，阐述了旅游者交通心理的一般需求和交通服务的心理对策，特别强调了交通服务中的安全问题，指出安全是旅游者外出旅游所关心的首要问题，也是制约旅游业发展的关键问题。最后介绍旅游购物和旅游投诉心理需求和心理对策。

复习与练习

一、选择题

1. 旅游活动的初期，游客具有________的心理需求。

A. 安全、新奇　B. 放松　C. 求全　D. 忙乱、回顾

2. 游客对旅游交通的基本心理需求有________。

A. 安全　B. 时间　C. 目的地　D. 舒适

3. 对于涉外旅游来讲，导游在一定程度上代表着国家和民族的形象，因而又有“________”的美称。

A. 旅游者　B. 驻外大使　C. 民间大使　D. 旅游大使

4. 餐厅为宾客提供的服务应该是：用________的服务来满足消费者的共性要求，用________的服务来满足消费者的个别需求。

A. 个性化，个性化　B. 个性化，规范化

C. 规范化，规范化　D. 规范化，个性化

5. 销售服务员工了解游客的________，能够提供有针对性的服务，是促进销售的有效法宝。

A. 精神面貌　B. 心理需求　C. 游程安排　D. 人生观

二、简答题

1. 谈谈如何在饭店的前厅服务中为客人提供个性化的服务？

2. 试分析满足客人心理需求的菜肴产品的特点。

3. 试分析游客在旅游活动之前的心理特点。

三、案例分析

乔治先生是英国一家贸易公司的职员，此次来华洽谈一笔重要业务。住在一家老牌的四星级宾馆，原定住 10 天。由于大量的商务会谈、每天要与伦敦总部联系以及时差原因，他只有在凌晨到中午这段时间才能休息。然而，饭店并未注意到客人这一起居习惯。每天

上午9点钟左右，楼层服务员就敲门要进来清理房间，打扫卫生，使他得不到良好的休息；再加上房内资料很多，于是他向服务员提出不要清理。之后，他中午出去吃饭，路过楼层服务台时，服务员就问一声要不要整理房间；到晚餐出去时，服务员又要问一句要不要整理房间。往后三天，都是如此。服务员如此“热情”的服务，让他实在消受不起，只得提前5天退房，在给饭店经理留下投诉信后，匆匆离去。

请问饭店的服务有哪些不完善之处？应如何处理这起投诉？

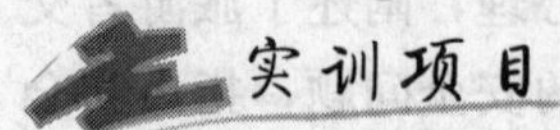

实训项目

【实训名称】

旅游者用餐实训。

【实训内容】

在教师的指导下，分角色扮演，模拟导游服务的心理对策、饭店的餐厅服务心理对策及旅游投诉的心理对策，完成一次旅游者用餐的全过程服务，要求让旅游者满意。

【实训步骤】

1. 学生分组扮演导游、旅游者、饭店的餐厅工作人员。
2. 导游介绍菜色和照顾游客口味需求。
3. 旅游者对菜肴挑剔，对饭店餐厅卫生和服务的不满意，对工作人员投诉。
4. 导游调解，饭店的餐厅工作人员处理投诉。

模块四 认识旅游——卓越服务的基石

1. 能够从本质和特征上认识旅游。
2. 能够运用旅游知识判断旅游的种类。
3. 学会从旅游活动的发展历程认识旅游活动的发展规律。

名家谈"旅游"

孔庆东：有人调侃当今的旅游是"上车睡觉，停车撒尿，下车拍照，回来一问，什么也不知道"。这样的旅游，可能还不如高卧家中看电视里的旅游节目，因为旅游节目会更精练地传达给你那些普适性的关于旅游胜地的知识，使你能够侃侃而谈胜过亲历。所以，保持独立的想象，才有真正旅游的资格。

周立波：旅游是指从自己活腻的地方去别人活腻的地方。

于丹：我不想为自己的旅游设定主题，如果你一定要说主题的话，那就是"用心体验"吧。在巴西，你就得玩热带雨林；在巴黎，你就得忧伤，忧伤你就能体验到历史就在你的生命里。

阿来：在我看来，城市人的自驾旅游，说实话，大多数时候是为了开车而开车。当然，五一、十一假期开车去景点游玩，也没有什么不可以，但不要从一个风景点到另一个风景点来回奔波。开车出去，就是要放开自己的心胸，不要有拘束，走到哪里都可以停留。

看到这里，也许您还是不能理解旅游的内涵。到底什么是旅游？什么是旅游的基本属性与特征？旅游有哪些种类？您可能仍然是很茫然的。没关系，从现在开始，我们将带领您全面认识旅游的世界。相信在学习本模块后，您会对这些问题与思考有一个清晰的了解和认识，并能掌握这些知识与技能。作为旅游服务员工，掌握这些知识与技能，将为您的优质服务打下坚实的基础。

任务驱动

任务一　了解什么是旅游

人类对自己生活的世界有着与生俱来的好奇心，十分渴望了解自己生活空间以外的地方是什么样子，包括民族、文化、风土人情、野生动植物，以及山川地貌等。旅游正是满足人类这一好奇心的有效途径。

一、什么是旅游

每当看到“旅游”一词，人们就会想到去某一地方观光游览、探亲访友、度假休闲。在度假休闲时，还可从事各种不同的体育活动，享受日光浴，骑马，散步，唱歌跳舞，或者是单纯享受自然风光。如果深入探讨的话，还会发现人们外出参加会议、洽谈生意、学习和研究访问等实质上也都是旅游。

那么，什么是旅游呢？旅游（Tour）就是指人们为寻求精神上的愉快感受而进行的非定居性旅行和在游览过程中所发生的一切关系和现象的总和。从字面上看，“旅游”一词也很好理解。“旅”就是旅行、外出，即为了实现某一目的而在空间上从甲地到乙地的行进过程；“游”就是外出游览、观光、娱乐，即为达到这些目的所作的旅行。两者结合起来，就是旅游。所以，旅行偏重于行，旅游不但有“行”，还有观光、娱乐等含义。

要全面认识旅游的世界，一般可从以下两个方面进行考察。

（1）旅游者。旅游者寻求各种精神上和物质上的经历与满足，这在很大程度上决定了旅游目的地及其活动的选择。

（2）提供旅游产品和服务的行业。旅游企业把旅游看做是一个通过向旅游者提供产品和服务，满足旅游者需求，从而获得利益的机会。

二、旅游的定义

关于旅游的定义，这是一个长久以来一直困扰着旅游研究人员的难题，至今在旅游学术界仍然争论不休。由于国内外众多旅游学者或旅游组织对旅游内涵和外延有着不同的理解，他们对旅游的定义也各有侧重。其中，比较有影响的定义有艾斯特定义和国际旅游组织的定义。

（一）艾斯特定义

艾斯特定义认为：旅游是非定居者的旅行和暂时居留而引起的各种现象和关系的总和。这些人不会导致长期定居，并且不从事任何赚钱的活动。显而易见，这个定义不是把旅游看做是某种单位的活动，而是提出旅游活动中必将产生的相关的经济关系和广泛的社会关系。但是，这一叙述的最后部分不能很好地说明近年蓬勃发展的商务旅游，因此存在一些不足。任何商务活动的最终目的都是为了赚钱，无论在企业所在地的活动或者外出旅行都是一样的。

艾斯特定义是由瑞士学者亨泽克（Walter Hunziker）和克拉普夫（Kurt Krapf）于1942年在其著作《普通旅游学纲要》一书中首先提出，而后在20世纪70年代又被“旅游科学专家国际联合会”（International Association of Scientific Experts in Tourism，IA-SET）采用，所以称为“艾斯特”定义。

（二）世界旅游组织的定义

1991年世界旅游组织（WTO）在加拿大渥太华召开的国际旅行与旅游统计大会上对旅游作了新的定义，认为旅游是人们为了休闲、商务或其他目的离开他们的惯常环境，去往他处并在那里逗留连续不超过一年的活动。这一定义有三个要点：一是规定了外出的目的，即休闲、娱乐、度假、商务等；二是明确了离开其惯常环境到其他地方的旅行；三是强调在外连续逗留时间不超过一年。

与艾斯特定义不同，该定义明确说明了旅游包括商务旅游。强调旅游是离开惯常环境的旅行。所谓惯常环境是指一个人的主要居住地以及所有常去的地方。这一概念包括“常去”和“距离”两个方面。对于一个要乘坐铁路列车通勤的职工，每日上下班可能距离较远，但他并没有离开自己的惯常环境；而离一个人的居住地很近的地方，即使他很少去，也属于他的惯常环境。

综合上述对旅游定义的不同表述，可以发现：艾斯特定义旨在提供一个理论框架，用以确定旅游的基本特点以及将它与其他类似的、有时是相关的，但是又不相同的活动区别开来。国际旅游组织的定义，则是用来为统计和立法提供旅游信息，其所提供的含义或限定在国内和国际范畴上都得到了广泛的应用，这一技术定义的采用有助于实现可比性国际旅游数据收集工作的标准化。

旅游是一项非常复杂的社会活动。旅游业的蓬勃发展以及世界经济一体化趋势的不断加强，新的旅游形式和旅游现象层出不穷，使得旅游的技术判断标准也不断地得到补充和改进，它将是一个动态的发展过程。但是，人们至少在以下两个方面已经取得共识：其一，旅游是人们离开其定居地，去异国他乡的访问活动。这一点反映了旅游活动的异地性。其二，旅游是人们前往旅游目的地，并在那里进行有别于移民性长期居留的短暂停留的访问活动。这一点反映了旅游活动的暂时性。异地性和暂时性正是旅游最为突出的两个外部特征。

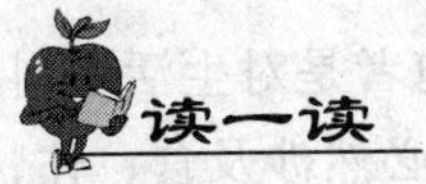

读一读

旅游溯源

“旅游”一词，在我国最早出现在南朝诗人沈约的《悲哉行》一诗中。“旅游媚年春，年春媚游人。徐光旦垂彩，和露晓凝津。时嘤起稚叶，蕙气动初频。一朝阻旧国，万里隔良辰。”从诗义来看，“旅游”一词在当时就已含有外出旅行游览的味道了。在这之前，汉语中表现旅游活动和旅游现象的词还是用独立的“旅”和“游”字。“旅游”的英文为tourism，首次出现在1811年出版的《牛津词典》中。

唐朝时期的孔颖达在《周易正义》中说：“旅者，客寄之名，羁旅之称；失其本居，而寄他方，谓之为旅。”而中国古代的“游”，是指由旅游审美而达到的那种自由自在、逍遥无为的精神境界和由此而来的对待世界的审美态度。后来，旅游的这种本义在文学作品中又进一步得到强化。

实际上，我国在20世纪70年代以前很少用到“旅游”一词，常见的是“旅行”。与之相似的另一个词汇是“观光”。早在3000年前的《易经》中，就有“观国之光，利用于宾王”的句子。观光，即观看、考察。目前，我国台湾地区及受汉文化影响的日本、韩国，都在文献中使用“观光”一词。

旅游，顾名思义，就是“旅行游览”，1996年修订的《现代汉语词典》这样解释。《中国百科大辞典》中“旅游学”部分是这样阐述旅游的：“旅游是人们观赏自然风景和人文景观的旅行游览活动。它包含人们旅行游览、观赏风物、增长知识、体育锻炼、度假疗养、消遣娱乐、探亲猎奇、考察研究、宗教朝觐、购物留念、品尝佳肴以及探亲访友等暂时性移居活动。从经济学观点看，是一种新型的高级消费形式。”

任务二 旅游的基本属性与特征

旅游是人类经济社会发展到一定历史阶段后才出现的社会现象，它必定具备经济活动和文化活动的特点。但旅游活动是人在具体的社会环境中进行的，所以它又综合反映社会环境中的多种复杂现象。为真实全面地理解旅游的本质与内涵，我们必须继续研究和探讨旅游的基本属性与特征。

一、旅游的基本属性

从根本上讲，旅游因其本质和活动构成上的特点而具有的鲜明的消费属性、休闲属性、审美属性和教育属性。

1. 消费属性

“生产”和“消费”是人类活动对立统一的两大领域，纯粹地讲，前者是对生活资料的创造和积累，后者则是对生产成果的耗用。在大众旅游活动过程中，必然涉及食、住、行、游、购、娱等多种要素，每一种要素的发生，显然都是一种典型的消费行为。旅游在其全过程中既不向社会也不向旅游者个人创造任何外在的可供消费的资料，相反，却吞噬着旅游者以往的积蓄和他人的劳动成果。即使在比较极端的情况下，如果仅限于个人的流连山水，陶醉于大自然的美景，他也是在消磨本可以用于创造财富的劳动时间。

当然，由于旅游自身的特征使然，旅游消费与人们的日常消费往往存在着诸多的差异。从时间维度上说，旅游消费是一种“间歇式消费”，两次消费的发生通常相隔较长一

段时间；而日常消费是一种“连续性消费”，年复一年、日复一日地重复性发生。从行为方式上说，旅游消费是一种“井喷式消费”，在短短的旅游期间集中消费额度大，无理性消费成分较多；日常消费则是一种“溪流式消费”，理性色彩较为浓烈，凡事表现为精打细算、小进小出。从实际效用上说，旅游消费主要是一种心理体验过程，谋求精神上的欢娱；日常消费则主要是为了维持人们日常生活的必需所做出的购买行为。从实质上看，旅游消费不可能完全超脱于一般性的日常消费，然而，旅游消费的导向及其意义却有大不同于日常消费之处，突出表现在重视精神内容，追求审美体验，在某些方面表现出对日常生活消费的畸变。例如，旅游地提供的旅游产品，通常都会比惯常居住地高出许多价格，但游客一般也都能够接受。

2. 休闲属性

从主观上来讲，人们外出旅游旨在借助各种休闲活动来调节原有的程式化生活。在旅游观光与体验过程中，自然奔放的随意性和畅神自娱的目的性始终占据着主导地位，人们短暂地进入一种相对自由状态，没有了生活与工作的压力，也无须劳作，真正达到了“身”与“心”的双重休整。旅游是生活的休闲阶段，是多种休闲活动的集合。旅游者在目的地停留期间，除了吃、喝、拉、撒、睡等满足生理需要的活动之外，所有其他活动，如观光、游览、购物、娱乐、健身等都具有鲜明的休闲性质。休闲是有别于紧张的工作劳累而言的。从某种意义上讲，休闲是对日常工作与生活环境及其方式的一种逃逸，它有着特定的积极意义。法国建筑师勒科尔西比埃曾说过：“‘休闲’这个词绝不仅反映一种不应提倡的惰性，而是一种付出劳动的巨大努力，一种发挥个人主动性、想象力和创造性的劳动，一种既不能出售也不能赢利的忘我的劳动。休闲是超出机器化这座地狱的大门，它能为每个家庭带来幸福，挣脱陋室的羁绊。”

不同于其他的一些消闲方式，旅游是人们打发闲暇时间的一种积极手段。旅游既可以增长知识见闻，又能够扩大社会交往，许多康体性质的旅游活动还有益于生命机体的调适，因而备受人们的青睐。但是，用于旅游的闲暇时间必须具备一定的完整性。从这一层意义而言，人们的旅游行为往往集中于公休假日。在我国，周末双休日和黄金周是旅游的高峰期，前者适宜于近程旅游休闲，后者则适合到较远距离之外的目的地去体验异域风情。带薪假期是大规模推动度假旅游的有效措施。工作性质的不同，导致人们带薪假期的存在状态也有所不同。例如，教师的寒暑假就是一种典型的带薪假期形式；国家公务员的带薪假期则是一种福利，通常采取轮流制；而一般公司员工的带薪假期更是具有随机性，取决于公司的效益和工作的繁忙程度。传统节假日是人们另一种相对完整的自由时间形态，分布在一年中特定的几个时期，由于一般为时较短，又多有传统的节俗活动内容，在很大程度上限制了人们外出旅游，但随着时代的发展和节俗观念的日益淡化，人们利用传统节假日旅游的趋势明显增加。

3. 审美属性

审美是人类生活的基本内容之一，审美享受是人们生活中最有价值的财富。旅游就是一种追求身心愉悦、获取最大的审美享受的社会活动。在旅游过程中，自然美、艺术美、生活美、服务美等融为一体，审美需求、审美情趣、审美感受等贯穿始终。总之，旅游活动中的一切，食、住、行、游、购、娱六大要素的各个方面，全都审美化了。旅游者在欣赏自然风光之美、文化艺术之美和社会生活之美中，感受到了万物存在与运动的意蕴，从而物我融合、景我融合，最终得到心灵的慰藉，感悟诸如“宁做桂林人，不愿做神仙”的人生境界。

4. 教育属性

旅游的教育属性是非常明显的。自古以来，我国就有“读万卷书，行万里路”的教育训言，人们到异国他乡旅游，能够开阔视野，增长知识，陶冶情操，启迪智慧。英国哲学家培根也曾说过：“对年轻人来说，游历是教育的一部分；对年长者来说，游历则是其经历的一部分。”

二、旅游的基本特征

旅游的基本特征是异地性、暂时性和非谋生性。

1. 旅游是一种异地性的活动

旅游的发生必须以行为主体旅游者的空间移动为前提，这就是旅游活动的异地性。异地性是指人们须离开其通常居住和工作的地方前往异国他乡进行旅游。这里所说的“通常居住和工作的地方”，是指一个人在一年以上的较长时期内居住和工作的地方。因此，该地虽然有可能是他的永久定居地，但也有可能是其非定居的常住地。

异地性在很大程度上说明了旅游地的特色是否鲜明，是否的确给人别具一格的感觉。人们之所以想要外出旅游，常常是对自己日常所熟悉的事物和环境感到平淡乏味，而对陌生地、陌生事物产生特殊联想和向往。因此，一个地区给人感觉异地性越强，对于外地旅游者吸引力就越大，旅游者的感受也会越深，该地的旅游业也会更加繁荣。

2. 旅游是一种暂时性的活动

所谓暂时性，首先是指旅游者完成一次旅游活动后，需按计划返回其定居地或常住地，从而不会导致其在旅游目的地定居或长期居留。其次是指旅游者在目的地逗留的时间有一定的限度。按照《联合国国际旅游统计暂行准则》的规定，这一限度是指一年以内。如果在目的地逗留的时间达到或超过一年，其在该地的活动则不再视为旅游，其人也不再列为旅游者。但在国内旅游方面，世界各国对其暂时性的逗留时间限度解释不一。目前我国旅游统计中对国内旅游的界定是在外地停留时间不超过 6 个月。和平常的工作、生活相比，除了旅游工作员工外，人们花在旅游流动上的时间绝对是很少的一部分。当然，也正是旅游时间的短暂，才更加促成了旅游之美。

3. 旅游是一种非谋生性的活动

人们外出旅游的目的既不能是为了移民，也不能是去目的地就业或任职，而是为了其他的目的。也就是说，凡是为了移民以及为了就业或任职而前往异国他乡的活动，均不属于旅游范围。属于旅游范围的访问目的基本上可以划分为两大类：一类属于消遣性目的，其中主要包括观光、度假、疗养、娱乐、体育活动等；另一类属于事务性目的，其中主要包括商务、公务、出席会议、探亲访友等。

4. 旅游是一种季节性的活动

形成旅游季节性的原因主要有：第一，从旅游目的地（旅游供给方）的角度来看，大部分旅游吸引物会因季节或时令而改变其审美价值，游客必须应时而至才能满足自身的旅游期望。第二，从旅游者（旅游需求方）的角度来看，受工作和学习时间的限制，自由闲暇时间的数量和分布也是有限的。

任务三 旅游的种类

会奖旅游

会奖旅游，即会展及奖励旅游，英文简称 MICE（Meeting，Incentive，Conference and Exhibition，即“公司会议、奖励旅游、大型企业会议或活动及展览”）。由会议（Meeting）、奖励旅游（Incentive）、大会（Convention）以及展览（Exhibition）组成。它包括“会议旅游”和“奖励旅游”两个概念。会议旅游是指通过接待大型国际性会议来发展的旅游，奖励旅游则是为了对有优良工作业绩的员工进行奖励，组织员工进行的旅游。就是找个旅游目的地开会办展览，或者奖励员工去旅游。说白了就是单位拿钱让你出去玩，当然，同时可能还要参加一些集体活动和会议。

会议奖励旅游以规模大、时间长、档次高和利润丰厚等突出优势，被认为是高端旅游市场中含金量最高的部分，全球每年大约有 350 万人进行会奖旅游。自然，这样的旅游产品比的不是价格，而是感觉和创意。不少公司奖励旅游的目的在于传播企业文化，加强企业的团队建设。

MICE 的 I，即奖励旅游（Incentive Tour），重在一个“奖”字。国际奖励旅游高级经理人协会（SITE）给奖励旅游下的定义为：一种现代化的管理工具，目的在于协助企业达到特定的企业目标，并对于达到该目标的参与人员给予一个非比寻常的旅游假期作为奖励；同时也是为各大公司安排以旅游为诱因，以开发市场为最终目的的客户邀请团。

因为要照顾公司形象和奖励员工，所以不管是目的地的选择还是行程安排和服务，会奖旅游一般都比自己去旅游的要求更高——最好既要有气派，又要考虑省钱；既要让参加人员有自豪感，又要行程紧凑，更要充分休闲；既要有高效率的集体活动，有好看的风景，还要有让每个劳累的身体都能够好好休息的大床……一次成功的会奖旅游，既不是越远越好，也不是越豪华越吸引人，而是行程安排要富有创意，服务要独到，最重要的是要让每个旅游者都得到上帝般 VIP（Very Important Person，常翻译为贵宾）的感觉。

国际会议奖励旅游展业是一个非常巨大的市场，对经济的带动作用巨大，并已经形成了专业化的分工体系，在实践中形成了很多会展方面的国际组织，如：国际会议协会（ICCA）、国际奖励旅游高级经理人协会（SITE）、国际会议专业人员联合会（MPI）、国际协会联盟（UIA）等。这些国际性的专业协会向其会员提供信息服务和教育性研讨会，在专业接待服务、统计指标体系的建立、服务规范化等方面起到了非常重要的作用。

作为一种综合的社会现象，旅游发展到今天已经越来越大众化、普及化。旅游的项目日益繁多，旅游的形式更是多种多样，旅游的内容也不断丰富。对于旅游的种类，虽然国际上至今还没有一个统一的分类，但根据不同的研究目的和考虑角度，可作如下分类。

一、按旅游地域范围分类

按照旅游地域范围划分，可分为国内旅游、国际旅游和太空旅游。

国内旅游指的是在正常情况下，一个国家的公民在本国境内常住地以外的其他地方所进行的旅游，又可分为区域性旅游和全国性旅游。一般而言，旅游发展都按先近后远、先国内后国际的规律进行，国内旅游是国际旅游发展的先导，国际旅游是国内旅游发展的延伸，两者相互促进。这主要是由于国内旅游旅途相对较短，所需时间较少，费用支出较低，同时也不需要办理繁杂的手续。然而，在发展中国家则相反，一般先是入境旅游，再是国内旅游，最后是出境旅游。就像在中国，改革开放后国际旅游发展比较迅猛，来我国旅游的国际旅游者逐年递增，国内旅游是在此基础上发展起来的。我们来看一下《2008年中国旅游业统计公报》中的几个数据：国内旅游人数超过17.12亿人次，入境旅游1.30亿人次，入境旅游人数只有国内旅游人数的7.59%；国内旅游总收入8749.30亿元，旅游业总收入1.16万亿元人民币，占全年旅游业总收入1.16万亿元的75%。由此可以推断，今后在相当长的时间内，国内旅游仍将是我国大部分省区的主要旅游形式。有鉴于此，我国的旅游发展战略格局确定为：大力发展入境旅游，规范发展出境旅游，全面提升国内旅游。

国际旅游指的是一个国家的公民到另一个国家或几个国家的旅游，包括出境旅游和入境旅游两部分。它的主要划分依据是旅游地国界和旅游者国籍。不过在这里需要说明的是，依据我国内地旅游统计资料，考虑到具体国情，将中国香港、澳门、台湾的游客赴内地旅游也归入入境国际旅游。如2009年1～12月，我国入境旅游者12647.59万人次，其中外国人2193.75万人次，香港同胞7733.60万人次，澳门同胞2271.84万人次，台湾同胞448.40万人次。

国际旅游一般具有如下特点：①旅途长，所需时间多，支出费用高；②一般需要烦琐的手续，旅游者可能还会遇到语言、货币、礼仪、生活习惯不相同或不协调等障碍；③发达国家的国际旅游比不发达国家的人次多。

太空旅游是基于人们遨游太空的理想，到太空去旅游，给人提供一种前所未有的体验，最新奇和最为刺激人的是可以观赏太空旖旎的风光，同时还可以享受失重的味道。而

这两种体验只有在太空中才能享受到，可以说，此景只有天上有。太空游项目始于2001年4月30日。未来的太空旅游将呈大众化、项目多样化、多家公司竞争、完善安全法规四大趋势。

二、按旅游目的划分

依据旅游者外出旅游的动机和目的各不相同，由此可分为观光旅游、度假旅游、商务旅游、会议旅游、探亲访友、宗教旅游、特种旅游等。

观光旅游（Sightseeing Tour），也就是人们通常所说的"游山玩水"，是指旅游者到异国他乡游览自然风光、观赏名胜古迹、领略民俗风情的旅游。旅游者从游览中获得自然美、艺术美、社会美的审美享受，满足了积极休息和愉悦身心的需要。观光旅游自古以来就是人类最普遍、最常见的一种旅游形式，就是在现代旅游中，它仍扮演着非常重要的角色。目前，我国大多数国内旅游和国际旅游都属于这类旅游。尼尔森公司的调查显示：近年来，观光旅游中领略自然风光是中国旅游者在计划国内旅行时考虑的重点。超过40%的受访者表示渴望回归自然，几乎每3个休闲旅游者中就有一个人在过去12个月中曾游览过森林公园，从而使得森林公园成为国内最受青睐的休闲旅游景点。

度假旅游（Vacation Tour），是指为了避暑防寒，寻求幽雅清静的生活环境，欢度假期，治疗疾病，或参加一些有益健康的体育活动和一些有趣味、有特色的消遣娱乐活动，以达到消除疲劳、减少疾病、适意娱情、增进健康的目的。度假旅游是近期来日益受旅游者青睐的一种旅游形式。由于人们生活水平不断提高，可支配收入增加，带薪假期延长，另外，经济的发展和科技的突飞猛进，造成生活、工作节奏越来越紧张，人们逐渐由过去热衷的观光旅游转而向往休闲的度假旅游。西班牙南部阳光海岸、美国夏威夷群岛都是度假旅游的好地方。我国自20世纪90年代以来也开始积极开发度假旅游产业，全国已设立12个国家级旅游度假区。度假旅游的具体形式主要有医疗旅游、保健旅游、避暑旅游、避寒旅游或温泉旅游、森林旅游、海滨旅游等。度假旅游一般都是过夜游，对旅游收入贡献最大的通常就是这类旅游。例如，西班牙之所以能跻身于世界四大旅游强国之列（美国、西班牙、法国和意大利），主要就是其度假旅游比重在80%以上。

商务旅游是最早出现的旅游形式之一。它的主要目的是完成自己的工作任务，由于它的活动形式表现出旅游的特点，需要提供旅游服务，同时为旅游目的地带来收益，所以也是重要的旅游类型。在当今世界经济发展向全球化方向迈进的时代，商务旅游在旅游市场中的地位和作用正日益显得重要。商务旅游市场由一般商务旅游、会议展览旅游和奖励旅游组成。商务旅游者多为白领阶层，文化程度高，收入和消费水平高，活动范围广，旅游经验丰富，更重要的是他们重游率高。商务旅游发展对饭店类型、功能、设施、服务等有一系列特定的要求，突破了原有集食、住、购、娱为一体的观光型饭店格局，代之以商务型、会议型、展示型和套房型饭店结构，因此商务旅游的发展不仅推动了饭店业的变革与创新，更重要的是给旅游目的地国家和地区带来日益增多的商务、投资、贸易机会，以及大量当今世界最新的商贸、科技信息，能有力促进当地经济发展。根据权威人士分析，服务一个普通观光客如果收益1美元，那么服务一个会议旅游者可创收5美元。商务旅游在经济繁荣时是这样，在经济不景气时更是企业拓展业务的重要手段。目前，商务旅游者占世界旅游者总数的20%，然而却为旅游业提供了40%～50%的旅游收益。在一些发达国家，如日本、德国等商务旅游已超过观光旅游；在一些发展中国家，如韩国商务旅游与观光旅游不分上下。

家庭事务旅游是指以探亲访友、寻根求源、蜜月旅游等涉及处理家庭或个人事务为目的而进行的旅游，也是一种比较普遍的旅游活动，古今中外都有。自改革开放以来，港澳台同胞和早年漂泊在外的华侨及其子女，以及过去曾在中国生活、工作过的外国朋友，每年都有不少以探亲访友的形式来中国旅游。他们把故地重游、寻根问祖、联络亲情看做是一项十分有意义的活动与享受。这类旅游在国外也很普遍，如美国黑人赴非洲的寻根探亲，一些白人到欧洲故国的寻梦求根活动等。在每年的春节、国庆节黄金周期间，探亲访友形成的旅游流极为壮观。

宗教旅游主要是指以朝圣、求法、布道、取经、拜佛或宗教考察为主要目的的旅游活动。宗教旅游是世界上一种最古老的旅游形式，时至今日，它仍然是一项重要的旅游活动。各国的宗教信徒以不同的目的或出自对自己信仰的佛祖、圣母、真主或其他各种神灵的虔诚和崇拜，或受名山古寺、教堂圣殿以及丰富多彩的古代宗教建筑形式的吸引，热衷于这种既能达到宗教信仰的目的，又能通过旅行游览活动获得乐趣的宗教旅游。其具体形式有宗教人士的云游、朝圣，非宗教人士到宗教圣地朝拜，对宗教建筑和宗教仪式的观光，欣赏宗教音乐的娱乐活动等。

文化旅游是指人们为追求精神文化需求的满足，通过旅游来观察社会，体验民风民俗，了解异地文化，以丰富自己的文化知识，增长见识的旅游活动。在当今社会科学迅速发展、教育日益普及、人们的文化素质不断提高的基础上，人们要进行文化交流和文化体验的欲望越来越强烈，文化旅游的出现，正投合了人们这种深层次的文化需求，也使旅游本身得到了深化和发展。具体而言，文化旅游包括历史文化旅游、民俗文化旅游、区域文化旅游、宗教文化旅游、艺术交流旅游等。世界上不少国家在开展文化旅游方面卓有成效，如奥地利首都维也纳推出的音乐之旅、我国广州举办的“一日读懂两千年”的市民旅游活动、各地举办的学生夏令营和冬令营等。为了树立中国改革开放和中国旅游业的总体形象，从1992年开始，中国国家旅游局组织了由多部门、多行业联合行动的大型主题旅游促销活动，每年策划旅游主题以及一批主题旅游线路或主题项目。例如，1992年中国友好观光年、1993年中国山水风光游、1995年中国民俗风情游、2003年中国烹饪王国游等，便是文化旅游与日俱进的重要表现。

购物旅游是一种以异地都市购物为主要目的，结合都市观光的旅游形式。它是随着社会经济发展，交通发达，人们生活水平提高而逐渐发展起来的。当前世界购物旅游主要有两种形式：一种是广泛存在于一些国家边境地区的短期购物旅游，主要采用两国间物产、价格、税收上的差异招徕邻国旅游者；另一种是跨国跨洲专线购物旅游，它以世界性的大市场为背景，以旅游组团为特征。作为我国特别行政区的香港，向来就有“购物天堂”之

美誉，吸引着来自世界各地的旅游者。

娱乐休闲旅游是指以娱乐、消遣求得精神松弛，享受临时变换环境所带来欢愉的旅游形式。现代社会是高度竞争的社会，随着城市化进程的加快，人们的生活节奏也在不断加快，社会化的大生产使得生活枯燥单调，而且不分季节千篇一律。为了消除紧张生活带来的烦恼，最好的方式就是摆脱自己的社会角色和工作压力，去异地娱乐旅游，以求得暂时的精神松弛。因此，娱乐休闲旅游为现代社会中大多数人所钟情，正逐步发展成为当今世界旅游的主流类型。据有关调查显示，娱乐休闲旅游的盛行突出表现出人们的思维模式和生活方式有了明显转变，其注意力更多地从工作转向休闲和娱乐。娱乐休闲旅游形式多样，主要有登山旅游、狩猎旅游、骑车旅游、野营旅游、滑雪旅游、垂钓旅游、蜜月旅游等。娱乐休闲旅游的最大特点是游客的参与性强，感受亲切而又深刻。典型的休闲旅游形式是“5S”旅游，即Sun、Sea、Sand、Sport、Story（阳光、海水、沙滩、运动、还有一些动人的传说)。“5S”旅游地通常具有异域情调，由棕榈海滩、高尔夫球场以及丰富的地方民俗风情等勾画出迷人图景，游客身处其中，自然无比惬意。

读一读

旅游休闲理念深入人心 暑期流行乘着邮轮去看海

新华网北京2009年8月12日专电（记者金小茜）“吃住游一价全包，邮轮就是移动的五星级酒店，奢华而舒适，国际美食大饱口福，异域歌舞表演大开眼界，岸上观光浪漫的海岛风情令人迷醉。”说起7月底启程的中国国旅歌诗达邮轮“经典号”享受之旅，北京游客丁先生意犹未尽，“我们全家玩得尽兴，孩子、大人都开心”。

如今，随着国民旅游休闲理念的逐步形成，不少旅游爱好者将目光投向了旅程精彩舒适的海上休闲之旅，乘着豪华邮轮去看海，成为百姓出行的新选择。

记者近日走访京城各大旅行社了解到，今年暑期，邮轮产品又迎来一波热销行情。“经过几年发展，邮轮旅游市场已经成熟，邮轮产品为大众接受和认可。暑期邮轮产品中，像歌诗达邮轮‘经典号’6晚7天享受之旅，7月11日至8月10日4个航次共计500个位子，全部销售一空，销量增长达70%。”中国国际旅行社总社有限公司门市销售部总经理助理潘琪告诉记者。

中青旅出境旅游公司东南亚旅游中心总经理刘昕表示，暑期家庭出游增长很快，不少家庭选择结伴乘邮轮出游，因此邮轮旅游市场近年来每年都在增长。

针对市场日益旺盛的需求，各大旅行社着力创新，不断丰富邮轮线路和产品。这个暑期，针对新马泰传统线路，中青旅推出丽星邮轮“处女星号”新马邮轮十民丹岛7日游，将休闲和观光有机结合。除了传统线路外，中青旅独家推出丽星邮轮“宝瓶星号”台港7日游，“宝瓶星号”8月2日从香港首航，前往台湾的台南、台中、台北，游客可亲身体验两岸直航的历史性时刻，领略宝岛风情。中国国旅则打出了“优惠牌”，4999 元起的歌诗达邮轮“经典号”6 晚 7 天享受之旅，让市民乘着豪华邮轮畅游韩国济州岛、日本福冈和长崎。

业界十分看好未来邮轮旅游市场。“旅程自由休闲，娱乐项目丰富，全程无购物进店，无论是老人观光、新人度蜜月，还是亲子游，邮轮旅游无疑都是适合的产品。”刘昕说，邮轮旅游符合注重旅游品质的发展趋势，现在世界各大邮轮公司如丽星、歌诗达、美国皇家加勒比等都看准商机，纷纷抢占中国市场。

中国旅游研究院副院长戴斌分析认为，以往定位高端的邮轮旅游正逐渐出现大众化趋势，为越来越多的中产阶层出境旅游者所接受。他指出，邮轮旅游应更平民化，旅行社要开发适合大众的多元化产品，如周末或 3 天以内行程的短程邮轮产品，并进一步降低价格，提升服务质量，让更多的百姓能乘着邮轮去看海。

三、按旅游组织形式划分

按旅游组织形式，可把旅游划分为团体旅游和散客旅游两种形式。

团体旅游是指把一定数量的有着共同或相似目的的人们组织起来，以集体方式进行旅游活动。按照国际旅游行业的惯例，团体旅游的同行旅游人数不少于 10 人。典型的团体旅游是旅行社组织的团体包价旅游，其中又可分为全包价团体旅游和小包价团体旅游。全包价团体旅游指的是旅行社经过事先计划、组织和编排旅游活动项目，向旅游大众推出的包揽全部服务工作的团体旅游形式，一般规定旅游的日程、目的地以及行、住、食、游等具体地点及服务等级和各处活动的内容安排，并以总价格的形式一次性地收取费用。但是，并非所有的团体包价旅游在包价内容方面都将旅游全程的行、住、食、游等全部包括在内，例如，有的只包交通和住宿，有的在每日餐食中只包其中的一餐，另外也有只包交通的情况。这些便是所谓的小包价团体旅游，即旅行社推出的只包部分服务项目的包价团体旅游。

团体旅游的组织者多为旅行社。此外，还有政府部门、企业和社团组织。团体旅游的特点是旅游活动按计划进行，安全舒适，价格相对便宜。

散客旅游是相对团体旅游而言的，主要是指个人、家庭及 10 人以下的自行结伴旅游。他们不经旅行社或只使用旅行社提供的委托代办服务，自己选定或安排旅游日程和旅游路线。近年来，世界上散客旅游正呈现愈渐流行的发展趋势。这主要是因为散客旅游自由灵活，对旅游内容的选择余地较大；游客个人自主性强，不像随团旅游那样受固定安排的约束；旅游费用也可根据个人意愿和经济状况自行掌握。

散 客

散客常被简称为FIT（Forcign Independent Tourist），意为去异地独立旅游者，这种旅游往往预付一定旅费，没有陪同，人数多在10人以下，但在某些地方如果遇游客要求，也可提供导游服务。FIT有时也被称为异地个人旅游（Foreign Individual Tourist），即个人或家庭按照特别拟订的旅游计划单独进行或由一家旅行社承办，根据和旅游批发商一同制订的旅游计划进行的旅游。实际上，由于散客没有明确的定义，人们可以从不同角度加以界定，如以包价形式、团队规模、委托形式、销售方式以及组团地点等为标准，但有一个共同点就是散客旅游都具有自主性、灵活性和多样性的特征，在旅游产品的购买上强调“点菜式”或“量体裁衣式”，游客自愿结合，自定路线，“随走随买”，而非一次性付清旅行费用或完全被动接受既定的旅游项目。

四、按旅游者消费水平划分

旅游者收入水平和支付能力，不但影响旅游行程的远近和停留时间的长短，而且决定着外出享受服务的水平和舒适程度，如乘坐什么类型、档次的交通工具，下榻哪一星级的饭店，吃什么标准的饮食，由此便产生了旅游活动的高、中、低档之分，即豪华旅游和大众旅游。

从承受能力和消费水平来看，豪华旅游远远高于大众旅游的水准，对交通、住宿、膳食十分讲究，服务都是最上乘的，以舒适、享受为主要目的，很少考虑费用的多少。虽然，从绝大多数来看，人数不多，但他们是一个高消费群体，能为旅游企业带来较高经济收益，是旅游企业很愿意服务的对象。大众旅游是普通劳动者和工薪阶层依据自己实际经济支付水平选择的经济类旅游，在吃、住、行方面只要求大众化，以满足基本要求为度。

五、按费用来源不同划分

按照费用来源，旅游可分为自费旅游、公费旅游和奖励旅游。自费旅游的旅游费用由旅游者个人承担。公费旅游是指旅游者以开会、考察等名义进行的旅游，费用由所在单位报销。奖励旅游是指用人单位为了奖励优秀员工而组织的旅游，费用由单位开支。奖励旅游起源于20世纪50年代，现在已成为一种常规的管理手段。奖励旅游发展很快，具有广阔的发展前景。

除了上述五种分类法以外，还有其他的一些划分标准。如按旅游路程长短可划分为近距离旅游和远程旅游；按旅游者的年龄可划分为青年旅游和中老年旅游；按旅游交通工具不同可划分为汽车旅游、游船旅游、自行车旅游、徒步旅游、热气球旅游等。随着旅游的不断发展和人们需求的不断变化，旅游的种类还会逐渐增加。

读一读

“会奖旅游”财大气粗　厦门酒店一房难求

15 日以后厦门酒店房间几乎都被订满了，厦门各大旅行社正为此发愁，因为，他们刚刚找到新富矿——“会奖旅游”，甚至因为会奖旅游年底蜂拥到厦门，他们 2009 年的营业额不升反降。那么会奖旅游究竟有什么魅力？

一位神秘客人因为要开一个持续 3 天的会议，要求酒店总统套房的浴缸根据他的特殊身材重新订制——这是一个真实的事件，虽然事件的地点不是在厦门，但也许在不久之后，厦门的酒店也会面临这样的需求。

这位神秘客人所参加的是公司员工年底表彰和旅游奖励的会议，他是这家公司的老板。财大气粗的老板们为年底表彰会议出手不凡，也就在这个月，厦门各大旅行社也正为服务这些蜂拥而至的老板们繁忙不已，一些旅行社的订单已经接到了 12 月底，而本月下旬的星级酒店，已经出现了一房难求的火爆局面。

接待量出现“三级跳”

9 月份会奖旅游接待量 2000 多人，10 月份达到 5000 多人，11 月份预计将超过 8000 人。这个“三级跳”的数字是由建发国旅会奖中心负责人陈春霞告诉记者的。“11 月份是最高峰，总量与 2008 年基本持平。”她说。

“往年会奖旅游要到 10 月份以后才会慢慢增加，2009 年提早了 1 个多月。”康辉旅行社厦门分社总经理助理朱文君说，他们公司会奖旅游中心的四五个人根本无法应付眼下的业务量，为此他们增调了整个国内旅游中心的人力资源。“一单接着一单，十几个人基本都是连轴转，订单已经排到了 12 月底，还在增加。”她说，“下半月还要发愁找酒店的事情，15 日以后酒店房间几乎都被订满了。”

百万元消费是常事

虽然会奖旅游到 9 月份才开始旺起来，但据厦航国旅和康辉旅行社的相关负责人透露，2009 年他们公司会奖旅游的营业额预计都可达到 2000 万元左右。

“企业年底开订货会、表彰员工会议都是大预算，这也能彰显品牌实力，提升企业员工向心力。”一位不愿意透露姓名的旅行社人士说，“我们 2009 年的营业额目标主要也是靠这些大客户来实现。”

“一个 200 人左右的会议，预算消费大概 100 多万元。”康辉旅行社厦门分社总经理林志民说，“而且近两年来，800 人到上千人的大型会议越来越多，消费力惊人。”

而记者在采访中了解到，会奖旅游的确基本都是高端消费：住宿多选择四星级以上的酒店；就餐也是找高端的饭店。“现在还有一部分企业会安排参会者玩高尔夫球、帆船，

这些花销才是最大的。”朱文君告说，相比之下，旅游费用仅占总支出的20%左右。

细分行业“抢”客户

“2009年这些业务占到我们国内旅游中心四成份额。”林志民说，康辉旅行社原来设在国内旅游中心的5人会奖中心已远远无法满足需求，他正在准备将这个部门从国内旅游中心剥离出来，扩大到20人左右的规模，以应对2010年更高的成长率。

记者所了解到的是，由于遭遇“甲流”和金融危机的影响，康辉旅行社业务有增长的项目就仅有台湾游和会奖旅游。“这两个业务的增长量确保了今年康辉的收入总量不降反升，我们12月之前，一定要把这个部门拓展起来。”在林志民眼里，这是一个刚刚起步的业务，是一个“刚刚开挖的富矿”。

而早在5年前和3年前就各自成立了独立“会奖”部门的建发国旅和厦航国旅相关负责人表示，“明年会奖旅游市场更大，这是毫无疑问的。”

记者了解到，目前厦门各旅行社正在针对会奖旅游的企业进行行业细分。“每个行业都有大企业，他们每年都有几场针对不同人群的会议和奖励旅游活动。”业内人士表示，“培养专业人士主动出击，提供全程的策划服务，是下一步争取大客户的关键。”

任务四 关注旅游的发展历程

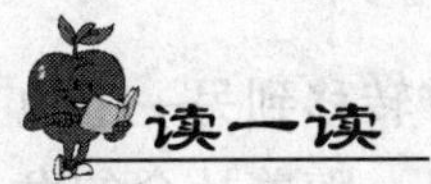

读一读

世界旅游组织秘书长弗朗加利：中国将成为世界第一大旅游目的地

“在今后几年当中，中国会超过美国、欧洲成为全世界第一大旅游目的地。”这是2007年在广西桂林召开的首届联合国世界旅游组织和亚太旅游协会旅游趋势与研究大会上，联合国世界旅游组织秘书长弗朗西斯科·弗朗加利先生对中国旅游未来发展的评价。

弗朗加利说，亚太地区已经在过去几年当中成为世界上经历1990年以来入境旅游数量最高增长率的地区之一，在1990—2006年，亚太地区的旅游业的年均增长达到7.1%，而全球的平均增长只有4.2%，亚太地区的旅游增长率比世界平均增长率高3个百分点。类似的情况在国际旅游收入方面也可以看到，亚太地区的国际旅游收入在2006年达到1530亿美元，占世界旅游收入的1/4。这是亚太地区有史以来第一次取得这么突出的成就。

弗朗加利认为，亚太地区会沿着这样一个积极的发展道路前进。他同时坚信，中国会继续快速发展。2006年中国已经超过意大利成为全世界第六大旅游消费国。

由于中国出境游的数量不断增加，中国已经成为推动亚太地区旅游业发展的动力源。这一切的发展迹象都表明亚太地区现在已经成为推动全球旅游业发展的主要发动机。

弗朗加利认为在今后几年当中，中国会超过美国、欧洲成为全世界第一大旅游目的地。

从历史上考察，我们会发现旅游是社会生产力发展到一定水平而产生的一种社会需求。旅游是一种古老的社会活动，它产生于人类的社会实践，并随着人类社会的发展进步而不断发展和变化。在漫长的历史中，旅游活动经历了古代旅游（Ancient Tourism）、近代旅游（Modern Tourism）、现代旅游（Contemporary Tourism）三个发展阶段。这三个阶段，无论从旅游的规模、内容、形式乃至地域，还是就旅游的社会经济意义而言，都有极大的区别。但它们最重要的差别还在于影响、决定旅游活动的主导因素发生了变化。由于旅游业的出现，原本是作为旅游主体的人即旅游者的出于主观动机和意愿而自觉进行的、有明确目的的旅游活动，日益异化为为旅游业所控制、诱导的被动而盲目的从众行为。

一、世界旅游的起源与发展

世界旅游的发展经过了一个漫长而曲折的过程。参照世界旅游历史的发展，世界旅游可分为古代旅游阶段（1840 年前）、近代旅游阶段（1840 年至第二次世界大战）、现代旅游阶段（第二次世界大战至今）三个时期。

（一）古代旅游阶段（1840 年前）

远古时期，人类为了获取生活资料和躲避自然灾害，经常从一个地方转移到另一个地方，这种迁徙完全是为了生存的需要，根本不具有任何意义上的旅游含义。随着社会的发展，出现了社会分工和交换。伴随生产技术的进步、道路和交通工具的发展，人类社会中出现了小范围的旅游活动。

古代埃及在公元前 3000 年就建成了一个统一的国家，修建了众多金字塔和神庙，吸引了无数的旅游者。公元前 1570—公元前 1085 年，埃及已是闻名世界的旅游胜地。据记载，公元前 1490 年埃及荷赛特女王访问旁特地区（约今天的索马里），此行被认为是世界上第一次以和平游览观光为目的的旅游活动。古希腊、古罗马作为欧洲文明的发祥地，创造了光辉灿烂的历史文化。巴特农神庙、奥林匹亚宙斯神殿、露天剧场、万神殿、科洛西姆斗兽场等成为古代旅游者神往的地方。起始于公元前 776 年的奥林匹亚竞技会是当时世界上最大的宗教、体育和旅游盛会。

进入中世纪，无论是西方还是东方，都出现了一大批中央集权统治的王国和王朝，它们推行一系列政策和措施，统一货币、制度和法规，建造驿站传舍，修筑御道和驿道，大大地促进了旅游活动的开展。同时，当时世界上也曾发生了一系列对古代旅游活动有重大影响的事件。

1. 地理大发现

地理大发现是西方史学对 15 世纪—17 世纪欧洲航海者开辟新航路和发现新大陆的通

称。1497—1498年，达·伽马绕过好望角，第一次绕非洲航行到印度的成功，被称之为“新航路的发现”。1492年，哥伦布率领探险队横渡大西洋抵达美洲，发现新大陆。1519—1522年，麦哲伦率探险队横渡大西洋，进入太平洋，穿过印度洋，绕过好望角，完成了人类历史上第一次环球航行。地理大发现极大地推动了旅游活动的发展，并因此产生了一大批探险家、航海家、旅行家。

2. 三大宗教地位的确立

公元前6世纪至5世纪，释迦牟尼创立了佛教，以后陆续传播到印度以外的国家和地区，成为世界性的宗教。公元1世纪，基督教诞生。西罗马帝国灭亡后，罗马文化让位于基督教文化，基督教成为政治、经济、社会生活的统治支柱。至公元7世纪，穆罕默德建立了伊斯兰教。随着阿拉伯帝国的建立，伊斯兰教成为地跨欧亚非的世界性宗教。至此，世界三大宗教地位确立。在整个中世纪，宗教活动渗透到社会活动的各个领域。宗教的狂热，极大推动了宗教教徒的朝圣、朝拜等旅行活动，为了求法、取经、修行，虔诚的教徒纷纷涌向宗教圣地圣城。犹太教、基督教、伊斯兰教的圣地古耶路撒冷，教皇所在地梵蒂冈和因各种宗教事件、宗教人物出名的地方，均成为宗教旅游的目的地。

3. 马可·波罗的中国之行

意大利人马可·波罗于1275年抵达上都，在元朝供职17年，对中国风土人情、名胜古迹很有研究。他回国后把自己在东方的见闻口述成书，取名《马可·波罗行记》。《马可·波罗行记》向西方世界介绍了东方的富庶、繁华与昌明，对以后新航线开辟产生了较大影响。书中对中国旅馆先进技术的详尽介绍，大大扩展了欧洲旅馆业主的视野，积极推动了欧洲旅馆经济的发展。

4. 文艺复兴运动

14世纪—16世纪欧洲爆发的文艺复兴运动，矛头直指教会与专制统治，在反对禁欲主义、摆脱教会对人们的思想束缚、宣扬资产阶级个性解放方面起了一定的进步作用，是欧洲文化和思想获得大发展时期。以但丁、达·芬奇、莎士比亚、塞万提斯等为代表的文艺复兴运动和以哥白尼、布鲁诺、伽利略、开普勒等为代表的科技创造发明，改变了人们以往对宇宙、对世界的认识，使人类以新的视角观察、认识生存的空间环境。他们创造的学说以及个人的旅游经历，无疑有力地推动了当时旅游活动与旅馆业的发展。

作为一种社会现象的“非定居者的旅行和暂时居留”的旅游活动，在人类社会的很早时期就已经出现和存在。但是，在近代旅游业作为一项经济产业出现之前的古代旅游阶段，旅游基本上是旅游者出于各自的明确动机所主动进行的一种活动。作为旅游主体的旅游者是整个旅游活动的主导因素，而旅游的对象物（即旅游客体，主要是旅游目的地）以及其他辅助性的设施和服务则基本上受制于此。同时，旅游活动大体上以观光游览这种形式为主，换句话说，古代旅游是一种纯粹意义上的旅游活动。然而，这种情形在19世纪近代旅游业正式出现之后，却迅速发生了很大的，甚至是根本性的变化。

（二）近代旅游阶段（1840年至第二次世界大战）

旅游作为一项经济部门的产业化进程，起源于19世纪中叶，并迅速扩展至世界范围。

社会经济的发展和旅游条件的改善极大地促进了旅游活动的拓展，为更多的人外出旅游消遣提供了机会。随着参与旅游的人数较比前一阶段有了无可比拟的增长，旅游既成为一种社会时尚，又成为人们的日常生活方式之一。

对近代旅游的产生和发展发挥了关键作用的人物应当首推英国人托马斯·库克。托马斯·库克（Thomas Cook，1808－1892），出生于英格兰墨尔本，是近代旅游的创始人，也是第一个组织团队旅游的人。

1828 年，托马斯·库克成为一名传教士，在四处传教的过程中与旅游结下了不解之缘，他了解到人们渴望旅游的需求和存在的顾虑。后来他又成为一位积极的禁酒工作者，他认为休闲旅游能够提供比酒吧和赛马场更健康、更有意义的娱乐方式。

1841 年 7 月 5 日，托马斯·库克包租了一列火车，运送了 570 人从莱斯特前往拉夫巴勒参加禁酒大会，往返行程 22 英里，团体收费每人一先令，免费提供带火腿肉的午餐及小吃，还有一个唱赞美诗的乐队跟随，这次旅行成为公认的近代旅游的开端。托马斯·库克组织的这次活动实际上并不是世界上第一次团体火车旅游，报纸上早已经报道过利用火车组织团体旅游。但人们之所以普遍认为这次活动标志着近代旅游的开端，主要是鉴于如下考虑：

第一，这次活动具有较为广泛的公众性。其参加者来自各行各业，甚至包括很多家庭妇女和儿童。他们为了参加这次活动而聚到一起，活动结束后便又四散离去。这一情况同现代旅行社组织的旅游团的情况基本相同。

第二，托马斯·库克本人不仅发起、筹备和组织这一活动，而且自始至终随团陪同照顾。这一点可以说是现代旅行社全程陪同的最早体现。

第三，这次活动参加者的人数之多，规模之大，不仅在当时是空前的，而且此后也是不多见的。

1845 年，托马斯·库克创办了世界上第一家旅行社——托马斯·库克旅行社，标志着近代旅游业的诞生。托马斯·库克已经认识到：人们对旅游的需求已经成熟，借助这一市场开展商业性经营的机会已经到来。1845 年夏季，他在一次从莱斯特到利物浦的由 350 人组成的团体消遣旅游中，首创了沿途聘雇地方导游的做法，奠定了旅行社业务的基本模式。

1864 年，托马斯·库克父子公司宣告成立，全面开展旅游业务，后来相继在美洲、非洲、亚洲设立分公司，成为当时世界上最大的一家旅游企业。1867 年，为消除游客在旅途中携带大量现金的不便，托马斯·库克还创造出一种代金券。旅游者持这种代金券可在同托马斯·库克旅行社有合同关系的交通运输公司和旅游服务企业中用于支付，并可在指定的银行兑取现金。这种代金券被认为是当今旅行支票的前身，实际上也可以说是最早的旅行支票。1872 年，该公司成功组织了一次历时 222 天的 9 人环球旅行，这次旅行使他的旅行社名声大噪。同年，乘美国经济兴起之机，库克父子公司迁至美国，更名为美国通济隆公司，由于业务发展迅速，它已成为世界上最大的旅游公司之一。

在托马斯·库克的倡导和其成功的旅游业务的鼓舞下，旅游业成为世界上一项较为广

泛的经济活动。托马斯·库克本人也因其卓越的贡献而被称为“世界旅游业之父”。到20世纪初，美国的托马斯·库克旅游公司、美国运通公司、比利时铁路卧车公司，成为世界旅游代理业的三大公司。从此，旅游业开始真正确立了自己的地位，并以自己的独立经济活动逐渐成为国民经济中的一个新兴行业。

（三）现代旅游阶段（第二次世界大战至今）

现代旅游业的真正崛起，是在第二次世界大战以后。国际关系的总体缓和，各国人民对和平的渴望，中产阶级在战后的迅速成长，现代科技发展所带来的交通工具的突飞猛进，有力地促进和保障了现代旅游业的发展。特别是20世纪60年代以后，旅游作为一种社会化、大众化的社会活动迅速普及于世界各地。

从旅游业的经济效益来看，到1950年，旅游观光事业已经成为世界上的一个新兴产业。这一年，全球国际旅游过夜人数达2528万人次，国际旅游外汇收入达21亿美元。1958年，喷气式客机在世界上正式启用，经济型客舱也正式出现，从欧洲到北美洲的旅行时间由24小时缩短为8小时，为国际观光旅游的起飞树立了重要的里程碑。1960年，全球国际旅游过夜人数达6932万人次，是1950年的2.74倍，平均每年增长10.6%；国际旅游外汇收入达68.67亿美元，是1950年的3.27倍，平均每年增长12.6%，远远高于当时世界经济的平均增长率。这种发展趋势，在以后30年中继续巩固发展。到1990年，全球国际旅游过夜人数达4.5566亿人次，是1960年的6.57倍，平均每年增长6.5%；国际旅游外汇收入达2610亿美元，是1960年的38倍，平均每年增长12.9%，亦远远高于这30年中世界经济的平均增长率。加上比国际旅游外汇收入高出2～3倍的国内旅游收入，所以，到20世纪80年代和90年代，旅游业已经成为世界上最大的产业之一。根据世界旅游理事会1997年公布的数字显示：1996年，全球旅游业总产值达3.6万亿美元，占世界国民生产总值的10.7%；旅游业的税收达6530亿美元，占世界间接税收入的10.4%；旅游总消费达2.1万亿美元，占世界消费者总支出的11.3%；旅游业直接和间接从业人员达2.55亿人，占世界就业总人数的1/9；对旅游业的投资达7660亿美元，占世界总投资的11.9%。总之，现代旅游业一直保持着快速的发展，旅游业已成为许多国家和地区的支柱产业，而且目前这个势头仍在扩展。2008年3月，总部位于伦敦的世界旅游及旅行理事会（WTTC）公布的研究报告指出，全球旅游业产值在10年后将增至15万亿美元。未来10年间世界旅游业年均增长率将达到4.4%，到2018年世界旅游业总产值将占全球GDP的10.5%，旅游从业人员将达到2.97亿人。

第二次世界大战后旅游活动之所以出现如此快速的发展，主要鉴于以下因素的影响：

(1) 全球政治局势相对稳定，为第二次世界大战后世界经济的增长和旅游活动的发展，提供了必要的前提和保证。

(2) 世界人口基数的扩大成为战后大众旅游人数增加的基础。第二次世界大战后，全球人口约25亿，到20世纪60年代，已增至36亿，增长比例为44%。第二次世界大战后世界人口迅速增加，扩大了旅游人口的基数。

(3) 第二次世界大战后全球经济迅速发展，人们收入的增加和支付能力的提高对旅游活动的迅速发展和普及发挥了巨大的推动作用。

(4) 城市化进程普遍加快，增强了人们旅游的需要。

(5) 交通运输工具的进步大幅度缩短了旅行的时间和距离。

(6) 劳动者的带薪假期得以增加，人们外出旅游和度假有了时间上的保证。

第二次世界大战后全球旅游活动的迅速发展，实际上是供需两个方面共同作用的结果。供给方面的因素对于旅游需求的迅速增长，也起了相当大的拉动作用。其中比较重大的拉动因素有：

(1) 很多国家的政府在发展旅游业和便利旅游者来访方面所采取的支持态度和鼓励措施。

(2) 很多目的地在旅游景点开发和服务设施建设方面所做的努力和投入。

(3) 便利而价廉的团体包价旅游的推出和推广。

旅游业是伴随着工业化、全球化和信息化的进程而不断发展壮大的，它既是社会发展的产物，也是社会发展的标志。经济的发展，科技的进步，居民实际收入的增长，闲暇时间的增多，人们求新、求知、求乐、求健欲望的增强，正是现代旅游业发展的原动力。社会学家认为：人类需求有三大类，即生存需求、享受需求和发展需求，人只有在生存需求得到基本满足以后才能把享受需求和发展需求提上议事日程。而旅游活动则既是享受需求，也是发展需求。

随着世界经济的不断发展，越来越多的人们摆脱了生存需求的羁绊，旅游行为已经成为现代社会生活方式中不可或缺的一环。可以断言，只要世界经济在发展，社会秩序安定，旅游业就会不断兴旺发达，所以，它是永远的“朝阳产业”。旅游业同时也是一个与时俱进的产业。在近代旅游业起步以来的200年中，特别是在最近50年大发展的历程中，从旅游经营到旅游管理，从旅游产品到旅游促销，都已经历过一系列的变革和创新。我们应了解过去，展望未来，把握新世纪全球旅游业发展的大趋势，积极主动地做好我们的旅游工作，进一步加快我国旅游业追赶世界潮流的步伐。

二、中国旅游的起源与发展

目前，旅游业是世界第一大产业，我国的旅游资源极其丰富，发展潜力十分巨大，全国许多省市都已把旅游业作为支柱产业。今天中国旅游业的蓬勃发展，离不开政府对旅游业的高度重视，更离不开旅游界前辈们不懈的努力，让我们一起回顾中国旅游业发展的历程。

(一) 中国古代旅游阶段

中国古代旅游活动始于夏、商、周。当时主要是帝王巡游、政治旅行和商务旅行活动等。夏禹被认为是我国最早的探险家和旅行家。周穆王经常外出巡狩，乐而忘归。东周时代，社会处于大变革之中，代表不同阶级和阶层的思想家、理论家从各自的阶级利益出发，著书立说，争鸣论战，带门徒周游列国，宣传自己的政见，孔子是代表人物。商代是中国古代的一个商品经济繁荣时期，商人足迹遍布各地，商务旅游十分盛行。

秦汉时期是中国统一的中央集权国家建立和发展时期。秦始皇统一中国后，利用当时以咸阳为中心四通八达的交通，五次出巡，周游全国，并多次登泰山举行祭祀封禅活动。汉武帝时代，两次派张骞出使西域，开拓了“丝绸之路”，建立与西域各国的友好关系。当时国内的许多矢志求学之士，为创万世之业，读万卷书，行万里路，拓展视野，增长见识，使这一时期的科学技术、史学、文学获得较大成就。西汉时代伟大的史学家、文学家司马迁，就是学术考察旅游最早最杰出的代表。

魏晋南北朝时期，对于中国山水诗歌、游记等旅游文学创作的兴起和中国旅游发展历史都有着特殊的意义。法显所著《佛国记》和郦道元所著《水经注》都是千古不朽的名著。士人漫游、宗教旅游、学术考察旅游是其主要的形式。

隋唐时期是中国古代社会的鼎盛时期。隋唐的国内外旅游达到了鼎盛。士人漫游成风，宗教旅游盛行，国际旅游活跃，旅游文学创作繁荣是其特点。隋代的统一南北和大运河的开凿，形成了南北水路交通大动脉，隋炀帝开创了中国旅游史上帝王周游的新篇章。唐代实行了科举取士制度，士人远游成风，并出现了李白、杜甫等的诗人兼旅行家。中国同印度、日本等国僧人来往频繁，并出现了玄奘、鉴真等杰出的宗教旅行家。

宋元时期的航海旅游、贸易旅游有了很大发展。这一时期由于指南针的发明并应用于航海，促进了“海上丝绸之路”的开辟，加强了与西方各国的贸易，增进了旅游交往。旅行家、旅游文学作品层出不穷，如范仲淹的《岳阳楼记》、苏轼的《赤壁赋》、欧阳修的《醉翁亭记》等。

明清时期最为突出的旅行活动是航海旅游和科学考察旅行，留存下来的学术著作成就不凡。最杰出的航海家郑和、旅行家徐霞客、医药学家李时珍等分别留下宝贵的航海资料、千古不朽的旅游和医药名著。

在史书和文学作品中，几乎总是将“旅”与“商”连到一起。“商旅”一词在这一时期的文学作品和史料记载中几乎随处可见，说明真正在规模上占支配地位的始终是以贸易经商旅行为代表的经济目的的旅行。而以上所介绍的有关反映我国古代社会旅游发展情况的诸多名人和事件中，如以李白、杜甫为代表的士人漫游，以张骞、郑和为代表的公务旅游，以玄奘、鉴真为代表的宗教旅游，以徐霞客、李时珍为代表的科学考察旅游等，都是属于非经济目的的旅游活动，这说明中国古代旅游的形式向多样化发展，非经济目的的旅游活动逐渐扩大。

（二）中国近代旅游阶段

鸦片战争以后，闭关锁国的中国社会的大门被迫打开，国际性的经济、政治、文化思想的交往不断开展起来，国际和国内的交通发展也为这种国际交往提供了方便条件。中国近代旅游业就是在这样的背景下形成的。

中国旅游业形成的标志是中国旅行经营机构的建立。1923 年 8 月 15 日，经当时的中国政府（史称北洋政府）批准，上海商业储蓄银行总经理陈光甫在自己银行内部成立“旅行部”。1924 年春，组织了第一批国内旅游团，从上海赴杭州游览，由于人数众多，包租了专列来往运送旅游者。1925 年该旅行部又组织了第一个赴日本旅游的“观樱团”。从

1923年8月起的5年内，上海商业储蓄银行在11家外埠分行开设了旅行社分部，还先后与20家中外铁路公司、23家中外航运公司建立业务联系。上海商业储蓄银行旅行部开设了中国旅游发展史上四个第一：办理第一艘旅美学生专轮、举办国内第一个游览团、组织第一个国外游览团、发行中国第一张旅行支票。1927年6月1日，旅行部从银行独立出来，正式领取了营业执照，成立了中国旅行社，这是我国第一家旅行社。为了扩大影响，1927年中国旅行社创办了我国第一份旅游行业的专业杂志——《旅行杂志》，专门宣传祖国的风景名胜和自然风光。

与此同时，中国还出现了许多类似的旅游组织，如铁路游历经理处、公路旅游服务社、浙江名胜导游团、中国汽车旅行社等。然而，当时中国的社会基础差，生产力还十分落后，人民生活水平低，中国近代的旅游总体发展十分缓慢。旅游作为一种产业已经形成，但规模小，水平低，对国民经济的作用十分有限。

（三）中国现代旅游阶段

中国的现代旅游活动始于1949年中华人民共和国成立，但由于国内和国际政治、经济等各种原因，早期的旅游服务活动完全是出于外交的需要。中国国际旅游服务基本为“政治服务型”的模式，服务对象主要是友好国家的团体和友好人士，主要任务是为他们提供民间交往的便利方式。

1952年，“亚洲及太平洋区域和平会议”在我国召开。由于受这次会议的影响，此后来华公务和旅游的外国宾客逐渐增多。在这期间，中国旅行社虽然承担了一定的服务工作，但难以胜任当时有特别要求的政治性服务任务。在周恩来的提议下，经政务院批准，中国国际旅行社总社于1954年4月15日正式成立，并在上海、天津、杭州、南京、汉口、广州、沈阳、哈尔滨、安东、大连、满州里、南宁、凭祥、南昌成立了14家分社。根据当时的规定，中国国际旅行社的任务是“作为统一招待外宾食、住、行事务的管理机构，承接政府各单位及群众团体有关外宾事务招待等事项，并发售国际联运火车、飞机客票”。虽然在成立之时曾规定中国国际旅行社的性质为国有企业，但在实际运作中却是由国家对其实行差额补贴。每年由国家下拨一定数量的招待费用于开展工作，年终结算时，赤字部分由国家给予补贴。所以，它的主要任务在于搞好政治服务而不在于赢利。由此可见，当时的中国旅游业对国家经济的贡献微不足道。“文化大革命”期间，中国的旅游处于停滞状态。

1978—1987年，我国旅游业处于起步阶段，实现了从“外事服务型”向“经济创汇型”转变，其特征是没有市场化，属于计划配额，求大于供，外事促内事。

1978年，我国入境旅游者只有180.9万人次，旅游外汇收入只有2.63亿美元，在世界排名第41位，中国旅游业基本上是一张白纸。在这个背景下，邓小平同志从资源综合利用和经济产业高度提出要积极发展我国旅游业，当时还算了一笔账：一个旅行者1000美元，服务1000万个旅行者，就可以赚100亿美元。在他的积极倡导下，在改革开放政策的推动下，尤其是十一届三中全会关于“对外开放，对内搞活”的宣言，意味着公民可以自由、自费出入，中国旅游业从20世纪70年代末开始崛起。但由于当时中国国内经济

比较落后，国内旅游市场尚未形成规模，因此，这一阶段仍以入境旅游占主导地位。

1987年至今，旅游业处于快速发展阶段，经历了从单一入境旅游到入境旅游、国内旅游两个市场和到入境旅游、国内旅游、出境旅游三个市场的发展过程，旅游逐渐加重了其占国民经济总值的比重，旅游已成为具有相当规模的经济产业。其特征是市场逐渐成熟，竞争逐步激烈，供大于求。这一阶段，我国的旅游基础设施明显改善，如在一些发达城市的主要饭店的硬件水平已不低于甚至超过发达国家饭店的水平，外国管理公司的介入使中国饭店业迅速从原来招待所概念的管理上升到国际饭店管理模式。

1988年以后的10年中，我国的旅游业一直保持大幅度增长，入境旅游者数量的年平均增长率为33%，创汇的年平均增长率为24%。1989年春夏之际的政治风波使旅游业出现第一次滑坡，至1992年完全复苏。

1992年以后，入境旅游逐渐成熟，团队旅游增长缓慢，打破卖方市场，进入平稳发展阶段。1995年5月1日我国实行五天工作制后，国内旅游开始迅速发展。1997年3月，经国务院批复，国家旅游局、公安部联合发布了《中国公民自费出国旅游管理暂行办法》，自1997年7月1日起实施，这标志着我国出境旅游市场的形成。

2001年11月10日，我国正式成为世界贸易组织的成员，这为我国旅游业的突破性进展带来了重大机遇。2002年，我国颁布并开始实施《中国公民出境旅游管理办法》，标志着我国旅游业进入了一个全面发展的时期，出境旅游的发展是一个国家国民经济发达程度的象征，也是一个国家旅游业成熟的标志之一。截至2008年8月，与我国签订协议正式确定为中国公民出境旅游目的地的国家和地区已达135个。

经过改革开放后30多年发展，我国旅游业已日渐成为国民经济重要产业。在2008年12月的中央经济工作会议上，胡锦涛总书记强调着力发展服务消费和旅游消费。2009年，温家宝总理在《政府工作报告》中强调加快发展旅游休闲消费。从中国旅游业的发展历程可以看出，旅游业不仅在对外拓展民间外交方面作出历史性贡献，而且逐渐在增加非贸易外汇收入方面起到越来越重要的作用。

读一读

旅游，让生活更美好

——写在上海世博会启幕之际

春花放飞，万物葱茏，上海世博会今夜将拉开帷幕。世界各国、各国际组织的代表和民众，不分职业、种族、肤色与信仰，不分社会制度与富裕程度，在“城市，让生活更美好”的共同理念下，相聚在黄浦江畔，共享一场把世界文化、生态与科技成果融为一体的文明盛宴。

此时此刻，我们不禁想起159年前的往事。1851年在伦敦举行第一届世博会时，全球第一个旅行商托马斯·库克为16.5万参观者提供了交通与食宿服务，首开世界会展、节事旅游的先河。从此，每届世博会就成为一个全球性的旅游吸引物，像一个超强磁场吸引了世人的目光。人们从五湖四海奔赴举办地，实现了客源地与目的地的全球性对接。每一届世博会都在世界旅游史上留下了浓墨重彩的一页，同时强劲地推动了国际旅游、世博会举办地及其所在国的旅游大发展。

随着信息与交通的日趋发达、世界经济一体化与文化多元化的同步推进，世博会的举办地从欧美向亚洲延伸，从发达国家向发展中国家扩展，参会的国家与组织越来越多，展示的内容越来越丰富，吸引力越来越强，参观的民众越来越广泛。上海世博会是首次在发展中国家举办的一场世博盛典，也是迄今为止参加单位最多的一个盛会。192个国家、地区和50个国际组织携手鼎力共襄盛举，预计将有国内外7000万人次观摩、体验——上海世博会由此将成为有史以来规模最大、参与最广的一届世博会，必将谱写世博会历史的新篇章，同时也将开创世界旅游史上的新路碑。

2009年11月，北京国际世博论坛开幕式上，温家宝总理致辞说：“世博会开启了人类重新认识世界的窗口，引领人们从对物的崇拜转向对人的关怀、从征服自然转向尊重自然、从追求增长转向推崇可持续发展。”这是对世博会发展历程的精辟总结，是对本届世博会的精确概括，也是对今后旅游业发展的精当启示。

一个半世纪以来，世博会的主题虽然不断变化，呈现出多维视角，但其演变的脉络十分清晰：从对技术创新与产业发展的推崇，到对人类和平的憧憬，到对人性尊严的呼唤，再到对人际和谐、人与自然和谐的追求；从最初的“知识就是力量”“科技创造无限”，到20世纪“通过竞争获取和平”（1935年比利时布鲁塞尔）“通过理解走向和平”（1964年美国纽约）“人类与世界”（1967年加拿大蒙特利尔）“人类的进步与和谐”（1970年日本大阪），进入21世纪后则转为“人类、自然、科技”（2000年德国汉诺威世博会）、“自然的睿智”（2005年日本爱知世博会）；这次上海世博会的“城市，让生活更美好”，则集中体现了当代世界人类社会共同关注的焦点：敬重自然、彰显个性、尊重人的尊严，实现人与人的和谐、人与自然的和谐，创建和谐社会，走向和谐世界。

旅游本质上是不同国家、民族与地区之间人与人的交流，是人与不同形态、特质的生态环境的互动，其社会、经济、人文与生态的综合功能集中到一点，就是“让生活更美好”。“城市即人”，这句莎士比亚名言被醒目地镌刻在上海世博会“城市人馆”入口处。我们也可以套用此话，把“旅游即人”的理念融入我们每个旅游者与旅游服务者的心灵深处。

《国际展览会公约》指出，举办世界博览会是“展示人类所掌握的满足文明需要的手段，展现人类在某一个或多个领域经过奋斗所取得的进步，或展望未来的前景”，实现“教育大众”是其宗旨。

上海世博会是一个多元文化交相辉映的“地球村”，是世界跨文化交流的盛会，是永无止境的人类文明进程中的新驿站。所有参与者，从参观者到组织者、经营者、服务者和研究者，都可以从各自的角度出发，在这届世博会上观赏到、体验到、考察到、捕捉到、

感悟到不同的知识与理念。作为旅游人，我们更可以由此深入思考如何从城市建设、环境营造、科技创新、绿色低碳、精品打造、形象塑造、区域互动、社会参与、经营管理和信息服务等方面，转变旅游发展方式、提升产业素质与完善服务水平。历时184天、接待国内外观众7000万人次、日均接待40万人次的这届超常规的节事盛典，对中国旅游人来说是十分难得的经历和宝贵的财富。

旅游与城市是相伴共生的。人类经历的狩猎社会→农耕社会→工业社会→后工业社会这一漫长嬗变过程，是城市化不断演进的过程，也是旅游活动产生与不断提升的过程。近代旅游业的诞生与工业革命、商品经济的发展同步，也与城市化的加速同步。首届世博会与首家旅行社几乎同时出现在英国，并非偶然的巧合。旅游从一开始就成为城市人生活方式的组成部分。城市既是旅游客源产出的主体，也是重要的旅游目的地。城市旅游永远是不可缺少、充满活力的主题旅游产品。火热的上海世博会向人们昭示：以当代人类文明成果为核心的现代社会资源，是旅游业取之不尽、用之不竭的资源依托，推动着旅游业持续发展。

上海世博会提出的主题是：城市，让生活更美好！

在这个意义上，旅游人完全可以自豪地说：旅游，让生活更美好！

模块小结

旅游是个人前往异地以寻求审美和愉悦为目的而度过的一种具有社会、休闲和消费属性的短暂经历。旅游的本质是审美和愉悦，并具有消费、休闲和社会属性。旅游类型的划分方式多种多样。按照旅游地域范围，可分为国内旅游、国际旅游和太空旅游；按旅游者外出旅游的动机和目的，可分为观光旅游、度假旅游、商务旅游、会议旅游、探亲访友、宗教旅游、特种旅游；按旅游组织和服务形式，可划分为团体旅游和散客旅游；按旅游者消费水平，分为豪华旅游和大众旅游；按照费用来源，旅游可分为自费旅游、公费旅游和奖励旅游。

旅游的发展经历了古代旅游、近代旅游、现代旅游三个历史过程。工业革命推动了近代旅游的发展。托马斯·库克为近代旅游的发展作出了重大贡献，他将旅游活动与旅游业联系起来，使真正意义上的旅游得以诞生并迅速普及。第二次世界大战后，旅游迅速发展成为一种产业。旅游已成为当今人类社会的一种基本需要。

复习与练习

一、填空题

1. “旅游是非定居者的旅行和暂时居留而引起的现象和关系的总合。这些人不会导致长期定居，而且不会从事任何赚钱的活动。”该定义被称为________定义。

2. 旅游最为突出的两个外部特征是________和________。

3.“读万卷书，行万里路”表明了旅游活动的________属性。

4. 按旅游组织和服务形式，我们可把旅游划分为________和________两种形式。

5. ____年____月____日，上海商业储蓄银行旅行部从银行独立出来，正式领取了营业执照，成立了中国旅行社，这是我国第一个旅行社。

二、选择题

1. 从时间维度上说，旅游消费是一种________。

A. 溪流式消费　B. 井喷式消费　C. 连续式消费　D. 间歇式消费

2. ________被誉为“世界旅游业之父”。

A. 哥伦布　B. 托马斯·库克　C. 陈光甫　D. 徐霞客

3. 商务旅游的形式有________。

A. 宗教旅行　B. 会奖旅游　C. 探亲会友　D. 寻根访祖

4. 香港、澳门、台湾的游客赴中国内地旅游纳入________的范畴。

A. 国内旅游　B. 国际旅游　C. 太空旅游　D. 奖励旅游

5. 中国出现最早的旅游组织“中国旅行社”，其创始人是________。

A. 陈光甫　B. 黄炎培　C. 宋庆龄　D. 章士钊

三、简答题

1. 什么是旅游?

2. 试分析旅游的基本属性和特征。

3. 请你联系实际，谈谈旅游类型的划分。

4. 简述现代旅游迅速发展的原因。

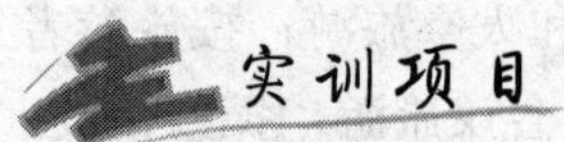

【实训名称】

旅游类型调查。

【实训内容】

前往当地著名旅游景区进行旅游类型调查

【实训步骤】

1. 了解他们的出游方式和旅游项目。

2. 分析他们的旅游活动属于何种类型。

模块五　分析旅游者——掀起您的盖头来

1. 能够熟练运用相关标准界定旅游者与非旅游者。
2. 能够自主分析旅游者的动机、类型及需求特点。

太空旅游者

2001年4月30日美国人丹尼斯·蒂托乘坐俄罗斯“联盟TM-32”宇宙飞船上天，成为人类历史上第一名太空游客之后，“太空旅游”作为一种崭新的旅游类型，就已经出现在人类旅游历史的记载中。全世界的旅游者对太空旅游的关注与期待从此拉开了序幕。而太空旅游后来的发展进程也绝没有让人失望，几年时间下来，或男或女，或老或少已经有了七名太空游客飞去又飞来，成为世界上最早体验太空旅游的人，如表5-1所示。

表5-1　　前七位太空旅游者简况

时　间	姓　名	性　别	年　龄	国　籍	费　用
2001年4月30日	丹尼斯·蒂托	男	60	美国	2000万美元
2002年4月25日	马克·沙特尔沃斯	男	29	南非	2000万美元
2005年10月1日	格雷戈里·奥尔森	男	60	美国	2000万美元
2006年9月18日	阿努谢赫·安萨里	女	40	美国	2000万美元
2007年4月9日	查尔斯·希莫尼	男	58	美国	2500万美元
2008年12日15日	理查德·加里奥特	男	47	美国	3000万美元
2009年9月30日	拉利伯特	男	50	加拿大	3500万美元

不管是传统旅游，还是太空旅游。旅游活动都离不开行为主体——人，即旅游者(Tourist)，没有旅游者便没有旅游活动，没有旅游活动便没有旅游市场，没有旅游市场便

不会有旅游业的产生和发展。为了更好地发展旅游业，提高旅游业的整体服务水平，我们必须了解旅游者。

任务驱动

任务一　旅游者

分析旅游者，首先要明晰其概念。在现实生活中，用以代指旅游活动的人的名词很多，如旅游者、游客、观光客、旅客、旅行者、宾客等，由于各种主、客观因素的影响，国际、国内旅游学界对旅游者的含义解释纷繁芜杂，每一个从事旅游活动研究的人总是力图给它以最准确的解释。一般而言，旅游者的定义，依据是否跨越国境将其分为国际旅游者和国内旅游者来进行解释。

一、国际旅游者

简单地说，国际旅游者就是离家外出到异国他乡旅行访问的人。这是一种概念性的直观理解。目前国际组织及各国旅游机构对旅游者的界定都是为了统计的需要而从技术层面作出的，并取得了一定的共识。

1. 国际联盟的规定

1937 年，国际联盟统计专家委员会曾将“国际旅游者”（Foreign tourist）表述为“离开自己的定居国到其他国家旅行访问超过 24 小时的人”，同时，还对其范围进行了明确划分。

（1）可列为国际旅游者的人员包括：

①为消遣、家庭事务或健康原因而出国旅行的人；

②为出席国际会议或作为公务代表而出国旅行的人；

③为工商业原因而出国旅行的人；

④在海上巡游时中途停靠某国登岸访问，即使逗留时间不足 24 小时的人。

（2）不能列为国际旅游者的人员包括：

①到外国谋职就业，或从事商业活动的人；

②到国外定居的人；

③到外国学习、寄宿在校的人；

④居住在边境地区而日常跨越国境到邻国工作的人；

⑤临时过境但不作法律意义上停留的人，不论其逗留时间多长。

2. 联合国的规定

1963 年，联合国在罗马举行的国际旅行与旅游会议（简称罗马会议）上，对上述定义进行了修改和补充。会议提出采用“游客”（Visitor）这一总体概念，并将其分为过夜旅游者（Tourist）和当日往返旅游者（Excursionist）。其具体定义为：

游客：除为了获得有报酬职业外，基于任何原因到一个非定居国访问的人。

过夜旅游者：到一个国家作短期访问至少逗留 24 小时的游客，其旅行目的为消遣（包括娱乐、度假、疗养、保健、学习、宗教、体育活动等）或工商业务、家庭事务、公务出差、出席会议。

当日往返旅游者（亦称“一日游游客”）：到一个国家作短期访问逗留不足 24 小时的游客（包括海上巡游中的来访者，即使游船在港口停留几天，然而船上乘客每天都回船上过夜，他们对所访问的地区或国家来说都是一日游游客）。

1976 年，联合国统计委员会在有世界旅游组织以及其他国际组织代表参加的会议上，进一步明确了 Tourists、Excursionists、Visitors 的技术性定义。世界旅游组织于 1975 年成立后采纳了罗马定义，因为它是为大多数国家在进行旅游者统计时所依据的主要蓝本。目前世界各国对于国际入境旅游者的界定，原则上已形成共识，人们通常也将这一定义称为世界旅游组织的解释。

3. 我国行政部门的规定

1978 年以后，随着对外开放政策的实施和服务入境旅游的发展，我国的旅游统计工作也开始着手进行，国家统计局和国家旅游局曾对国际旅游者的相关概念作出如下规定：

国际旅游者（又称海外游客，或境外游客）是指来我国观光、度假、探亲访友、就医疗养、购物、参加会议或从事经济、文化、教育、宗教活动，连续停留时间不超过 12 个月，且其主要目的不是通过所从事活动获取报酬的外国人、华侨和港澳台同胞。其中：

外国人：指属于外国国籍的人，包括加入外籍的中国血统的华人。

华侨：指持有中国护照，但侨居外国的中国同胞。

港澳台同胞：指居住在我国香港特别行政区、澳门特别行政区和台湾省的中国同胞。

不能列为国际旅游者的人员包括：

①应邀来华访问，由部长以上人员率领的党、政、军、议会代表团成员；

②外国驻华使、领馆官员及其随行人员；

③驻期长达一年以上的外国专家、留学生、记者、商务机构人员等；

④乘坐国际航班过境，不需要通过护照检查进入我国口岸的中转旅客与机组人员；

⑤因日常工作和生活在边境地区往来的居民；

⑥归国定居的华侨、港澳台同胞；

⑦到我国定居的外国人和原已出境又返回我国定居的外国侨民；

⑧归国的我国出国人员。

我国对国际旅游者的现行界定并未将在亲友家过夜的来华旅游者包括在内，因而关于国际游客人次的统计数字可能低于实际规模。除此之外，其他定义及解释的内容与国际组织的表述都大致相同。可以说，世界上目前对国际旅游者的界定在原则上已经有了统一的认识。

二、国内旅游者

世界各国基本上赞同罗马会议对国际旅游者所下的定义，但对国内旅游者统计标准和界定目前尚未取得一致，世界上不同国家对国内旅游者的定义多是参照世界旅游组织的规定，针对本国的具体情况给出的。

1. 世界旅游组织的规定

1984 年，世界旅游组织对国内旅游者的定义是：为了娱乐、度假、体育活动、公务、集会、会议、学习、探亲访友、保健、慈善工作或宗教目的而在自己定居的国家对某个目的地进行至少 24 小时但不足一年的访问旅行者。世界旅游组织并采用与国际旅游者基本相同的界定标准，将国内游客划分为过夜国内旅游者（Domestic tourist）和不过夜国内旅游者（Domestic excursionist）。

过夜国内旅游者：在本国国内旅行超过 24 小时但少于一年的人，其目的为休闲、度假、体育、商务、会议、学习、疗养、宗教、探亲访友等，不包括那些外出就业者。

不过夜国内旅游者：出于以上任何目的在访问地逗留不足 24 小时的人。

2. 我国的有关规定

在我国的国内旅游统计中，对有关概念的现行界定如下：

凡纳入国内旅游统计范围的人员统称为国内旅游者，它是指任何因休闲、娱乐、观光、度假、探亲访友、就医疗养、购物、参加会议或从事经济、文化、体育、宗教活动而离开常住地到国内其他地方旅行访问，连续停留时间不超过 6 个月，并且主要目的不是通过所从事的活动获取报酬的人。

国内旅游者又分为过夜国内旅游者和不过夜国内旅游者两类：

过夜国内旅游者：指我国大陆居民离开常住地，在国内其他地方的旅游住宿设施内停留至少一夜，最长不超过 6 个月的国内游客。

不过夜国内旅游者（亦称“国内一日游游客”）：指我国大陆居民离开常住地 10 公里以外，出游时间超过 6 小时又不足 24 小时，并未在国内其他地方的旅游住宿设施内过夜的国内游客。

不能列为国内游客的人员包括：

①到各地巡视工作的部级以上领导；

②驻外地办事机构的临时工作人员；

③调遣的武装人员；

④到外地学习的学生；

⑤到基层锻炼的干部；

⑥到其他地区定居的人员；

⑦到外地务工的农民；

⑧无固定居住地的无业游民。

尽管目前各国在进行旅游统计时，采用的界定标准依然各行其是，但在概念性定义上，对国内旅游者的认识并未有大的分歧。因此，国内旅游者实际上就是出于就业和移民以外的任何原因，暂时离开定居地到国内其他地方进行旅行访问的人。

任务二 旅游者产生的条件

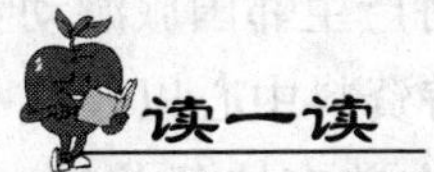

读一读

我想去桂林

在校园的时候曾经梦想去桂林
到那山水甲天下的阳朔仙境
漓江的水呀常在我心里流
去那美丽的地方是我一生的祈望
有位老爷爷他退休有钱有时间
他给我描绘了那幅美妙画卷
刘三姐的歌声和动人的传说
亲临其境是老爷爷一生的心愿
我想去桂林呀我想去桂林
可是有时间的时候我却没有钱
我想去桂林呀我想去桂林
可是有了钱的时候我却没时间

旅游是一种比较特殊的消费行为，旅游消费者的产生因而有别于一般商品的消费者。旅游行为的实现是外部旅游条件和旅游者内部心理因素共同作用的结果，旅游者的产生既取决于其所具有的客观条件，又取决于其本人的主观条件。

一、旅游者产生的客观条件

旅游者产生的客观条件涉及社会生活的各个方面，其中两个最重要的条件是可自由支配的收入水平和闲暇时间。旅游活动发展的历史也足以证明，大众化旅游之所以在西欧和北美率先兴起，是同西欧和北美国家国民收入水平的提高和带薪假期的增加分不开的。

1. 可自由支配的收入水平

一个人能否成为旅游者，其在旅游时的消费水平的高低和消费结构的状况，以及对旅游目的地和旅游方式的选择等，均取决于其可自由支配的收入水平。可自由支配的收入(Discretionary Income）是指个人或家庭收入中扣除全部税收及社会消费（健康人寿保险、老年退休金和补贴的预支等）以及生活之必须消费部分（衣、食、住、行等）之后余下的收入。旅游支付就是由此产生的。

一般而言，个人或家庭的可自由支配收入越高，其成为旅游者出游的可能性就越大。当一个家庭的收入不足以购买生活必需品时，该家庭会很少外出旅游。只有超过这一临界点，该家庭用于旅游的消费才会迅速增长。研究表明，当人均国民生产总值达到 800～1000 美元时，居民将普遍产生国内旅游动机；达到 4000～10000 美元，将产生邻国旅游动机；超过 10000 美元，将产生全球旅游动机。美国人口统计局、美国旅游资料中心以及很多市场调研公司的调查结果都表明，人们的外出旅游与家庭收入水平存在着直接的关系。在美国，年收入在 15000 美元以上的家庭外出旅游的可能性，是年收入在 5000 美元以下家庭外出旅游数量的 5 倍。

2. 闲暇时间

人们的时间常分为四类：工作时间、生理上需要调剂的时间、家务和社会交往时间、闲暇时间。闲暇时间是指人们除去谋生和自我生存所需时间（如工作、睡觉、吃饭以及必需的用于日常琐事的时间）以外，留下的可以用来娱乐、消遣或其他活动的时间。联合国《消遣宪章》规定闲暇时间是指“个人完成工作和满足生活要求之后，完全由他本身支配的一段时间”。

按时间的长短，闲暇时间可划分为每日工作之后的闲暇时间、周末闲暇时间、假日闲暇时间。每日工作之后的闲暇时间由于过于短暂和零散，不适宜用做旅游时间，只可用来进行一般的娱乐和休息，诸如看电影、电视、闲谈等；周末闲暇时间则可以用于近距离旅游度假；假日闲暇时间包括公共假日和带薪假期，一般长于周末闲暇时间，可用于中长距离旅游。

带薪假期

目前，经济发达国家大都规定对就业员工实行带薪休假制度。法国是第一个以立法形式规定就业员工带薪水休假的国家。可以这样认为，公共假日、带薪假日已经成为一个国家的法定福利。德国雇员每年平均带薪假日为 25～30 天，是当之无愧的世界冠军。有人仔细算了一下，德国人每工作两天就能休息。相当长的余暇时间成为这些国家旅游活动发展的最佳催化剂。

3. 其他条件

收入水平和闲暇时间是旅游者实现其旅游行为的两个必要条件，只有这两个条件同时具备时，才能产生出旅游者，否则只具其一，不具其二，那就只能是潜在的旅游者。但从实践看并不充分，其他条件如一个人的身体能力状况、家庭状况，以及旅游交通条件、旅游点的社会治安情况、政府对待旅游发展的态度等都会影响到潜在旅游者向现实旅游者的转变。

二、旅游者产生的主观条件

经济社会的发展、可自由支配收入和闲暇时间的增加以及人们审美意识的提高，促进了旅游作为一种社会现象的产生，这种外部客观条件的历史演变促进了人类外出旅游动机的形成。对于一个具体的人来说，能不能成为旅游者，则取决于他的旅游动机。不难想象，一个人即使拥有足够的可自由支配收入和闲暇时间，但如果他没有外出旅游的主观愿望，也不会成为一个旅游者。只有当人们确认旅游是一种合理而值得消费的活动时，才会把钱和时间投放到旅游市场中去。

（一）旅游需要

旅游需要是人们外出旅游的内在驱动力，是一种心理上、精神上的需要。人的行为是由动机支配的，动机又是由需要引起的。美国著名的心理学家马斯洛（Abraham H. Maslow）1943 年出版了《人的动机理论》一书，提出著名的需要层次理论，他认为人有五个层次的需要：生理需要、安全需要、社交需要、尊重需要、自我实现需要，如图 5－1所示。

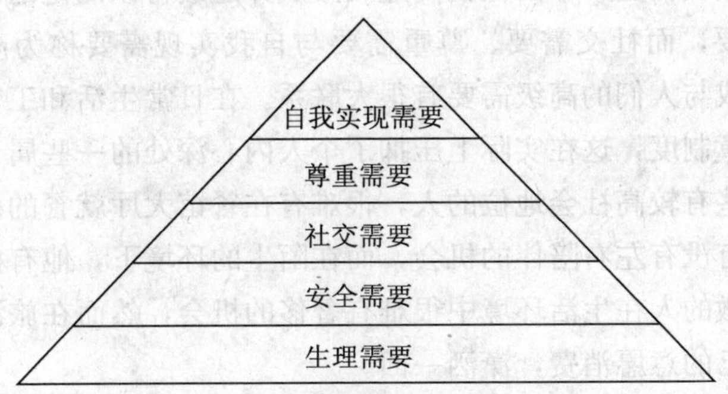

图 5－1　马斯洛需要层次理论

1. 生理需要（Physiological Needs）

生理需要指维持人类自身生命的基本需要，包括食物、水、住所和睡眠以及其他方面的生理需要。马斯洛认为，“人是永远有需要的动物”，在一切需要之中生理需要是最优先的。如果一个人为生理需要所控制，那么其他需要均会被推到次要地位。“对于一个处于极端饥饿的人来说，除了食物没有别的兴趣。”

2. 安全需要（Safety Needs）

生理需要得到满足后，安全需要即成为主要需要，这是一种免于身体危害的需要。安全需要包括许多方面：心理安全，如希望解脱监督的威胁，避免不公正的待遇等；劳动安全，如希望工作安全、不出事故，环境无害等；职业安全，如希望免于天灾战争、破产等；经济安全，如希望医疗、养老、意外事故有保障。这种需要得不到满足，人就会感到威胁与恐惧。

3. 社交需要（Society Needs）

社交需要包括友谊、爱情归属及接纳方面的需要，是人要求与他人建立情感联系，如结交朋友、追求爱情的需要。爱的需要包括给他人的爱和接受他人的爱。这种爱体现在互相信任、深深理解和相互给予上，包括给予和接受爱。社交的需要与个人性格、经历、生活区域、民族、生活习惯、宗教信仰等都有关系，这种需要是难以察悟、无法度量的。

4. 尊重需要（Esteem Needs）

人的归属感一旦得到满足，他们就要求受到别人的尊重。尊重需要包括内部尊重需要和外部尊重需要。内部尊重因素包括自尊、自主和成就感；外部尊重因素包括地位认可和关注等。尊重需要得到满足会使人体验到自己的力量和价值，而尊重需要得不到满足会使人产生自卑和失去自信心。

5. 自我实现需要（Self Actualization Needs）

自我实现需要指个人的成长与发展、发挥自身潜能、实现理想的需要。这是一种追求个人能力极限的内驱力，能最大限度地发挥自己的潜能，不断完善自己，完成与自己能力相称的一切事情，是人类最高层次的需要。

需要的这五个层次，是一个由低到高逐级形成并逐级得以满足的。生理需要与安全需要称为较低级的需要，而社交需要、尊重需要与自我实现需要称为高级的需要。一般来说，旅游动机的形成与人们的高级需要有很大联系。在日常生活和工作的环境中，人们必须遵守一系列的规章制度，这在实际上压抑了个人内心深处的一些属于中性的本能性欲望的满足。比如，一些有较高社会地位的人，很难有在餐馆大厅就餐的机会，很难有纵情高歌的机会，也很难有没有左右陪伴的机会，而在陌生的环境下，他有机会体验常人的这些生活。一个收入低微的人在生活环境中很难有奢侈的机会，然而在旅游中，他可以摆脱平日的束缚，按照自己的意愿消费，潇洒一回。

中国成为世界第四大国际旅游消费国

根据联合国世界旅游组织公布的最新统计显示，中国游客 2009 年在中国境外共消费了 437 亿美元。中国游客海外消费超越法国，列世界第四位。

据统计数字表明，在西方各国深受金融危机影响的 2009 年，中国游客的境外消费总额比前一年增加了 75 亿美元，增幅达 21%。巨额消费推动中国在全球国际旅游消费榜上的排名由 2008 年的第五名向前迈进了一位。德国、美国和英国分别列为 2009 年国际旅游消费榜的前三位。

10 年前，中国仍是一个旅游目的地，而现在的中国已经成为其他国家争夺的旅游市场。从 2000 年开始，中国出境旅游人次就一直在以平均每年 22%的速度增长，世界旅游

组织估计，至2020年，中国每年赴境外旅游人数将可高达1亿人次。目前，亚洲国家和地区仍是中国游客的首选目的地，不过随着签证政策的放宽，欧洲和美国也日益成为中国游客的选择。

（二）旅游动机

所谓旅游动机就是指一个人外出旅游的主观愿望，是直接推动人们作出旅游决策、参与旅游活动的内在驱动力。它是旅游需求的表现形式，是促发和指导旅游活动的心理过程。在人们的旅游活动中，旅游动机是非常丰富和复杂的。关于旅游动机的形成原因，西方学者认为，人天生具有好奇心，寻求新的感受驱使旅游者走向异国他乡，了解各方面的知识，得到新的经历，身临其境地接触各地人们，欣赏自然风光，体验异域文化等，从而成为人们外出旅游的原始动力。旅游动机不仅决定人们是否外出旅游，而且决定人们到何处去、作何种旅游。

对旅游动机的分析，可以达到认识旅游者行为的目的。具体地说，旅游动机对旅游行为有三个作用：第一，旅游动机对旅游行为的启动作用；第二，旅游动机对旅游行为过程中的规范作用；第三，旅游动机的变化将对旅游行为产生影响。

1. 旅游动机的类型

现代社会生活需求的多样性和复杂性决定了人们旅游动机的丰富多样，而对于旅游动机分类，中外学者也是众说纷纭。美国的罗伯特·W. 麦金托什把人们的旅游动机划分为四种类型。

（1）身体方面的动机，包括休息、运动、游戏、治疗等动机。这类动机的特点是以身体的活动来消除紧张和不安。

（2）文化方面的动机，包括了解和欣赏异地文化、艺术、风俗、语言和宗教等动机。这类动机表现出了一种求知的欲望。

（3）交际方面的动机，包括在异地结识新的朋友、探亲访友、摆脱日常工作、家庭事务等动机。这类动机常常表现出对熟悉环境的厌倦和反感以及逃避现实和免除压力的欲望。

（4）地位和声望的动机，包括考察、交流、会议以及从事个人兴趣和学术研究等动机。它的特点是在进行旅游活动的交往中处理好人际关系，满足其自尊、被承认、被注意、能施展其才能、取得成就和为人类作贡献的需求。

由于旅游是一种综合的象征性的行为，可满足人们的多重需要，因此，在现实生活中，人们外出旅游很少只是出于一个旅游动机，往往是多种旅游动机的集合。

2. 影响旅游动机的因素

旅游动机尽管受到各种因素的影响，但总是存在着一定的趋向性和规律性，我们可以从以下几个方面加以分析：

（1）性别：男人和女人在生理特点上的不同，以及他们在家庭和社会方面所处的地位和作用不同，表现在旅游动机上就有很大的差异。一般而言，男性多把动机付诸实施，女性多犹豫、迟滞、稳重。

(2) 年龄：青年人好奇心强，产生旅游动机较容易，实施也快；中年人具有较多的生活经验，他们的旅游动机大都求实求稳；老年人喜爱清静和交通方便的旅游名胜区，同时对满足其怀古或访友需要的旅游景点情有独钟。

(3) 健康状况：旅游者身体健康状况影响旅游动机的产生及强度。

(4) 经济能力：旅游活动需要花费大量的钱财，需要以一定的经济收入做后盾。人们可自由支配收入的多少和旅游费用的高低直接影响旅游活动的范围和旅游动机的形成。

(5) 余暇时间：余暇时间是人们外出旅游的必要条件。有无余暇时间以及余暇时间的多少对旅游动机的形成和种类都有重要影响。

(6) 心理因素：旅游者个人的爱好、兴趣、专业、对生活的态度、对周围环境的知觉、受教育程度及家庭等各方面因素都会影响到旅游动机的形成。

任务三　旅游者的类型及特点

读一读

2006年德国海外旅游支出总额居世界第一

据德国联邦经济部网站消息，在柏林旅游节即将开幕之际，德国政府旅游事务专员Hinsken在联邦议院发言时指出，随着世界旅游业市场回暖，德国旅游业已成为推动经济增长的积极因素。

2005年，德全国旅店过夜人次达3.5亿，同比增长2%，其中5100万人次来自国外，同比增长10%。旅游业营业额达260亿欧元，创造了280万个就业岗位和11万个培训岗位。据世界旅游组织预测，至2020年，世界旅游市场将年均增长4%，德国旅游市场前景看好。同时，德国人也是世界最爱旅行的民族，2005年德国海外旅游支出超过620亿欧元，居世界首位。

由于个性心理特征以及其他客观条件的差异，旅游者的旅游活动表现丰富多彩。因此，我们按不同的标准，可将旅游者划分为不同的类型，而且不同类型的旅游者，其需求特点也各有差异。因此，研究不同类型旅游者的特点，对做好服务工作是非常重要的。

一、旅游者的类型

旅游者的类型划分常常是与旅游活动的类型划分联系在一起的。有何种类型的旅游活动，就有何种类型的旅游者。因此，同旅游活动的划分一样，旅游者的类型划分也没有固

定的标准。常用的旅游者类型划分方法主要有以下几种：

（1）按旅游目的划分，有观光型旅游者、消遣型旅游者、家庭事务型旅游者、文化知识型旅游者、公务型旅游者、医疗保健型旅游者等；

（2）按地理范围划分，有国内旅游者、国际旅游者、太空旅游者等；

（3）按消费水平划分，有经济型旅游者、标准型旅游者、豪华型旅游者等；

（4）按组织形式划分，有团体旅游者、散客旅游者、自助旅游者等；

（5）按计价方式划分，有全包价旅游者、半包价旅游者、非包价旅游者等；

（6）按旅游费用来源划分，有自费旅游者、公费旅游者等；

（7）按旅游交通划分，有航空旅游者、铁路旅游者、汽车旅游者、游轮旅游者等；

（8）按年龄划分，有青少年旅游者、中年旅游者、老年旅游者等。

除了上述技术标准外，还可从人口统计、客源地、旅行距离等很多方面对旅游者进行分类。不论应用何种技术标准，目的都是更好地认知旅游者，为旅游服务工作提供实践依据。

读一读

2009年全年入境旅游

2009年入境旅游的目的，如表5-2所示。

表5-2　**2009年1～12月入境旅游目的**　（单位：万人）

合　计	会议/商务	观光休闲	探亲访友	服务员工	其他
2193.75	523.72	1013.27	8.01	227.37	421.38

2009年入境旅游外国人特征分析，如表5-3所示。

表5-3　**2009年1～12月入境旅游外国人特征**　（单位：万人）

合　计	年龄					性别	
	14岁以下	15～24岁	25～44岁	45～64岁	65岁以上	男	女
2193.75	92.05	171.90	1004.28	796.56	128.96	1430.15	763.60

二、旅游者的特点

在旅游活动中，旅游者往往表现出丰富多样的类型，但为了研究的方便，人们常常按旅游者的旅游目的来进行分类并研究旅游者的特点。

（一）消遣型旅游者的特点

消遣型旅游者的特点是无任何负担、任务和压力，以松弛精神、享受临时变换环境所带来的游乐和消闲为主要目的。它具有以下几个特点：

（1）在全部外出旅游人数中所占的比例最大。2000 年国家旅游局的抽样调查分析发现，到我国内地访问的入境旅游者中，观光度假者占 36.5%，而据世界旅游组织的统计这一比例高达 42%。

（2）季节性很强。除退休者外，所有在职人员几乎都是利用带薪假期外出旅游，几乎都会选择旅游目的地最好的季节。

（3）拥有较大程度的选择自由。从需求特点来看，消遣型旅游者倾向于新鲜、好玩、舒适，因此，他们在选择旅游目的地、旅游时间以及旅游方式等方面自由度较大。

（4）寻求经济实惠。由于自费的缘故，消遣型旅游者大都对价格比较敏感，旅游产品的价格是其考虑的重要因素。

（5）旅游时间较长。消遣型旅游者的目的是消遣度假，且受时间限制并不严格，因此他们在旅游目的地停留时间一般较长。

（二）商务旅游者的特点

商务旅游者大多是以经商为目的，或是为了营销和业务交流，或是参加大型交易会，或是考察当地商业环境和商情，订立商务合同等。入境商务旅游者具有较高的经济地位和社会地位，所以对于提升旅游地的知名度、美誉度起着重要作用。他们常有以下特点：

（1）商务型旅游者人数少，与入境观光旅游者相比，入境商务旅游者的旅游期限短，出行次数频繁。

（2）商务旅游者出行是出于工作或业务的需要，没有季节性。

（3）商务旅游者对目的地选择的自由度非常有限，主要由工作需要或他人决定。

（4）商务旅游者消费水平较高。商务旅游的费用一般都是由公司或业务单位开支，因而消费水平高，当然，对旅游产品和服务质量要求较高。

（三）家庭事务型旅游者的特点

为探亲访友、联系工作、疗养治病、购物等家庭事务而外出旅游的人通常归为这一类。这类旅游者的需求特点比较复杂，常利用带薪假期探亲访友，以节省旅游费用；在旅游时间和旅游目的地选择方面缺少自由度，往往全家同行和在传统节假日外出；在旅游消费方面，表现为对旅游价格非常敏感，精打细算。

（四）特殊旅游者

特殊旅游是在观光旅游和度假旅游等常规旅游基础上发展而来的新兴旅游形式。它主要是为满足旅游者某方面的特殊兴趣与需要，定向开发、组织的一种特色专题旅游。除了具有暂时性、异地性等旅游的一般特性外，更主要的是运用专业知识和技能实现旅游目标，如体育旅游、自驾车旅游、探险旅游、科学考察旅游等。特殊旅游者特别强调精神上的满足与享受，对旅游行程有很高的自主性，而食、住方面要求较为简单，一般只求干净

整洁、卫生适口。

上述旅游者分类只是一种静态的理论上的分析。在实际的旅游服务工作中，我们要根据实际情况，对各类旅游者进行更细致的专门分类，并注意研究旅游者的需求心理，以满足旅游者提高旅游服务质量和旅游组织提高经济效益的需要。

三、旅游者的流动规律

旅游是旅游者暂时离开熟悉的环境到另一个环境的感知过程。旅游资源时空环境的差异性，决定了旅游者的流动具有一定的规律性。

1. 近距离流动多，远距离流动少

从旅游业发展的历程来看，旅游者的旅游活动主要集中在邻近国家或地区。如日本人的传统出国旅游目的地主要是邻近的夏威夷、韩国、中国、泰国等东亚、东南亚国家；美国的旅游者则主要集中在加拿大、墨西哥以及南美洲等邻近国家。之所以出现这一现象，主要是因为旅游者近距离流动省钱、省时、方便，同时在生活习惯及文化传统方面较为接近。因此，我国一直把日本、韩国等亚洲近邻国家作为重点客源国，而把美国、澳大利亚、加拿大等国家则作为地理上争取的重点。

2009 年 1～12 月累计我国入境旅游主要客源市场情况（万人），如表 5－4 所示。

表 5－4　**2009 年入境旅游客源情况**　（单位：万人）

国家	日本	韩国	俄罗斯	美国	马来西亚	新加坡	菲律宾	蒙古	澳大利亚	加拿大
排名	1	2	3	4	5	6	7	8	9	10
人数	331.75	319.75	174.3	170.98	105.9	88.95	74.89	57.67	56.15	55.03

2. 流向风景名胜区和政治经济文化中心

风景名胜区是指具有观赏、文化或科学价值，自然景观、人文景观比较集中，环境优美，具有一定规模和范围，可供人们游览、休息或进行科学考察、文化活动的地区。它对旅游者具有很强的吸引力，每年都有大量的旅游者从世界各地流向风景名胜区。在风景名胜区，旅游者可以感受到它的自然美、艺术美和社会美，从而得到身心的放松和愉悦。

一个国家或地区的政治经济文化中心，往往汇集了该国或该地区社会、经济、文化等各方面的精华，又集中了大量的人文旅游资源（如北京的故宫、长城等），具有很高的知名度。同时，政治经济文化中心也是一个国家或地区的象征，旅游者往往都有这样一种观念，不到它的政治经济文化中心，就等于没有到过这个国家，如“不到伦敦，就等于没到过英国”、“不到巴黎，就等于没有去过法国”、“不到北京，就等于没来过中国”。

3. 发达地区和欠发达地区间的相互流动

欠发达地区人们可自由支配的收入非常有限，外出旅游的可能性很小。而发达地区人均可自由支配的收入水平相对较高，产生旅游的客观条件较好，再加上发达地区往往存在着严重的工业污染和生态环境的急剧恶化，因此，发达地区成为旅游客源的主要输出地。人们往往为了摆脱嘈杂的环境，呼吸清新的空气，投身大自然的怀抱，成为流向欠发达地区的旅游者的首选。

发达地区拥有代表当今社会发展水平的各种现代文明，如美丽的乡村景观、现代化的城市风貌，这些独特的旅游资源深深地吸引着广大欠发达地区的人们。一旦旅游者产生的条件成熟，这些发达地区就成为他们旅游的首选目的地，如近些年中国、泰国、菲律宾等亚洲国家许多居民赴欧美旅游。

4. 发达地区间的相互流动

发达地区之间的经济联系较为密切，商务旅游者人数非常多，这使得旅游者在经济发达地区之间流动频繁。特别是国际旅游，旅游者移动的主流是在发达国家和地区之间流动，作为发达国家集中的两大旅游区（欧洲旅游区和美洲旅游区）一直是国际旅游的重心；同时，在国际旅游客源的输出方面，发达国家和地区也是贡献最多的。

5. 不同气候地区间的相互流动

气候对旅游者的流向有着重要影响。在冬季，人们往往为避寒而到温暖的地区去旅游；夏天，旅游者则选择天气凉爽的地区消暑。每年 12 月到次年 4 月是夏威夷的旅游旺季，一是因为北美正是冰天雪地，寒风刺骨，大批的旅游者来此避寒；二是因为澳大利亚和新西兰等大洋洲国家的旅游者纷纷从炎热的南半球来此消暑。我国的海南岛，终年长夏无冬，是冬季避寒的理想目的地，日本、韩国以及俄罗斯的旅游者成为海南国际旅游客源的主流。

全球最佳游客评选：中国游客倒数第三

2007 年 5 月 23 日公布的一项调查表明，日本人因爱干净、有礼貌，高票当选“最佳游客”。排在第二位的是美国游客和瑞士游客。而这个世界上最糟糕游客的“桂冠”，被戴到了法国游客头上。印度游客和中国游客也很“不幸”地被排在最差游客的第二、第三名。

世界游客大调查：日本人最佳，法国人最差

拥有众多旅游资源的欧洲，每年要接待难以计数的游客。这些游客来自世界各地，他们在旅游过程中的行为也给当地旅馆经营者留下了非常不同的印象。23 日公布的一项调查表明，日本人是世界上最好的游客，其次是美国游客和瑞士游客。

日本、美国、瑞士位列前三甲

据报道，这项调查是由一家旅游网站发起的，共有1.5万名欧洲的旅馆经营者接受了这次调查。

根据23日公布的结果，日本游客因爱干净、有礼貌，以高票当选“最佳游客”。

排在第二位的是美国游客，他们比日本游客少了35%的选票。瑞士游客则以安静和为他人考虑著称，排在第三位。

英国游客粗鲁、爱吵闹

英国游客则以行为粗鲁、爱吵闹和给小费吝啬，被排在倒数第五位。事实上，就连英国的旅馆经营者也认为，自己的同胞属于行为最糟糕、最没有礼貌的游客之一。

调查结果显示，从给服务人员小费的数目来看，英国游客是世界上第五“吝啬”的。同时，英国游客还登上了最差着装的第二位，以及最喜欢抱怨的第三位。

法国游客最糟糕

虽然英国游客排在最差游客名单中的第五位，不过这比起5年前已经算是有些进步了。在5年前的一个类似调查中，英国人曾被评为是世界上最糟糕的游客。

如今，这个世界上最糟糕游客的“桂冠”，被戴到了法国游客头上。排在法国人之后的则是印度游客，中国游客排在第三位。

德国游客给小费最少

虽然英国游客有诸多坏习惯，但他们在旅游方面的花销却很慷慨，在调查中被认为是世界上第三大旅游消费者，仅次于美国游客和俄罗斯游客。

调查结果还显示，穿着最糟糕的是美国游客，而给小费最少的则是德国游客。

卡罗琳·卡特里尔瑞是进行这项调查的旅游网站的负责人，她表示：“发现英国游客在全世界的排名没有太多改变，这确实让人感到失望。国外的旅馆经营者依然把英国人看成吵闹、邋遢、穿着糟糕的游客。不过，让人感到欣慰的是，大家都觉得英国游客在旅游花销上很慷慨。”

模块小结

本模块主要对旅游者进行了较为系统、全面的阐述，涵盖了旅游者界定的技术标准，旅游者产生的客观条件和主观条件，旅游者的类型划分技术及其特点，以及旅游者的流动规律。学习和掌握旅游者，目的只有一个，那就是为了能更好地有针对性地为目标旅游者提供高质量的旅游服务。

复习与练习

一、填空题

1.1937年，国际联盟统计专家委员会曾将“国际旅游者”表述为“离开自己的定居国到其他国家旅行访问超过________小时的人”。

2. 美国心理学家亚伯拉罕·马斯洛提出的需要层次论将人的需要分为________、________、________、________、________。

3. ________就是一个人外出旅游的主观愿望，是直接推动人们作出旅游决策、参与旅游活动的内在驱动力。

4. ________和________是旅游者实现其旅游行为的两个必要条件，只有这两个条件同时具备时，才能产生出旅游者。

5. 按旅游费用来源，可将旅游者划分为________、________。

二、选择题

1. 下列哪一项可列为国际旅游者的人员________。

A. 到外国谋职就业，或从事商业活动的人

B. 到外国学习、寄宿在校的人

C. 居住在边境地区而日常跨越国境到邻国工作的人

D. 在海上巡游时中途停靠某国登岸访问，即使逗留时间不足 24 小时的人

2. ________指个人或家庭收入中扣除全部税收及社会消费（健康人寿保险、老年退休金和补贴的预支等）以及生活之必需消费部分（衣、食、住、行等）之后余下的收入。

A. 人均国民收入　　B. 年收入

C. 可自由支配的收入　　D. 工资收入

3. ________是指“个人完成工作和满足生活要求之后，完全由他本身支配的一段时间”。

A. 工作时间　　B. 生理上需要调剂的时间

C. 家务和社会交往时间　　D. 闲暇时间

4. 根据旅游活动的地理范围，可将旅游分为________。

A. 国际游客　　B. 国内游客

C. 太空旅游者　　D. 不过夜旅游者

5. 罗马定义将到一个国家作短期访问逗留不足 24 小时的游客称为________。

A. 过夜旅游者　　B. 当日往返旅游者

C. 过境游览者　　D. 短程游览者

三、简答题

1. 试析按旅游目的划分的旅游者类型的特点。

2. 什么是旅游动机？影响旅游动机的主要因素有哪些？

3. 如何理解成为现实旅游者的条件？

4. 简述旅游者的流动规律。

实训项目

【实训名称】

旅游者调查。

【实训内容】

到当地著名旅游景区进行旅游者问卷调查。

【实训步骤】

1. 了解他们出游的原因及动机。
2. 对他们的旅游者类型和特点进行分析，形成旅游者调查与研究报告。

模块六　旅游组织——旅游业及其管理的守门人

1. 熟练运用旅游业的性质和特点来认识和预测所在区域旅游业的发展现状和趋势。
2. 了解和认识国内和国际主要旅游组织。

国家旅游局局长邵琪伟：用“大旅游”推动中国旅游产业发展

“全球旅游正在走向新的发展阶段。这需要我们用更加睿智的眼光把握机遇、迎接挑战，在努力增进人类福祉的进程中提升旅游业的整体价值。”国家旅游局局长邵琪伟在第十届世界旅游旅行大会（WTTC）期间表示，旅游业不仅是增加外汇收入、扩大内需、促进消费、拉动相关产业发展的经济产业，而且是提升人民生活品质、促进文化交流、扩大对外开放、增加社会福祉的综合性产业。

旅游业是世界经济增长的新引擎、社会发展的长期动力

根据世界旅游业理事会的测算，旅游已经超过汽车、石油等传统产业，成为世界经济中产出规模和就业容量均位居前列的产业。尽管目前还面临着环境和社会的诸多挑战，但任何一次危机发生后，旅游业的复苏是最快的。无论是2003年的“非典”，还是2008年的国际金融危机，事实证明旅游业是复苏快、持续发展能力强、对世界经济贡献很大的产业。

旅游业就业层次多，吸纳就业能力强。联合国世界旅游组织研究表明，到2020年，全球旅游业可以提供3亿个直接就业岗位。在我国，旅游业的直接从业人员有1100万人次，同时还创造了约5000万人次的间接从业机会。

中国旅游业对世界旅游业的恢复和发展，起到了积极作用

据邵琪伟介绍，持续快速发展的中国经济和稳定增长的居民收入促进了中国出境旅游

的蓬勃发展。目前，我国已成为亚洲最大的客源国。2009年，我国为国际旅游市场输送了4766万人次的客源。

“尽管今年中国旅游服务贸易逆差可能会达到60亿元，面临较大压力，但中国政府仍将持续保持有序发展出境游市场的政策。”邵琪伟说。据预测，5～10年后，中国国内旅游会达到2.8亿人次/年，入境旅游达到1亿人次/年，特别是出境旅游将快速增长，达到并超过1亿人次/年。

“按照现在的测算，1个中国游客平均在境外消费额为1000美元/次。也就是说，五六年后中国的游客在境外要消费掉1000亿美元，这1000亿美元是现实可计算的，它背后会拉动一个产业链的发展。”邵琪伟说。正是中国这个快速发展的旅游市场，使得各个国家和国际组织开始重视中国。

邵琪伟表示，世界旅游组织的秘书长和一些主要旅游国家的旅游部部长们都认为，在抵御国际金融危机方面，中国政府采取了非常正确的、有力有效的措施。在全球旅游业普遍显现颓势的情况下，中国旅游业出现了持续增长的势头。这样一个增长势头会影响到亚太地区，特别是周边国家和地区。这对于全球旅游业的发展，起到了稳定的支撑性作用。

旅游业发展正在进入国家战略体系，并将迎来新的黄金发展期

中国政府于2009年年底正式颁布了《关于加快发展旅游业的意见》，明确提出“要把旅游业培育成国民经济的战略性支柱产业和人民群众更加满意的现代服务业”。这意味着，旅游业发展正在融入国家战略体系，中国旅游业正进入新一轮快速发展阶段。

邵琪伟谈到，要把旅游业培育成战略性支柱产业，近期必须要完成几项工作。

在整个旅游业的布局方面，要用大旅游的思想来推动发展，必须使旅游业更好地和相关产业融合发展。比如，要和第一产业——农业协调发展。“我们现在大力推动乡村旅游，在‘农家乐’的基础上发展乡村旅游。中国的旅游资源70%左右在广大的农村、山区和少数民族地区，一部分还在贫困地区。通过旅游业的发展，可以为‘三农’问题的解决作出贡献。”邵琪伟说。此外，要和第二产业——制造业结合，依托现代工业的发展，发展旅游装备制造业。

“旅游业本身就是第三产业，但是我们和航空业、地面交通、海上交通关系非常密切。这就需要我们和这些部门紧密合作。这样一个大产业的发展到一定阶段后，对整个国民经济、社会建设、人的素质的提高都有好处。”在邵琪伟看来，鼓励旅游者出游并不是单纯为了推动旅游经济的发展，而是要以人为本，关注旅游者素质的提高。“读万卷书，行万里路，让我们的游客、学生、青年人到祖国各地去看一看，我们的祖国有多美丽，我们的国土有多广阔，我们的人民有多友好。也让有条件的游客走出国门去世界各地看一看，认识世界，了解世界，和其他国家的人民进行交流，提高我们的素质。”

据邵琪伟介绍，为实现旅游业的国家战略目标，中国正在制定《旅游法》和《国民旅游休闲纲要》。“我们将努力完善旅游市场机制，进一步发挥各级各类旅游企业在市场中的主体作用，放宽旅游市场准入条件，积极引导现代科技推动旅游业态创新。把旅游业培育成战略性支柱产业和让人民满意的现代服务业，我们任重道远。”

看到这里，您对旅游业在当今经济社会中的作用和地位已经有了感性的认识。随着旅游活动的范围和规模的不断扩大，特别是随着旅游业在推动经济发展中所扮演角色的日渐重要，各国政府对旅游和旅游业的发展给予了越来越多的关注。目前，许多国家和地区的政府已经将推动旅游业的发展列入了重要的工作日程，并对旅游业的发展采取了积极的干预政策。那么，到底什么是旅游业？在旅游业的引导和规范中又有哪些组织在发挥作用和影响……现在，就让我们带着这些问题进入这一模块的学习。

任务驱动

任务一　认识旅游业

一、什么是旅游业

旅游业是一个界限模糊而又实际存在的产业，国际上称为 Tourism Industry，即旅游产业。从宏观上考察，旅游业的产品和服务是由诸多相关的产业和行业共同提供的，其产品和服务的质量取决于多个产业和行业，因而旅游业的发展会受到多个行业和部门的影响和制约，从而在投入与产出上难以清晰地测算和确定；从微观上考察，几乎任何一个旅游企业（如餐馆、宾馆）所服务的对象都不只是旅游者，同时也为旅游地居民和社区服务，尤其是在旅游地的开发中建设的基础设施和配套设施，当地居民和社区同样享受到旅游开发所带来的利益。

学术界对旅游业的概念一直存在着很大的争议，但对以下两点却是普遍认同的：第一，旅游业是众多相关行业的集合；第二，旅游业的任务是便利旅游活动，通过提供旅游产品和服务满足旅游者的需要。据此，我们可以暂时给它下个定义，旅游业是凭借旅游资源和设施，专门或者主要从事招徕、服务旅游者，为其提供食、住、行、游、购、娱六个环节的服务并获取经济收益的综合性产业。

二、旅游业的构成

过去，有人把旅游业等同于旅行社业；有人认为只有旅游局和旅行社才能算旅游业部门；也有人认为，旅游业的产品是由一系列相互关联的行业共同提供，因此他们将旅游业比做是一个由一系列经济部门和非经济部门共同组成的巨大的商业集团。

在我国，人们对旅游业的构成的最初理解通常是将旅行社、旅游饭店和旅游交通称为旅游业的“三大支柱”。随着外来理论的丰富以及旅游活动的延伸，人们对旅游业规模的想象也越来越复杂，对旅游业的构成也形成了不同的看法。实际上，从旅游者的旅游活动和我国的实际情况来看，旅游业的构成主要包括旅行社业、以饭店为代表的住宿业、餐饮业、交通运输业、旅游娱乐业、旅游商品业、旅游组织部门这七大部门，如表 6－1 所示。

表6-1　　旅游业的主要组成部分

I类	II类	III类
直接旅游部门	住宿服务部门	涉外饭店、宾馆，农场出租住房，出租公寓/别墅，度假村，野营营地等
	交通运输部门	航空公司，海运公司，铁路公司，城市公共汽车，长途汽车客运公司等
	旅行业务组织部门	旅游经营商，旅游批发商，旅游零售代理商，会议安排组织商，预订服务代理商等
间接旅游部门	餐饮服务部门	旅游定点餐饮，宾馆餐饮部，老字号特色小吃，民间美食城，餐饮摊点、商贩等
	游览娱乐场所经营部门	国家公园/花园/动物园，主题公园，博物馆，娱乐城/休闲中心，自然历史文化遗产等
	旅游商品经营部门	旅游定点购物商店，旅游商品直销厂家，大型商场、商店，超级市场，纪念品摊点、商贩等
	目的地旅游组织部门	各级旅游管理机构，国家旅游组织，地区/州旅游组织，地方旅游组织，旅游协会等

由表6-1可知，作为旅游业的子系统，尽管这些部门大小不同、性质不同、功能不同、组织类型不同、服务范围不同，但它们都是在一致目标下谋求发展，相互之间存在着不可分割的紧密联系。

三、旅游业的性质

现代旅游业从根本上说是一项经济型产业，这就涉及旅游业性质的几个重要方面，即经济性、产业性和文化性。

首先，旅游业的经济性可以说是不言而喻的，任何一个国家或地区发展旅游业都具有明显的经济动机。单纯从字眼上看，“业”本身就是经济生产范畴的概念，主要是指因社会分工而形成的各种经济生产职能与组织的分类。所谓“某某业”则是指此种职能分类中具有共同生产性质或经营性质的具体劳动组合，是生产直接经济价值的特定劳动行业组织的业种称谓。旅游业是通过旅游产品的生产与交换来获取经济利益的综合性行业，理所当然应该具有经济属性。改革开放后，我国旅游业发挥了巨大的资源优势和市场优势，取得了辉煌的成就，实现了历史性的突破。这充分显示了优势产业的勃勃生机与无限活力，旅游业已成为中国国民经济中的支柱产业之一。1998年12月，国务院召开全国经济工作会议，把旅游业列为国民经济新的增长点之一，进一步明确了旅游业的经济性质。

我国旅游业主要是利用外资和社会资金，国家和各级政府的投资很少。即使这样，把旅游业作为一个经济产业来发展，已经成为国民经济中最具生机活力的新型产业之一，已经在经济社会发展中产生了重要影响。旅游业关联度高，综合性强，涉及国民经济的几十个部门，它不能用围墙围住，渗透到各地区、各行业。旅游业既依赖于其他许多行业，又促进和带动许多相关行业和地区经济的发展。尤其是旅游业属劳动密集型产业，就业容量大，对我国经济发展和社会稳定意义重大。旅游既是改革开放的受益者，又是改革开放的推进者。许多外国商务客人都是通过旅游者的身份首先进入中国，观察、了解中国，进而从事贸易和投资活动的。

其次，“产业”（Industry）是指“其主要业务或产品大体相同的企业类别的总称”。旅游业之所以是一种产业而不是一种事业，是因为其构成主要是各类以赢利为目的并需要进行独立核算的旅游企业，这些企业的共同目标在于通过对旅游的推动、促进和提供便利服务来从中获取收入。而“事业”是“没有生产收入、由国家经费开支，不进行经济核算的”，这显然与当今旅游业强劲的创收能力相悖，“旅游事业”是一个需要与“旅游业”加以区分的概念，它是特指那些由政府机关、社会团体、教育部门等非营利性机构所从事的旅游行政工作与社会活动，如政策制定、行政管理、监督指导、学术研究、信息传递、宣传教育等，又称为旅游行政事业。

如今，世界旅游产业的产值已经超过了石油工业和钢铁工业，成为令人瞩目的最有活力和发展势头最为强劲的行业。从产业分类来看，旅游业属于第三产业，即以服务劳动为主的产业。

最后，旅游业的另一本质属性就是文化性。旅游业本身就是生产文化、经营文化、销售文化的产业。从旅游资源（旅游客体）来看，文化是一个旅游目的地的文化积淀和文化体现。文化积淀主要是地方文化、传统文化、民俗文化，通过对各个方面的发掘和各种文化的优化整合，才能够真正形成一个旅游目的地的特色。从旅游者（旅游主体）来看，旅游活动则是一种精神享受，是在消费文化、享受文化、购买文化。感受文化差异、探索文化、体验文体，是旅游者永远的冲动。就像印度尼西亚的巴厘岛，当地的特色文化就是民众的传统社会生活习俗，各国游客去巴厘岛旅游的主要目的就是体验纯真的地方特色文化。

关于第一、第二、第三产业划分范围

根据社会生产活动历史发展的顺序对产业结构的划分，产品直接取自自然界的部门称为第一产业，对初级产品进行再加工的部门称为第二产业，为生产和消费提供各种服务的部门称为第三产业。它是世界上较为通用的产业结构分类，但各国的划分不尽一致。

我国制定的《三次产业划分规定》中，第一、第二、第三产业划分的具体范围是：

第一产业包括农、林、牧、渔业；

第二产业包括采矿业，制造业，电力、燃气及水的生产和供应业，建筑业；

第三产业包括除第一、第二产业以外的其他行业，具体包括：交通运输、仓储和邮政业，信息传输、计算机服务和软件业，批发和零售业，住宿和餐饮业，金融业，房地产业，租赁和商务服务业，科学研究、技术服务和地质勘察业，水利、环境和公共设施管理业，居民服务和其他服务业，教育、卫生、社会保障和社会福利业，文化、体育和娱乐业，公共管理和社会组织，国际组织等。

四、旅游业的特点

旅游业以旅游资源为依托、以旅游设施为基础、以旅游产品为手段、以旅游市场为对象，因而兼具上列要素的一些基本特点，如综合性、脆弱性、波动性、季节性等。除此之外，从旅游业的职能和实际效用等方面来看，它还具有某些自身特点。

（一）旅游业的服务性

旅游者在购买了某种旅游产品以后一直到消费完成，所得到的是高层次的物质享受和精神享受，它通过旅行社、旅游饭店、旅游交通等方面员工热情周到的服务，以满足旅游者综合需求。旅游业所提供的产品虽有一些是具体的物质产品，但在整个旅游活动过程中，一般不涉及商品转移（除购买旅游纪念品或其他商品外），而是为旅游者提供劳务和风光观赏，所以旅游业属于第三产业，即服务业。

（二）旅游业的依赖性

旅游业的依赖性特点主要表现在三个方面。一是以旅游资源作为依托，在旅游资源极度贫乏的地区大力发展旅游业是不现实的。二是有赖于国民经济的发展，客源国的经济发展水平决定着旅游者的数量、消费水平和消费频率；服务国的经济发展水平则决定着旅游综合服务能力的强弱，并在一定程度上影响服务质量。三是有赖于相关行业和部门的通力合作与协调发展，如国际旅游者从入境到游完全程后出境，需要民航、铁路、景区、饭店等配合与协作。这条产业链条上任何一个行业的脱节，都会使旅游经营活动难以正常运转。

读一读

经济衰退影响欧洲旅游业　游客数量普遍减少

据法国媒体2009年8月19日报道，经济衰退使法国、西班牙、意大利等欧洲旅游大国的旅游业受到严重影响，外国游客数量普遍减少。

法国作为全球第一大旅游目的地国家，旅游业受到重创。2008年，法国吸引外国游客7930万人次，但2009年前5个月外国旅游者数量下降了15.5%。政府估计7月和8月外国游客数量将下降30%。

西班牙2009年上半年外国游客数量下降了11.4%。意大利估计2009年5～10月外国游客数量将下降8.3%。

法国旅游促进署的克里斯蒂安·芒泰说，法国旅游业尽管遭遇困难，但仍将维持“全球第一大旅游目的地国家”的地位。他说，法国旅游业在夏季对外国旅游者的依赖度较低，外国旅游者的过夜率仅占20%。

包括法国在内的很多国家都努力吸引国内旅游者，以弥补外国游客的减少。据盖洛普咨询公司的调查显示，2009年有48%的欧洲民众打算在国内度假，高于2008年的43%。

此外，由于英镑贬值，去欧洲大陆旅游的英国人减少了10%。往年挤满了英国人和德国人的西班牙海滩今年一片萧条，游客在酒吧和餐馆内的消费也减少。意大利海水浴行会称：“游客们租用遮阳伞，但自己带三明治吃。”6月和7月，意大利海滩的游客数量比去年同期减少了150万人。

同时，酒店业开始以打折来应对游客减少的局面。意大利旅馆的房间价格平均降低了8.3%，三星和四星酒店的价格降低了30%。

（三）旅游业的带动性

旅游业本身是一个产业群体，发展国际、国内旅游业必然会带动其相关的诸多行业也得以共同发展。据世界旅游组织资料显示，旅游部门每直接收入1元，相关行业的收入就能增加4.3元；旅游部门每增加1个直接从业人员，社会就能增加5个就业机会。可见，旅游业的带动性不仅表现在行业联动方面，还突出表现在就业带动方面，作为一个综合性的服务行业，旅游业比其他行业具备更强的就业吸纳能力。

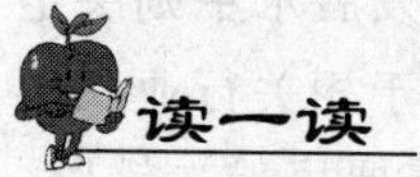

邵琪伟：中国旅游就业已占总就业人数的9.6%

新华网　北京2009年2月25日电（记者钱春弦）　国家旅游局局长邵琪伟接受记者专访时说，旅游业已经成为中国吸纳就业量最主要的行业之一，目前中国旅游就业人数达7600万人，相当于全国就业总数的9.6%。

邵琪伟是在率中国代表团前往南非参加20国旅游部长会议前夕作此表示的。他说，随着中国迅速成为世界旅游大国，旅游业已经成为中国吸纳就业量最大的行业之一。截至目前，旅游直接就业达1100万人，间接就业达6500万人，相当于全国就业总数的9.6%。特别在解决中国少数民族地区居民、妇女、农民工、下岗职工、大学毕业生首次就业者等

特定人群就业方面，旅游业发挥了重要作用。

邵琪伟说，通过促进就业、带动消费，中国旅游业在消除贫困方面作出了积极贡献。目前，中国乡村旅游收入超过3000亿元人民币，受益村（寨）超过2万个，直接受益农民超过2400万人。中国妥善地应对了全球金融危机的挑战并实现了预期目标，虽然入境旅游有所下降，但2009年旅游总收入仍然达到1.29万亿元人民币，增长11.3%，新增旅游就业50万人。据不完全统计，中国通过发展旅游已使贫困地区约1/10的人实现脱贫。

邵琪伟说，旅游业直接贡献目前约占包括中国在内的20国集团国内生产总值的5%。如果把与旅游相关产业也计算在内，这个比例还会更高，而这20个国家在全球所有国际游客入境人数和接待量的比例占到了70%。因此旅游业对全世界所有国家的就业起到重要作用。

邵琪伟强调，尽管面临旅游服务贸易逆差的压力，中国政府对于出国（境）旅游依然采取鼓励而非限制政策，2009年出国（境）旅游总人数4766万人次，同比增长4%。此外，中国政府明确提出要用5年的时间把宾馆饭店业的能源消耗减少20%。

（四）旅游业的涉外性

旅游业素有“民间外交”的称号，是一种典型的外向型经济产业。通过旅游活动可加强世界各国人民的了解，增进相互之间的友谊，有利于维持世界和平与稳定，正是从这个意义上，旅游业是外事工作的一部分。旅游这种民间外交相对于正式外交而言，还具有广泛性、群众性、灵活性、有效性的特点。此外，旅游业的涉外性还体现在开展国际旅游活动时各国旅游经营单位和国外旅游经营单位之间必然要发生的经济和业务上的交往。

（五）旅游业是资金和劳动密集型产业

现代行业根据生产实力特点可划分为资金密集型、技术密集型、劳动密集型等种类。判断某一行业属于哪种类型有三个标准：一是每个劳动力占用固定资产的多少；二是企业成本中活的劳动消耗所占比重的大小；三是企业资金或资本有机构成的高低。根据这些标准，我国的涉外饭店每个劳动力所占用的固定资产一般高达2.5万～5万美元；涉外餐馆、大型游乐场占1.5万～3万美元；公寓写字楼高达5万～8万美元。它们的有机构成一般都高于重工业，这些企业的活的劳动消耗比重一般占总成本的7%～8%，但与总收入比较只占2%～5%，而且，这些企业的兴建时间和投资回收期也相对较长。所以说，旅游业属于资金密集型产业。与此同时，旅游业作为第三产业中的先导产业，由其产品性质决定了它需要众多劳动者直接或间接地参与服务。若按世界旅游组织对亚太地区旅游就业的比例关系分析，每一间客房的直接与间接就业人数比为1∶4，这就意味着平均每个旅游者需要有2人随时为其提供服务。在西方发达国家或地区的旅行社业中，企业工资支出占总经营成本的比重可高达40%左右。这些都说明旅游业属于典型的劳动密集型产业。

读一读

杭州全力打造“旅游综合体”

中国旅游业发展经历了传统景点景区唱主角、主题公园唱主角的时代，目前正进入旅游综合体唱主角的时代。杭州旅游界抢抓机遇，正在着力打造一湖三园、西湖、西溪、运河、千岛湖等旅游景区，一个个规划完善、定位明晰、独具特色的集观光、休闲、度假、会展、购物于一体的旅游综合体，正大步向人们走来。

全力构筑“旅游综合体”

旅游综合体的特点可概括为五点，就是“规模大、功能全、品质高、环境优、服务好”。杭州市建设旅游综合体的号角已经吹响。

镜头一：年初，作为西溪湿地综合保护“收官之战”的西溪湿地综合保护三期工程开工。景区内容将以生态展示和休闲旅游为主，既有民俗村、休闲度假村落，又有艺术创意俱乐部、艺术创作实践基地、大众休憩村等，以人与湿地和谐共处的发展模式，打造集参观、游览、休闲、会展、度假、美食、购物、运动、保健等功能于一体的西溪旅游综合体。工程将在10月1日实现有限开园。

镜头二：湘湖历经8000年风雨沧桑后，终于在新世纪焕发夺目的光彩。湘湖是萧山人的母亲湖、杭州西湖的姊妹湖。继被正式批准为国家AAAA级景区后，湘湖景区又在2010年4月被评为浙江省首个“中国休闲旅游最佳目的地”。近日，湘湖旅游度假区又添新景——极地海洋公园主体建筑成功封顶，10月1日将对外开放。湘湖自2006年开放以来已接待游客逾300万人次，成为中国休闲之都杭州的一颗璀璨新明珠。

“三管齐下”打造精品

“旅游综合体适应了世界休闲业发展的潮流，以旅游为主导，是一种全新的生产力形态和城市经济业态。杭州市打造旅游综合体很有超前意识，同时也符合杭州这样一座生活品质之城的特质。”杭州研究院院长、杭州师范大学教授周少雄认为，杭州找准了自己的发展方向。

根据发展规划，在杭州主城区，将把西湖、运河、西溪、中山路等项目打造成世界级旅游精品，把主城区建设成为具有鲜明杭州特色的特大型（城市）“旅游休闲综合体”。萧山区要打造成重量级“湘湖旅游休闲综合体”。余杭区要打造径山、南湖“旅游休闲综合体”，高起点规划良渚“大美丽洲”项目。此外，将重点规划和建设之江旅游度假区，淳安千岛湖，富阳富春湾、龙门山，建德新安江，桐庐大奇山、瑶琳仙境，临安天目山、大明山等休闲基地。

目前，萧山“一湖三园”等已有旅游综合体正在积极改造提升之中；西湖区之江地区、高新区（滨江）白马湖地区、淳安县千岛湖等地已开始规划建设新的旅游综合体；西溪湿地、运河等整合资源，积极组建新的旅游综合体。通过新建、改造、整合“三管齐

下”，杭州正在加快旅游综合体建设。

加快转型凸显竞争力

2008年是杭州正式启动第二轮旅游国际化的第一年。杭州以旅游产业转型升级为核心，以旅游综合体建设为突破，加快国际旅游休闲中心建设，将主攻旅游目的地功能国际化、产品国际化、营销国际化、管理国际化、服务国际化、环境国际化这“六大领域”，确保至2011年初步确立杭州作为长三角国际旅游休闲中心的地位，使杭州初步成为国内会展集聚城市和国际会议目的地。

旅游综合体建设直接关系到杭州旅游业的竞争力。自2009年以来，杭州加快编制旅游综合体建设专项规划及“三年行动计划”。全面实施《杭州新一轮旅游国际化行动方案》，启动杭州旅游新型业态专项规划。同时，积极寻找合作伙伴。坚持“以民引外”，帮助旅游综合体业主单位在市外、境外寻找战略合作伙伴，参与旅游综合体建设。制定相应优惠政策，加大对旅游综合体建设的政策支持力度。

任务二 旅游组织

旅游组织（Tourism Organization）是指为了加强对旅游行业的引导和管理，适应旅游业的健康、稳定、迅速、持续发展而建立起来的具有行政管理职能或协调发展职能的专门机构。它是为保证旅游业与国民经济部门的协调均衡发展，旅游行业自身的规范管理、质量控制、规模经营，以及加强行业之间的协作而产生的各级各类国家组织和行业组织。

一、旅游组织分类

旅游组织种类繁多，从拥有的权力和地位来看，有官方的旅游行政组织和民间的旅游行业组织。

（一）旅游行政组织

旅游行政组织负责旅游业的宏观调控、管理与监督检查，制定行业技术标准，指导旅游资源开发与利用，进行旅游业的整体促销，加强旅游服务的质量管理，维护旅游者的权益。它是一种具有宏观性、政策性和战略性的旅游行业管理机构。按照它们管理权限范围的差异，旅游行政组织一般又可分为国家旅游组织和地方旅游组织两个不同层次。

旅游行政组织职能主要有以下几个方面：

（1）制定旅游业发展的战略目标、方针政策，进行综合平衡和宏观调控；

（2）完善旅游市场，推进旅游业体制改革；

（3）制定政策法规并组织实施；

（4）对相关企业进行行业管理；

（5）促进国际市场的开拓与销售。

（二）旅游行业组织

旅游行业组织是指在旅游业发展过程中为加强行业间的沟通与协作，提高行业声誉，促进行业发展的各类组织，由旅游企业、团体、个人自愿组成的民间社会团体。旅游行业组织以自愿和不赢利为原则，不仅积极参与旅游活动，而且为保证旅游者按计划进行多种经济、非经济的活动创造条件，在旅游各行业的发展过程中起着重要的协调作用。目前在一些旅游业比较发达、私人企业非常活跃的国家和地区，旅游行业组织往往带有半官方的性质。

旅游行业组织主要有以下几类：

（1）按地域可划分为：全球旅游行业组织、世界区域性旅游组织、各国全国性旅游组织、国内区域组织等。如国际旅游组织、世界旅游委员会、国际旅游联盟，均属于全球性旅游行业组织；太平洋亚洲旅游协会属于世界区域性旅游组织；中国旅游协会属于全国性旅游组织，等等。

（2）按其会员性质可划分为：旅游交通行业组织，如国际民用航空组织、中国旅游车船协会等；旅馆与餐饮业组织，如中国旅游饭店业协会等；旅行社协会组织，如中国旅行社协会等。

（3）按目标客源可划分为：妇女旅游组织国际联合会、国际青年旅游与交流局、国际旅游科学专家协会。

（4）侧重于旅游经营管理、培训或研究的专业性行业组织。如世界专业国际会议管理协会、世界旅游专业培训会、国际旅游学会等。

旅游行业组织的主要职能有：

（1）组织行业间交流，交换行业信息，提高经营管理水平；

（2）开展学术交流，推动对外宣传；

（3）调查和协调行业内部的关系，解决行业业务中的问题，消除行业内部的不合理竞争；

（4）建立行业标准和规范；

（5）推广新技术，进行行业间技术指导；

（6）统计行业数据，研讨、预测行业的未来发展；

（7）组织旅游行业的专业研讨和培训，进行专业咨询；

（8）承办政府主管部门交办的其他工作。

二、中国旅游组织

（一）旅游行政组织

中国的旅游行政组织主要由三个层次构成：国家旅游局、省（直辖市、自治区）旅游局、市（县）旅游局。国家旅游局是我国旅游业的主管行政机构，负责统一管理我国的国际国内旅游业；全国各省、直辖市、自治区人民政府下设的旅游局或旅游管理委员会是地方旅游行政管理机构，受地方政府和国家旅游局的双重领导，以地方政府为主，负责本省、直辖市、自治区旅游业发展的规划工作、开发工作、旅游业管理工作以及旅游宣传和促销工作；省级以下的市（县）已设立旅游行政管理机构的、由旅游行政管理机构负责该行政区域内的旅游业管理工作，未单独设立旅游行政管理机构的市（县），有关旅游方面的事务则在上级政府旅游行政部门的领导下，由当地政府机构配合承担有关旅游方面的事务。

国家旅游局是直属国务院领导的主管全国旅游行业的机构。前身为中国旅行游览事业管理局（1964—1978年）、中国旅行游览事业管理总局（1978—1982年）。1982年8月23日，全国人大常委会作出了《关于批准国务院直属机构改革实施方案的决议》，将中国旅行游览事业管理总局更名为中华人民共和国国家旅游局。

1. 国家旅游局的主要职能

（1）制定旅游业发展的战略目标和方针政策，编制发展旅游事业的中、长期规划和年度计划并组织实施，进行综合平衡与宏观调控。

（2）制定旅游业各项行政法规、规章、行业标准和规范，并组织、监督实施。

（3）制定国际旅游市场开发战略，组织国家旅游整体形象的对外宣传和重大促销活动，组织、指导重要旅游产品的开发，指导驻外旅游办事处的市场开发工作。

（4）培育和完善国内旅游市场，研究制定发展国内旅游的战略措施并指导实施，指导地方旅游工作。

（5）组织旅游资源的普查工作，指导重点旅游区域的规划开发建设，组织、指导旅游统计工作。

（6）制定各类旅游景区景点、度假区及旅游住宿、旅行社、旅游车船和特种旅游项目的设施标准和服务标准并组织实施，审批经营国际旅游业务的旅行社，组织和指导旅游设施定点工作。

（7）制定中国居民出境旅游政策，管理出境旅游事务，研究掌握出境旅游的发展规模和总量平衡。

（8）代表国家签订国际旅游协定，指导旅游对外交流与合作。

（9）监督、检查旅游市场秩序和服务质量，受理旅游者投诉，维护旅游者合法权益。

（10）指导旅游教育、培训工作，制定旅游从业人员的职业资格制度和等级并组织、指导实施。

（11）负责局机关及在京直属单位的党群工作。

（12）承办国务院交办的其他事项。

国家旅游局公告：2008年度全国国际旅行社年检结论

国家旅游局公告

（2009年14号）

根据《旅行社管理条例》、《旅行社管理条例实施细则》的有关规定，国家旅游局组织开展了2008年度全国旅行社业务年检工作，对全国20691家旅行社进行了年检。其中，19626家旅行社通过年检（国际社1917家、国内社17709家），692家旅行社暂缓通过年检（国际社42家、国内社650家），373家旅行社不予通过年检（国际社11家、国内社362家）。现将2008年度全国国际旅行社业务年检的结果及名单予以公告，国内旅行社年检结果及名单见各省旅游局公告。

附件：

1. 通过2008年度全国旅行社业务年检国际旅行社名单（1917家）；
2. 暂缓通过2008年度全国旅行社业务年检国际旅行社名单（42家）；
3. 不予通过2008年度全国旅行社业务年检国际旅行社名单（11家）。

国家旅游局

二〇〇九年七月三日

2. 国家旅游局的下设机构

国家旅游局下设办公室、政策法规司、旅游促进与国际联络司、规划发展与财务司、质量规范与管理司（旅游质量监督管理所）、人事劳动教育司六个职能司（室）和纪检组、监察局、信息中心、服务中心等部门。

办公室：协助局领导处理日常工作，负责局内外联络、协调、会议组织、文件处理、政务信息、信访、保密保卫和机关后勤工作。承办机关党委的日常工作。

政策法规司：研究拟定旅游业发展方针、政策，拟定旅游业管理的行政法规、规章并监督实施；研究旅游体制改革，组织、指导旅游统计工作。

旅游促进与国际联络司：拟定旅游市场开发战略，组织国家旅游整体形象的宣传，指导旅游市场促销工作，组织、指导重要旅游产品的开发、促销和旅游业信息调研，指导驻外旅游办事处的市场开发工作，审批外国在我国境内和我国香港、澳门特别行政区政府及我国台湾地区在内地设定的旅游机构，负责旅游涉外及涉港澳台事务，代表国家签订国际旅游协定，指导与外国政府、国际旅游组织间的合作与交流，负责日常外事联络工作。

规划发展与财务司：拟订旅游业发展规划，组织旅游资源的普查工作，指导重点旅游区域的规划开发建设，引导旅游业的社会投资和利用外资工作，研究旅游业重要财经问题，指导旅游业财会工作，负责局机关财务工作。

质量规范与管理司（旅游质量监督管理所）：研究拟定各类旅游景区景点、度假区及旅游住宿、旅行社、旅游车船和特种旅游项目的设施标准、服务标准并组织实施；审批经营国际旅游业务的旅行社，组织和指导旅游设施定点工作；培育和完善国内旅游市场，监督、检查旅游市场秩序和服务质量，受理旅游者投诉，维护旅游者合法权益；负责出国旅游、赴港澳台旅游、边境旅游和特种旅游事务；指导旅游文娱工作；监督、检查旅游保险的实施工作；参加重大旅游安全事故的救援与处理；指导优秀旅游城市创建工作。

人事劳动教育司：指导旅游教育、培训工作，制定旅游从业人员的职业资格标准和等级标准并指导实施，指导旅游业的人才交流和劳动工作；负责局机关、直属单位和驻外机

构的人事、劳动工作。

读一读

中国旅游主题及宣传口号，如表 6-2 所示。

表 6-2　　中国旅游主题及宣传口号

年　份	旅游主题	宣传口号
1992	中国友好观光年	“游中国、交朋友”
1993	中国山水风光游	“锦绣河山遍中华，名山圣水任君游”
1994	中国文物古迹游	“五千年的风采，伴你中国之旅” “游东方文物的圣殿：中国”
1995	中国民俗风情游	“中国：56 个民族的家” “众多的民族，各异的风情”
1996	中国度假休闲游	“96 中国：崭新的度假天地”
1997	中国旅游年	“12 亿人喜迎 97 旅游年” “游中国：全新的感觉”
1998	中国华夏城乡游	“现代城乡，多彩生活”
1999	中国生态环境游	“返璞归真，怡然自得”
2000	中国神州世纪游	“文明古国，世纪风采”
2001	中国体育健身游	“体育健身游，新世纪的选择” “遍游山川，强健体魄”
2002	中国民间艺术游	“民间艺术，华夏瑰宝” “体验民间艺术，丰富旅游生活”
2003	中国烹饪王国游	“游历中华胜境，品尝天堂美食”
2004	中国百姓生活游	“游览名山大川、名胜古迹， 体验百姓生活、民风民俗”
2005	中国旅游年	“2008 北京——中国欢迎你” “红色旅游”
2006	中国乡村游	“新农村、新旅游、新体验、新风尚”
2007	中国和谐城乡游	“魅力乡村、活力城市、和谐中国”
2008	中国奥运旅游年	“北京奥运、相约中国”
2009	中国生态旅游年	“走进绿色旅游、感受生态文明”

（二）旅游行业组织

我国的旅游行业组织泛指旅游业中的各种行业协会，基本上是由有关社团组织与企事业单位在平等自愿的基础上组成并接受政府的指导。它们既非政府机构，又非营利性组织，但具有独立的社团法人资格，在协调各部门、各地区旅游业的发展过程中发挥着积极的作用。

1. 中国旅游协会

中国旅游协会（China Tourism Association，CTA）是由中国旅游行业的有关社团组织和企事业单位在平等自愿基础上组成的全国综合性旅游行业协会，具有独立的社团法人资格。它是 1986 年 1 月 30 日经国务院批准正式宣布成立的第一个旅游全行业组织，1999 年 3 月 24 日经民政部核准重新登记。协会接受国家旅游局的领导、民政部的业务指导和监督管理。

(1) 宗旨和任务。中国旅游协会遵照国家的宪法、法律、法规和有关政策，代表和维护全行业的共同利益和会员的合法权益，开展活动，为会员服务，为行业服务，为政府服务，在政府和会员之间发挥桥梁纽带作用，促进我国旅游业的持续、快速、健康发展。

其主要任务是：

①对旅游发展战略、旅游管理体制、国内外旅游市场的发展态势等进行调研，向国家旅游行政主管部门提出意见和建议；

②向业务主管部门反映会员的愿望和要求，向会员宣传政府的有关政策、法律、法规并协助贯彻执行；

③为组织会员订立行规行约并监督遵守，维护旅游市场秩序；

④协助业务主管部门建立旅游信息网络，搞好质量管理工作，并接受委托，开展规划咨询、职工培训，组织技术交流，举办展览、抽样调查、安全检查，以及对旅游专业协会进行业务指导；

⑤开展对外交流与合作；

⑥编辑出版有关资料、刊物，传播旅游信息和研究成果；

⑦承办业务主管部门委托的其他工作。

(2) 组织机构。中国旅游协会的最高权力机构是会员代表大会。会员代表大会每四年召开一次会议。会员代表大会的执行机构是理事会。理事会由会员代表大会选举产生。理事会每届任期四年，每年召开一次会议。在理事会闭会期间，由常务理事会行使其职权。常务理事会由理事会选举产生，每年召开两次会议，本届常务理事会由会长、副会长（9 名）、常务理事（84 名）和秘书长组成。常务理事会设办公室作为办事机构，负责日常具体工作。

中国旅游协会现有理事 163 名，各省、自治区、直辖市和计划单列市、重点旅游城市的旅游管理部门、全国性旅游专业协会、大型旅游企业集团、旅游景区（点）、旅游院校、旅游科研与新闻出版单位以及与旅游业紧密相关的行业社团都推选了理事。协会的组成具有广泛代表性。

中国旅游协会会员为团体会员。凡在旅游行业内具有一定影响的社会团体和企事业单位，以及与旅游业相关的其他行业组织等，均可申请入会。

中国旅游协会根据工作需要设立了5个分会和专业委员会，分别进行有关的专业活动。即：旅游城市分会、旅游区（点）分会、旅游教育分会、妇女旅游委员会和旅游商品及装备专业委员会。

在中国旅游协会指导下，有4个相对独立开展工作的专业协会：中国旅行社协会、中国旅游饭店业协会、中国旅游车船协会和中国旅游报刊协会。

中国旅游协会的直属单位有：中国旅游出版社、中国旅游报社、时尚杂志社、旅游信息中心和中国旅游管理干部学院。

(3) 主要活动情况。中国旅游协会自成立以来，根据章程规定的任务，积极开展了有关旅游体制改革、加强旅游行业管理、提高旅游经济效益和服务质量等方面的调研工作；支持地方建立了旅游行业组织，提供咨询服务；与一些国家和地区的旅游行业机构建立了友好关系，同时还先后加入了世界旅行社协会联合会（UFTAA）及其所属亚太地区联盟（UAPA）、美国旅行商协会（ASTA），发展与国际民间旅游组织的联系与合作，扩大了对外影响；编辑出版了不少旅游书刊，满足国内外旅游者之需。

根据国务院对社团组织加强管理和整改的精神，中国旅游协会于2000年1月14日召开了第四届理事会第一次会议，选举产生了协会新的领导机构成员，研究确定了新世纪旅游行业协会的工作方针任务。协会要当好政府旅游主管部门的参谋和助手，努力做好服务、协调、监管、自律等工作，为我国旅游业的大发展作出应有的贡献。

2. 中国旅行社协会

中国旅行社协会（China Association of Travel Services，CATS）成立于1997年10月，是由中国境内的旅行社、各地区性旅行社协会或其他同类协会等单位，按照平等自愿的原则结成的全国旅行社行业的专业性协会，是经中华人民共和国民政部正式登记注册的全国性社团组织，具有独立的社团法人资格。协会接受国家旅游局的领导、民政部的监督管理和中国旅游协会的业务指导。协会会址设在北京。

(1) 协会的宗旨。遵守国家的宪法、法律、法规和有关政策，遵守社会道德风尚，代表和维护旅行社行业的共同利益和会员的合法权益，努力为会员服务，为行业服务，在政府和会员之间发挥桥梁和纽带作用，为中国旅行社行业的健康发展作出积极贡献。

(2) 协会的主要任务：

①宣传贯彻国家旅游业的发展方针和旅行社行业的政策法规；

②总结交流旅行社的工作经验，开展与旅行社行业相关的调研，为旅行社行业的发展提出积极并切实可行的建议；

③向主管单位及有关单位反映会员的愿望和要求，为会员提供法律咨询服务，保护会员的共同利益，维护会员的合法权益；

④制定行规行约，发挥行业自律作用，督促会员单位提高经营管理水平和服务质量，维护旅游行业的市场经营秩序；

⑤加强会员之间的交流与合作，组织开展各项培训、学习、研讨、交流和考察等活动；

⑥加强与行业内外的有关组织、社团的联系、协调与合作；

⑦开展与海外旅行社协会及相关行业组织之间的交流与合作；

⑧编印会刊和信息资料，为会员提供信息服务。

协会实行团体会员制，所有在中国境内依法设立，守法经营，无不良信誉的旅行社及与旅行社经营业务密切相关的单位和各地区性旅行社协会或其他同类协会，承认和拥护本会的章程，遵守协会章程，履行应尽义务均可申请加入协会。

协会的最高权力机构是会员代表大会，每四年举行一次。协会设立理事会和常务理事会，理事会对会员代表大会负责，是会员代表大会的执行机构，在会员代表大会闭会期间领导协会开展日常工作；常务理事会对理事会负责，在理事会闭会期间，行使其职权。协会对会员实行年度注册公告制度。每年年初会员单位必须进行注册登记，协会对符合会员条件的会员名单向社会公告。协会会刊为《旅行社之友》，每月一期，免费为会员单位送阅。

3. 中国旅游饭店业协会

中国旅游饭店业协会（China Tourism Hotels Association，CTHA）成立于1986年2月，经中华人民共和国民政部登记注册，具有独立法人资格，其主管单位为中华人民共和国国家旅游局。

中国旅游饭店业协会是中国境内的饭店和地方饭店协会、饭店管理公司、饭店用品供应厂商等相关单位，按照平等自愿的原则结成的全国性的行业协会。

中国旅游饭店业协会的宗旨是：遵守国家法律法规，遵守社会道德风尚，代表中国旅游饭店业的共同利益，维护会员的合法权益，倡导诚信经营，引导行业自律，规范市场秩序。在主管单位的指导下，为会员服务，为行业服务，在政府与企业之间发挥桥梁和纽带作用，为促进中国旅游饭店业的健康发展作出积极贡献。

中国旅游饭店业协会会员中聚集了全国饭店业中知名度高、影响力大、服务规范、信誉良好的星级饭店，国际著名饭店集团在内地管理的饭店基本上都已成为协会会员。目前，中国旅游饭店业协会共有会员2669家。

中国旅游饭店业协会为会员服务体现在：通过对行业数据进行科学统计和分析；对行业发展现状和趋势作出判断和预测，引导和规范市场；组织饭店专业研讨、培训及考察；开展与海外相关协会的交流与合作；利用中国旅游饭店网和协会会刊《中国旅游饭店》向会员提供快捷资讯，为饭店提供专业咨询服务。

中国旅游饭店业协会下设饭店金钥匙专业委员会。

中国旅游饭店业协会于1994年正式加入国际饭店与餐馆协会（IH&RA），成为其国家级协会会员。

4. 中国旅游车船协会

中国旅游车船协会（China Tourism Automobile And Cruise Association，CTACA）

是由中国境内的旅游汽车、游船企业和旅游客车及配件生产企业、汽车租赁、汽车救援等单位，在平等自愿基础上组成的全国性的行业专业协会，是非营利性的社会组织，具有独立的社团法人资格。其宗旨是遵守国家的宪法、法律、法规和有关政策，遵守社会道德风尚，广泛团结联系旅游车船业界人士，代表并维护会员的共同利益和合法权益，努力为会员、为政府、为行业服务，在政府和会员之间发挥桥梁和纽带作用，为把我国建设成为世界旅游强国，促进国民经济和社会发展作出积极贡献。

中国旅游车船协会正式成立于 1988 年 1 月，会址设在北京。协会接受国家旅游局的领导、民政部的监督管理和中国旅游协会的业务指导。

协会的业务范围主要包括：

(1) 宣传贯彻国家有关旅游业发展的方针政策，向主管单位反映会员的愿望和要求；

(2) 总结交流旅游车船企业的工作经验，收集国内外本行业信息，深入进行调查研究，向主管单位提供决策依据和积极建议；

(3) 组织会员订立行规行约并监督遵守，维护旅游市场秩序，协助主管单位加强对旅游市场的监督管理；

(4) 为会员提供咨询服务，加强会员之间的交流与合作，组织开展培训、研讨、考察和新经验、新技术及科研成果的推广等活动，沟通会员间的横向联合，促进行业间的业务联网；

(5) 指导下设的专业委员会开展业务活动；

(6) 加强与行业内外的相关组织、社团的联系与合作；

(7) 开展与国际旅游联盟（AIT）组织等海外相关行业组织之间的交流与合作；

(8) 编印会刊和信息资料，为会员提供信息服务；

(9) 承办业务主管单位委托的其他工作。

协会实行团体会员制，凡在中国境内经注册批准、依法经营、无不良信誉的旅游汽车、游船企业、旅游客车、配件生产企业、汽车租赁、汽车救援等企业，以及与旅游车船行业相关的单位，均可申请入会，现有会员单位 200 多家。

协会的最高权力机构是会员大会，每四年召开一次；理事会是会员大会的执行机构，在闭会期间领导本会开展日常工作，每年召开一次会议；常务理事会由理事会选举产生，对理事会负责，每年召开一次会议；秘书长在常务理事会领导下主持本会日常工作。

1992 年，协会正式加入国际旅游联盟（AIT）。2002 年，协会成立了中国汽车俱乐部协作网（CMCN）。为了指导我国汽车俱乐部业健康有序的发展，协会成立了中国旅游车船协会汽车俱乐部分会。协会的会刊是《中国旅游车船》。

5. 中国旅游报刊协会

中国旅游报刊协会（China Association of Tourism Journals，CATJ），是由中国境内与旅游信息传播相关的报纸、期刊、大众传媒单位及相关单位报刊，按照平等自愿的原则组成的全国性的行业专业协会，是非营利性的社会组织，具有独立的社团法人资格。其宗旨是遵守中华人民共和国的宪法和法律，遵守国家有关旅游和新闻的法规，遵守社会道德风尚，代表和维护会员的共同利益和合法权益，努力为会员服务，为政府服务，为行业服务，在政府部门和会员之间发挥桥梁和纽带作用，团结全国各类传播旅游信息的报刊和大众媒体，为促进旅游业持续、快速、健康发展作出积极贡献。

中国旅游报刊协会正式成立于 1993 年 8 月 25 日，会址设在北京。协会接受国家旅游局的领导、民政部的监督管理和中国旅游协会的业务指导。

协会的主要任务是：

(1) 维护旅游信息传播工作者的合法权益，向政府部门反映旅游信息传播工作者的意愿和要求，向会员宣传政府的有关法律、法规和政策；

(2) 收集与旅游信息相关的基础资料并调研有关情况，向主管单位提出发展的建议，协助推动旅游信息传播工作的协调发展；

(3) 加强旅游报刊和传媒之间的联系和团结，总结交流有关经验，开展信息交流、专题调研、学术研讨、作品评奖、业务培训等活动，提高旅游信息服务的质量；

(4) 组织旅游信息传播工作者学习我国旅游业的方针政策，进行实地考察和现场采访，报道我国旅游业的发展和成就，宣扬我国旅游行业的先进典型，促进社会主义精神文明建设，积极参与纠正旅游行业不正之风；

(5) 协调会员关系，编辑信息资料，出版会刊，建立网站或网页，为会员提供信息、咨询服务；

(6) 提高大众传媒传播旅游信息的积极性，协助它们开展活动，不断扩大旅游信息服务的影响；

(7) 加强与有关组织、社团的联系与合作，开展同海外相关行业组织之间的交流与合作；

(8) 承办业务主管单位委托的其他工作。

协会实行团体会员制，凡在中国境内经注册批准、无不良信誉的从事与旅游信息传播直接有关的企事业单位、在旅游信息传播领域内有一定影响的相关单位或区域性的同类协会和旅游企事业的内部报刊，均可申请入会，现有会员单位 200 多家。

协会的最高权力机构是会员大会，每四年召开一次；理事会是会员大会的执行机构，在闭会期间领导本会开展日常工作，每年召开一次会议；常务理事会由理事会选举产生，对理事会负责，每年召开一次会议；秘书长在常务理事会领导下主持本会日常工作。协会的会刊是《协会通信》。

从以上的全国性旅游协会看，中国旅游协会是具有总会性质的综合性组织，中国旅游饭店业协会、中国旅行社协会、中国旅游车船协会和中国旅游报刊协会是专业协会，都要接受中国旅游协会的业务指导。除了上述全国层次的旅游行业协会外，还有全国各地的旅游协会。这些地方层次的旅游协会一般都接挂靠当地旅游局并在工作上接受当地旅游行政组织的指导。

三、国际旅游组织

随着国际旅游活动的广泛开展，与旅游业相关的国际组织应运而生，并在协调国际旅

游事务中发挥积极作用。随着我国旅游业的迅速发展以及经济全球化进程的推进，我国在旅游事务领域谋求和加强政府间、企业间和非营利性组织间的国际合作和必要性已显得十分突出。因此，只有主动融入相关的国际旅游组织，协调各种国际问题，订立共同遵守的规则，才能有效消弭客观上存在的旅游业的国际摩擦和冲突，保证国际旅游业务的顺利开展，提升我国旅游业的整体水平，促进旅游业的健康发展和消除随着旅游业发展而产生的消极影响。

1. 世界旅游组织

世界旅游组织（World Tourism Organization，WTO）是联合国系统的政府间国际组织，其宗旨是促进和发展旅游事业，使之有利于经济发展、国际间相互了解、和平与繁荣。其主要负责收集和分析旅游数据，定期向成员国提供统计资料、研究报告，制定国际性旅游公约、宣言、规则、范本，研究全球旅游政策。它的前身是国际官方旅游联盟，1975 年改为现名，总部设在西班牙首都马德里。

1925 年 5 月 4 日至 9 日在荷兰海牙召开了国际官方旅游协会大会。1934 年在海牙正式成立国际官方旅游宣传组织联盟。1946 年 10 月 1 日至 4 日在伦敦召开了首届国家旅游组织国际大会。1947 年 10 月在巴黎举行的第二届国家旅游组织国际大会上决定正式成立官方旅游组织国际联盟，其总部设在伦敦，1951 年迁至日内瓦，现设在西班牙马德里。1969 年联合国大会批准将其改为政府间组织。2003 年被转换成联合国的一个专业机构。为了避免与世界贸易组织的简称 WTO 在使用上的混乱，2005 年 12 月 1 日，在塞内加尔首都达喀尔举行的第 16 届大会上决定使用 UNWTO 英文简称，法语简称 OMT 继续使用。

出版刊物有《世界旅游组织消息》、《旅游发展报告（政策与趋势）》、《旅游统计年鉴》、《旅游统计手册》和《旅游及旅游动态》。

世界旅游组织成员分为正式成员（主权国家政府旅游部门）、联系成员（无外交实权的领地）和附属成员（直接从事旅游业或与旅游业有关的组织、企业和机构）。联系成员和附属成员对世界旅游组织事务无决策权。截至 2009 年 10 月，世界旅游组织有正式成员 154 个。

世界旅游组织的组织机构包括全体大会、执行委员会、秘书处及地区委员会。其中全体大会为最高权力机构，每两年召开一次，审议该组织重大问题。2003 年 10 月，世界旅游组织第 15 届全体大会在北京举行。执行委员会每年至少召开两次会议。执委会下设五个委员会：计划和协调技术委员会、预算和财政委员会、环境保护委员会、简化手续委员会、旅游安全委员会。秘书处负责日常工作，秘书长由执委会推荐，大会选举产生。地区委员会系非常设机构，负责协调、组织本地区的研讨会、工作项目和地区性活动。每年召开一次会议。共有非洲、美洲、东亚和太平洋、南亚、欧洲和中东 6 个地区委员会。

世界旅游组织确定每年的 9 月 27 日为世界旅游日（World Tourism Day）。为不断向全世界普及旅游理念，形成良好的旅游发展环境，促进世界旅游业的不断发展，该组织从 1980 年起每年都推出一个世界旅游日的主题口号。

1975年5月，世界旅游组织承认中华人民共和国为中国唯一合法代表。1983年10月5日，该组织第五届全体大会通过决议，接纳中国为正式成员国，成为它的第106个正式会员。1987年9月，在第七次全体大会上，中国首次当选为该组织执行委员会委员，并同时当选为统计委员会委员和亚太地区委员会副主席。1991年，再次当选为该组织执委会委员。

读一读

世界旅游日主题口号

1980年　旅游为保存文化遗产、为和平及相互了解作贡献

1981年　旅游促进生活质量的提高

1982年　旅游的骄傲：做文明的主人、文明的客人

1983年　旅游和度假既是所有人的一种权利，也是一种责任

1984年　旅游为国际谅解、和平与合作服务

1985年　开展青年旅游：让文化和历史遗产为和平与友谊服务

1986年　旅游：世界和平的促进力量

1987年　旅游促进发展

1988年　旅游：从中获得教益

1989年　自由旅游促进世界一家

1990年　旅游：有待认识的行业，有待开发的服务

1991年　通信、信息和教育：旅游发展的能力

1992年　旅游是促进社会经济一体化和增进各国人民相互了解的途径

1993年　争取旅游发展和环境保护的永久和谐

1994年　高质量的服务、高质量的员工、高质量的旅游

1995年　通过负起责任而受益

1996年　旅游业：宽容与和平的因素

1997年　旅游业：21世纪创造就业与倡导环境保护的先导产业

1998年　政府与企业的伙伴关系：旅游开发和促销的关键

1999年　旅游：为了新世纪，保护世界遗产

2000年　技术与自然：21世纪旅游业面临的双重挑战

2001年　旅游业：为和平和不同文明之间的对话而服务的工具

2002年　生态旅游：可持续发展的关键

2003年　旅游业：一种消除贫困、创造就业与社会和谐的驱动力

2004年　体育与旅游：增进相互了解、文化与社会发展的动力

2005 年　旅游与交通：从儒勒·凡尔纳的幻想到 21 世纪的现实

2006 年　旅游：让世界受益

2007 年　旅游向妇女敞开大门

2008 年　旅游业应对气候变化的挑战

2009 年　庆祝多样性

2010 年　旅游与生物多样性

2. 太平洋亚洲旅游协会

太平洋亚洲旅游协会（Pacific Asia Travel Association，PATA）成立于 1951 年，原名为太平洋地区旅游协会，1986 年起改用现名，总部在泰国曼谷。该协会是一个具有广泛代表性和影响力的地区性的非政府间国际组织。它在亚太地区乃至世界旅游开发、宣传、培训与合作等方面发挥着重要的作用，受到亚太地区各国旅游业界的普遍重视。该组织的宗旨是发展、促进和便利世界其他地区的游客前来太平洋地区各国旅游以及本地区各国居民在本地区内开展国际旅游。

太平洋亚洲旅游协会是亚太地区最具影响力的旅游组织。它的成员范围较广，其中有国家旅游组织、各种旅游协会、旅游企业以及其他与旅游有关的组织团体。现在，其成员包括 100 个国家及地区的政府旅游单位、地方政府及当地旅游机构，55 个航空及邮轮公司，以及数百家旅游公司。同时，还有数以千位旅游业专业人士或从业人员属于太平洋亚洲旅游协会各地的分会会员。我国于 1993 年 3 月正式加入太平洋亚洲旅游协会，同年，北京、上海、广东旅游局，中国国际航空公司和中国国际旅行社总社等 15 家单位加入该协会。

协会的主要活动有为各类会员提供专家组协助进行旅游规划、开发、管理、咨询、培训等项目；落实地区历史文物和遗产的保护措施；收集统计资料，出版统计年鉴；举办太平洋旅游博览会；出版《太平洋旅游新闻》等刊物。

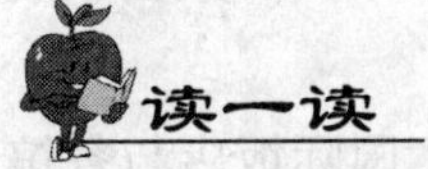

读一读

太平洋亚洲旅游协会年会暨“逆境觅商机”论坛举行

2009 年太平洋亚洲旅游协会年会于 4 月 20 日在澳门美高梅金殿举行，今年旅游论坛的主题为“逆境觅商机”，协会特邀二十多位来自亚太区的旅游业专业人士及专家学者担任演讲嘉宾，共同探讨旅游业发展形势并讨论近期和远期影响亚太地区旅游环境的各类问题，分享独到的见解和宝贵的经验，约 200 名嘉宾及传媒人士出席。

太平洋亚洲旅游协会 2009—2010 年行政委员会主席 Phornsiri Manoharn、太平洋亚洲旅游协会主席兼行政总裁 Gregory Duffell 和澳门旅游局局长安栋梁分别在开幕式致欢迎辞。安栋梁表示，透过今次会议和论坛，让与会者了解澳门的旅业服务素质，宣传澳门，并希望本地旅游业界能从中获益，化危为机。

VISA 国际组织中国区总经理李胜及谷歌（Google）大中华销售副总裁刘允担任论坛主讲嘉宾。前美国有线新闻网亚洲名人聊天室（CNN Talk Asia）主持人 Lorraine Hahn 担任论坛主持。负责 2008 年北京奥运会期间 VISA 国际组织市场推广活动的李胜表示，从 VISA 卡的使用情况，可看到旅客旅游时使用信用卡的趋势，在中国使用信用卡消费最多的地方依次为上海、北京、深圳和东莞。另外，现时最流行的旅游目的地为美国，而内地到台湾的走势亦强劲。总括而言，过去全球经济出现多次衰退，但旅游发展从未停止。他估计，亚洲将是首个旅游业复苏的地区。

从网上搜查数据显示，八成五人士仍计划旅游，当中近三成半不受经济影响。内地北方人在选择旅游目的地的时候，较多选择美国，而南方人则较多选择港澳地区。八成八人士会通过网络决定旅游地点，浏览网页时间的长短是了解旅游业发展的重要数据。

国家旅游局国际司副巡视员王燕表示，目前，中国已成为亚洲最大的出境旅游客源地。在 2008 年全年，中国公民出境总人数达 4584 万人次，比上年增长约 12%。她表示，虽然受到了金融危机的影响，但是中国并没有限制公民的出境旅游，相反增进了包括东北亚、大湄公河次区域、北部湾以及港澳台地区在内的区域旅游合作创新机制。可以预见，拥有庞大出游消费潜力的中国将成为国际旅游业，特别是泛区域旅游率先复苏与持续繁荣的强大动力。

时任澳门社会文化司司长崔世安宴请该年会的与会者。他表示，此次年会得以圆满成功，澳门已准备好迎接 2010 年在澳举行的“2010 年太平洋亚洲旅游协会旅游展”，相信旅游展亦将能取得丰硕成果。

3. 国际饭店与餐馆协会

国际饭店与餐馆协会（International Hotel & Restaurant Association，IH&RA）成立于 1947 年，是非营利性的国际饭店行业社团组织。有 30 万家饭店会员、155 家国家级饭店协会会员、50 家国际连锁饭店集团、119 家饭店院校。

国际饭店与餐馆协会总部设在法国巴黎，英语和法语是其官方语言。国际饭店与餐馆协会的宗旨是：代表全球饭店业的利益，促进饭店与餐馆业的发展，为会员提供行动纲领和所需产品（包括组织各种国际会议等）。

国际饭店与餐馆协会由董事会行使管理职责。董事会由 5 名官员、6 名地区副主席以及 11 名代表组成。董事会任命总干事及首席执行官，总干事及首席执行官组成工作班子。

国际饭店协会于 1996 年在墨西哥召开的第 34 届年会上，把国际餐馆协会纳入国际饭店协会，更名为国际饭店与餐馆协会。

国际饭店与餐馆协会每年召开一次全体大会，讨论协会重大事件与决定。在每次会议期间，该协会颁发青年主管世界奖，奖励 30 岁以下饭店男女经理（主管）各一名，每人奖励 3500 美元，并被邀请参加颁奖开幕式。除了两名青年饭店主管奖以外，还颁发两名饭店环境奖，也称“年度绿色饭店经理奖”，奖金为2500美元，赠送一枚雕刻纪念章，获奖饭店被邀请参加颁奖仪式，并在全世界报道其工作业绩。

我国在1994年正式加入国际饭店与餐馆协会，中国旅游饭店业协会成为国际饭店与餐馆协会的国家级饭店协会会员。自从加入国际饭店与餐馆协会以来，每年我会都组成代表团参加国际饭店与餐馆协会的年会。

4. 世界一流酒店组织

世界一流酒店组织（The Leading Hotels of The World）是世界性的一流酒店和订房组织，1928年在瑞士成立，创办时有近50家成员。

该组织的宗旨是将世界上最佳旅馆吸收为成员，促进世界各地一流酒店提高和保持其卓越地位、一流服务和优良传统；每年召开一次年会，交流经验，相互学习，相互促进；组织成员之间相互介绍客人。

该组织主要是欧洲国家投股，委托美国管理集团进行管理。总部设在美国纽约，为方便客人预订房间，在伦敦、中国香港、东京、新加坡、悉尼等地设有18个办事处。各地的办事处通过地球卫星通信系统由电脑联结，能非常正确、及时地提供每个世界一流酒店里的客房信息，并能处理、确认宾客的预订。

要申请作为“世界一流酒店组织”的成员，必须在位置、组织、管理、服务、烹饪、装饰和环境等方面都具备最佳条件和最高标准，并具有设备先进、管理技术现代化、格调高雅、豪华、舒适的优质服务等条件以及达到最高的服务水平，经过专门的严格检查和审定，包括现场考察后提交执委会讨论通过，合格者才能被接纳为该组织的正式成员。

目前该组织已有200多个成员，拥有约5.4万个客房、600多个大餐厅、30多个高尔夫球场、500多个大小网球场及400多个室内外游泳池等。它们分布在40个国家的140多个城市旅馆和80个左右的乡村旅馆或休养胜地。

该组织设有股东会、执委会、国际顾委会等机构。该组织是一个自我管理的组织，每个酒店成员必须定期接受检查，并由该组织的执行委员会进行监督，检查不合格的将被除名，以保持酒店具有一定水准，为客人提供最高水平的服务，从而维护会员酒店的形象和声誉。我国广州白天鹅宾馆于1986年7月1日被接收为该组织成员。

5. 国际民用航空组织

国际民用航空组织（International Civil Aviation Organization，ICAO）是协调世界各国政府在民用航空领域内各种经济和法律事务、制定航空技术国际标准的重要组织。1944年11月1日至12月7日，52个国家在美国芝加哥举行国际民用航空会议，签订了《国际民用航空公约》（简称芝加哥公约），并决定成立过渡性的临时国际民用航空组织。1947年4月4日芝加哥公约生效，国际民用航空组织正式成立，同年5月13日成为联合国的一个专门机构。秘书处为处理日常工作的机构。总部设在加拿大的蒙特利尔。该组织有航空法、航线、机场设施及出入境手续的国际标准，联合国在1963年建议各国采用。

其宗旨是制定国际空中航行原则，发展国际空中航行技术，促进国际航行运输的发展，以保证国际民航的安全和增长；促进和平用途的航行器的设计和操作艺术；鼓励用于国际民航的航路、航站和航行设备的发展；保证缔约各国的权利受到尊重和拥有国际航线的均等机会等。

成员大会为该组织最高权力机构，每3年开会一次，理事会为常设机构，有33名理事，第一类理事国为民航大国，占10席；第二类理事国是向国际民航提供便利方面作出较大贡献的国家，占11席；第三类理事国是具有区域代表性的国家，占12席。理事会每年开会3次，下设航行技术、航空运输、法律、经营导航设备、财务和非法干扰国际民航等委员会。

6. 国际旅游科学专家协会

国际旅游科学专家协会（International Association of Scientific Experts In tourism, IASET）于1951年5月31日在罗马成立，会址在瑞士伯尔尼。

协会的宗旨是加强成员间的友好联系，鼓励成员间的学术活动，特别是促进个人接触，交流经验；支持具有学术性质的旅游研究机构以及其他有关旅游研究与教育的组织的活动。

该协会是由国际上致力于旅游研究和旅游教学的专家组成的学术团体，在45个国家中有330多名会员。它在旅游理论研究上享有很高的威信，如著名的“艾斯特”定义。该协会的最高权力机构为大会，每年举行一次，并设有委员会秘书处。协会出版发行《旅游评论》季刊和会议年度纪要等。

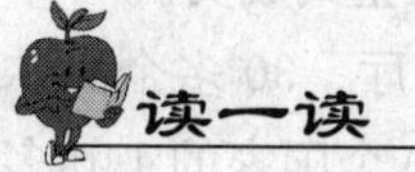

实施旅游发展国家战略　把旅游业发展成为我国综合性的大产业

旅游业已成为当今世界最具发展活力和潜力的国民经济大产业。世界一些国家纷纷提出实施旅游发展国家战略，引领和带动经济发展。在我国经济社会发展的新阶段，有必要进一步提高对旅游业在国民经济全局中重要地位的认识，制定和实施旅游发展国家战略，努力把旅游业发展成为我国综合性的大产业，建设世界旅游强国，推动经济社会又好又快发展。

一、旅游业正在成为最具活力的综合性大产业

当今世界旅游业迅猛发展，20世纪90年代初就超过石油工业和汽车工业，成为世界第一大产业。据世界旅游组织统计，旅游业经济总量已占到全球GDP的10%以上，就业人数占全球就业总数的8%以上。现在已进入大众化和全球化旅游时代，旅游日益成为国民经济的重要支柱产业，成为国民的基本生活方式，成为现代经济和社会发展的重要标志。

世界各国越来越重视旅游业发展，美国、法国、西班牙等发达国家都把大力发展旅游

业作为重要战略，日本更是响亮提出了“观光立国”战略，韩国也提出了“全体国民观光职业化，全部国土观光资源化，观光设施国际标准化”的口号。随着我国出境旅游人数的快速增加，我国港澳台地区及世界许多国家都把争取我旅游客源作为拉动经济发展的重要手段，采取了许多吸引措施。在应对国际金融危机中，不少国家也把发展振兴旅游业作为拉动经济增长的重要举措，制订了相应的发展计划。美国制定旅游促进法，设立旅游促进基金，以带动经济增长。西班牙政府通过旅游促进计划，决定每年投入15亿欧元用于促进旅游业发展。韩国提出到2012年访韩游客达到1000万人次，实现韩国成为旅游先进国家的目标。

随着我国经济快速发展、城乡居民收入不断提高和闲暇时间大量增加，旅游消费进入一个快速发展的新阶段。我国已经成为世界上继美国、西班牙、法国之后第四大入境旅游接待国、亚洲最大的出境旅游客源国，正在形成世界上最大的国内旅游市场。全国许多地方都把旅游业作为经济发展的重要支柱产业或优势产业，提出建设“旅游大省”、“旅游强省”的目标。

旅游业作为快速发展的现代服务业，产业关联度高，就业带动力强，覆盖范围广，消费潜力大，在国民经济中占有越来越重要的地位。我国旅游增加值已占到GDP的4%以上，旅游业直接从业人数有1000万人以上，间接从业人数达到5000万人。旅游业已经成为我国新的经济增长点。加快发展旅游业，对扩大内需、培育新的消费热点，对拉动经济增长、扩大社会就业，对调整经济结构、转变发展方式、提高我国的综合国力和国际竞争力，都具有非常重要的意义。

二、实施旅游发展国家战略的总体思路

当前和今后一个时期，加快我国旅游业发展的总体思路是深入贯彻落实科学发展观，实施旅游发展国家战略，树立大旅游的发展理念，整合全部旅游资源，加快旅游产业化、市场化和国际化步伐，把旅游业发展成为我国综合性的大产业，成为新的经济增长点和消费增长点，构建具有中国特色的全方位、多层次的旅游发展新格局，建设世界旅游强国，推动我国经济社会全面协调可持续发展。

第一，进一步提高对旅游业战略地位的认识，实施旅游业发展国家战略。旅游业在现代经济社会发展中具有越来越重要的地位和作用，必须从全局的和战略的高度来认识旅游业，进一步转变发展观念，改革创新发展模式，研究制定和实施我国旅游业发展国家战略，以此推动我国旅游业快速、全面、健康、协调发展。

第二，树立大旅游的发展理念，制定发展大旅游的规划，建立大旅游发展的体制机制，形成大旅游的发展格局。现代旅游业的发展已经极大地突破了传统旅游业的范围，广泛涉及并交叉渗透到许多相关行业和产业。据统计，与旅游相关的行业超过110个，包括民航、铁路、公路、餐饮、住宿、商业、通信、会展、博览、娱乐、文化、体育等。随着众多新的旅游形态的出现，旅游又广泛扩展到工业、农业、教育、医疗、科技、生态、环境、建筑、海洋等领域。旅游业几乎涉及所有行业和领域，具有无穷无尽的发展空间，比如航天领域，也开始有太空旅游的出现。从一定意义上说，旅游业是创造出来的，旅游消费是创造出来的。正像美国创造出的迪士尼乐园一样，创造了一个旅游的大市场，创造出无数的消费商机。所谓大旅游，就是要把旅游业作为关系国民经济发展全局的一个综合性大产业，作为与各个行业和产业密切相关的一个产业集群来看待。以新的思路研究制定发展大旅游的规划，建立健全发展大旅游的体制机制，形成我国大旅游的发展格局。

第三，加快旅游产业化、市场化、国际化步伐，把旅游业发展成为我国综合性的大产业，成为新的经济增长点和消费增长点。要不断扩大旅游产业规模，加快完善旅游自身产业体系，发展旅游相关产业和交叉产业，延长旅游产业链，打造旅游产业集群，进一步培育和壮大旅游产业实力，引领和带动国民经济发展。建立和完善旅游市场体系，紧紧围绕旅游市场需求，创新和丰富旅游产品，更大程度地扩大旅游对外开放，把引进来与走出去相结合，加快与国际旅游市场接轨步伐，全面提高我国旅游业对外开放水平。

第四，构建具有中国特色的全方位、多层次的旅游发展新格局，建设世界旅游大国和旅游强国。促进国内旅游、入境旅游和出境旅游协调发展，形成三大旅游市场相互促进、共同发展的新格局。按照“增加供给，优化结构”的要求，发展创造更大规模、多层次、多元化的旅游产品，满足旅游市场需求。优化旅游区域发展布局，加快形成既具有地方特色又统一规范有序的旅游区域发展新局面。

三、加快我国旅游业发展的战略定位

在新的发展阶段，根据我国乃至国际旅游业发展的现状和未来趋势，我国旅游业发展总的战略定位应该是大旅游、大产业、大战略。树立大旅游的发展理念，把旅游业定位为我国要优先发展的综合性大产业，实施旅游业发展国家战略。

——把旅游业发展成为国民经济的重要支柱产业。所谓支柱产业，就是对国民经济发展起重要支撑作用的产业。从旅游业在国民经济中所占比重、产业关联度和产业带动力等方面看，它应该成为国民经济的支柱产业。要按照国民经济的重要支柱产业这一定位，来加快发展旅游业，进一步提高旅游业在国民经济中所占比重，为国民经济发展作出更大贡献。

——把旅游业发展成为第三产业的重点引领产业。旅游业作为快速发展的现代服务业，由于其产业的综合性、交叉性和广泛渗透性，影响到许多相关产业发展，具有明显的引导和带动作用。旅游业在现代服务业中占据着突出重要的地位，特别是成为扩大消费的重要引擎。要高度重视旅游业在现代服务业中的引领和带动作用，通过加快发展旅游业，引领和带动其他相关服务业的大发展。要高度重视旅游消费在整个消费中的重要地位和作用，要像重视住房消费和汽车消费一样，把促进旅游消费作为扩大内需促进经济增长的重要举措，大力发展旅游消费，带动整个社会消费发展。

——把旅游业发展成为资源消耗低、带动系数大、就业机会多、综合效益好的战略性产业。旅游业是一个“朝阳产业”、“无烟产业”和“绿色产业”。要通过加快发展旅游业，促进经济结构调整和发展方式转变，建设资源节约型和环境友好型社会，实现可持续发展。通过加快发展旅游业，带动一大批相关产业发展，创造更多的市场空间和就业机会，

不断提高经济发展的质量和效益。

旅游业不仅作为国民经济的综合性大产业发挥着重要的经济功能，而且具有多方面综合性的重要社会功能、文化功能、民生功能和外交功能。概括起来说，旅游是现代社会文明进步的重要表现，是民生的重要内容，是人民生活水平和生活质量的重要标志，是开展民间外交、弘扬中华文化、增强我国文化软实力和国际影响力的重要手段。

——把旅游作为社会文明进步的重要表现，作为建设社会精神文明的重要载体，充实和丰富旅游的文化之魂，建设社会主义精神文明。要在不断满足人们旅游消费需要的同时，进一步提高旅游消费的层次和品位，把旅游注入文化之魂，深入发掘和创新旅游的文化内涵，提高旅游产品的文化附加值，满足人们更高层次的精神文化需要，培育和创建社会精神文明。

——把旅游作为提高人民生活水平和生活质量的重要标志，作为全面建设小康社会的重要内容，实施旅游民生工程，发展国民旅游，建设现代文明生活方式。把旅游作为民生的重要内容，积极创造条件引导、鼓励和支持国民旅游，实施国民旅游休闲计划，使旅游成为国民生活品质的重要体现。

——把旅游作为我国对外开放战略的重要组成部分，定位为我国民间外交的重要内容，加快发展国际旅游，进一步弘扬中华文化，增强我国文化软实力和国际影响力。积极发展入境旅游，鼓励发展出境旅游，通过旅游交流增进中国与世界各国人民之间的相互了解和友谊，学习和借鉴世界一切文明成果，建设一个更加开放的现代化中国。

四、实施旅游发展国家战略的重要举措

实施旅游发展国家战略，建设世界旅游强国，要从国家战略的高度统筹加以考虑和谋划，采取一系列重大举措，制定相应的政策措施。

一是研究制定旅游发展国家战略。广泛研究和借鉴国外旅游大国把旅游业作为国家战略的主要思路和做法，深入总结我国各地发展旅游业的成功经验，作为我国制定旅游发展国家战略的重要依据，力争形成一个具有前瞻性的旅游发展国家战略规划，以指导我国旅游业全面发展。

二是实施国际旅游宣传推广计划。为鼓励居民旅游消费，吸引国外游客来中国观光，要加大旅游宣传力度，研究制定旅游宣传推广方案。每年 9 月 27 日为世界旅游日，可以考虑在国内设立中国旅游节，举办宣传推介活动。中央电视台可以设立旅游频道或旅游栏目，向国内外广泛深入地推介中国旅游。还可以建立专门的中国旅游网，宣传和服务中外游客。

三是广泛开展国民旅游休闲行动。我国 1995 年实行双休日制度，促进了旅游消费的发展。2000 年实行五一、十一长假制度，带来了“旅游黄金周”现象。现在，实行扩大内需的方针，要进一步启动旅游消费，研究制订国民旅游休闲计划。落实带薪休假制度，所有国家机关、企事业单位等都要根据国家规定，落实带薪休假制度，合理安排职工休假时间。实行弹性休假制度，职工的年假可以在一年内灵活安排，错开集中休假时间，发展常年性旅游消费。高度重视旅游黄金周的作用，做好一年中几个黄金周的旅游工作，这对扩大消费效果明显，老百姓和社会各方面都有热切期盼。

四是加快旅游重大基础设施建设。在当前扩大内需、增加投资的情况下，要把旅游基础设施建设作为投资的重要方面。加大对旅游基础设施、公共服务设施的投入力度，加快旅游线路、旅游景区以及相关交通、餐饮、住宿、购物等设施建设。在全国建设一批旅游重点景区、大型旅游项目，以及旅游综合服务设施。

五是积极开发适合大众化消费需求的旅游产品。针对城市居民双休日的特点，着力开发建设城市周边旅游，形成乡村旅游发展带。适应城乡居民消费的多样化需求，加快发展休闲度假旅游、观光购物旅游、生态旅游、文化旅游、健康旅游等多种旅游形态。针对不同群体的需求特点，发展老年旅游、学生旅游、农民旅游等旅游类型。要通过创造旅游需求刺激和拉动旅游消费发展。

六是加快形成旅游产业体系。适应旅游便利化、舒适化的要求，紧紧围绕旅游“吃、住、行、游、购、娱”六要素，大力发展丰富多彩、各具特色的餐饮、住宿、交通、游览、购物、娱乐等旅游产业，针对城乡、国内外不同旅游消费者，满足不同层次的多样化需求。按照发展大旅游的理念，加快发展旅游相关产业，积极探索发展旅游业与其他产业相结合的交叉产业。当前尤其要高度重视发展文化创意产业、体育休闲产业、娱乐业和会展业，促进旅游业与这些产业的融合发展。

七是全面提高旅游对外开放水平。加快发展国际旅游，促进旅游业对外开放。与更多国家签订双向旅游协议，相互提供旅游便利。积极组织国际旅游推介活动，针对国外客人需求和特点，开发和创造更多有吸引力的旅游产品，吸引国（境）外游客到国内旅游。同时，积极开展我国居民出国游活动，发展旅游配套服务产业，鼓励有条件的旅游企业走出去开拓国际旅游市场。

八是进一步完善旅游公共政策和服务体系。制定鼓励旅游业发展的优惠政策措施，对旅游企业、旅行社实行税收优惠政策和信贷支持，扶持中小型旅游企业发展。鼓励社会投资建设旅游休闲度假设施和开发旅游产品，支持乡村旅游发展。为吸引城乡居民旅游消费，有必要采取更多的鼓励消费政策，如降低旅游景区门票价格，减免博物馆、纪念馆、公园等门票。加强旅游公共信息服务平台建设，发展旅游服务网络，方便居民旅游消费。规范旅游市场秩序，加强质量监督管理，全面提高旅游服务水平。（刘应杰）

模块小结

旅游业是随着旅游的发展而兴起的一个行业，是以旅游者为服务对象，提供产品和服务，为旅游活动创造便利条件的综合性产业。

旅游组织是指对各种旅游企业进行规范管理的各种国家组织和行业组织。按管理性质可分为旅游行政组织和旅游行业组织。旅游行政组织对旅游的发展起着重要的保证作用，它负责制定一个国家或地区旅游业的发展目标，制定旅游相关法规及行业规范，组织旅游资源普查，指导旅游资源的开发与利用，进行旅游业的整体营销，监督旅游服务质量，维

护旅游者的权益。旅游行业组织是指在旅游业的发展过程中，为了促进行业的发展，加强行业间的沟通与协作，提高行业声誉而组成的各类组织，由旅游企业、社会团体、个人等自愿组成。旅游组织按照地域划分为国际旅游组织和国内旅游组织。

复习与练习

一、填空题

1. 按照管理权限范围的差异，旅游行政组织一般又可分为________和________两个不同层次。

2. ________是我国旅游业主管行政机构，负责统一管理我国国际国内旅游业。

3. ________是经国务院批准正式宣布成立的第一个全国综合性旅游行业协会。

4. ________是联合国系统的政府间国际组织，主要负责收集和分析旅游数据，定期向成员国提供统计资料，制定国际性旅游公约、宣言，研究全球旅游政策。

5. 2009年世界旅游日的主题口号是________。

二、选择题

1. 旅游业是劳动密集型产业的主要原因是________。

A. 能提供大量的就业机会

B. 投资小而雇用的人员多

C. 工资支出在全部营业成本中占据较高比重

D. 对普通从业人员的文化修养要求不高

2. 旅游业素有“________”的称号，是一种典型的外向型经济产业。

A. 正式外交　　B. 民间外交

C. 政治外交　　D. 货币外交

3. 我国于1983年加入世界旅游组织，并成为该组织的第106个________。

A. 正式会员　　B. 附属成员

C. 联系会员　　D. 团体成员

4. 世界旅游组织将________定为“世界旅游日”。

A. 9月12日　　B. 9月27日

C. 7月29日　　D. 10月23日

5. ________在旅游理论研究上享有很高的威信，如著名的“艾斯特”定义。

A. 世界旅游组织　　B. 太平洋亚洲旅游协会

C. 国际旅游科学专家协会　　D. 国际饭店与餐馆协会

三、简答题

1. 简述旅游业的概念及其构成。

2. 试析旅游业的性质和特点。

3. 简述旅游行政组织和旅游行业组织的职能。

4. 列举五个中国旅游行业组织。（含英文名称、成立时间、主要刊物）

5. 谈谈你对世界旅游组织和太平洋亚洲旅游协会的认识。

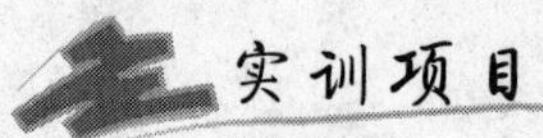

实训项目

【实训名称】

认识旅游组织。

【实训内容】

浏览 2～3 个旅游行业协会的网站。

【实训步骤】

了解行业协会网站的主要功能和作用。

模块七　旅游企业——旅游服务的桥头堡

1. 了解旅游企业各自在旅游业发展中的地位与作用。
2. 认识和掌握旅游企业的发展现状和趋势。

培育大型旅游集团　发展文化创意旅游业

国家旅游局局长邵琪伟 2009 年 7 月 31 日至 8 月 1 日就培育旅游企业集团、文化旅游发展等课题在深圳考察调研，并与深圳市政府签署了旅游合作框架协议。

邵琪伟一行考察了华强集团、华·美术馆，深入欢乐海岸工地了解该项目的规划及建设情况，并主持召开了有广东省、深圳市旅游部门负责人及企业代表参加的旅游工作调研座谈会。

在华强集团，邵琪伟听取了该集团关于发展旅游制造业和文化科技旅游的情况汇报。他对华强集团运用高科技手段结合民族文化发展旅游产业表示肯定，希望华强集团做大做强，把科技成果更好地运用到旅游文化活动中，为全国旅游业的转型升级提供经验。

在旅游工作调研座谈会上，邵琪伟说，中国旅游业总体上仍然处于快速发展阶段，需要进一步改革、开放和创新，在战略上要思考、研究实现转型升级和转变增长方式的措施。他希望广东、深圳在体制创新、培育大型旅游集团等方面为全国积累更多经验。

为支持深圳加快建设国际滨海旅游城市步伐，推进大鹏半岛国际滨海旅游度假胜地建设，支持深圳旅游政策创新，邵琪伟与广东省委常委、深圳市代市长王荣签署了《国家旅游局与深圳市人民政府旅游合作框架协议》。根据协议，国家旅游局将支持深圳文化创意旅游业发展，支持深圳拓展国内外旅游市场，打造“精彩深圳　时尚之都”的城市旅游品牌，支持以华侨城集团为代表的大型旅游企业和精品旅游项目发展。

旅游企业直接为旅游者提供服务，以保证其旅游活动的顺利进行，因此，它们的业务能力往往直接反映了一个国家或地区的旅游服务的整体水平。同时，旅游企业还是旅游业的主要经济贡献部门，其经营和管理状况直接关系到一个国家或地区旅游业发展的现状和前景。经过30多年的发展，中国旅游业得到了长足发展。面对规模如此巨大的旅游市场，旅游企业的责任和使命必将发生变化。原来主要承担一些接待任务，现在就要认真思考怎样把我们的旅游企业做大做强了。

在为旅游者提供综合服务的现代旅游业中，起骨干作用的是旅行社、旅游饭店、旅游交通和旅游景区这四大支柱，下面我们就围绕这四大支柱来进行这一模块的学习。

任务一　旅行社

读一读

旅行社诚信经营拒绝“零负团费”倡议书

中国的旅游业正在迎来高速发展的新时期，旅行社数量日益增多，经营规模不断扩大。积极提高旅行社自身管理水平，倡导行业诚信经营，规范旅游市场秩序，营造良好的旅游环境，既是维护广大消费者利益的需要，也是提升旅行社企业自身竞争力的基石，更是建设社会主义和谐社会的本质要求。为此，我们向全国的旅行社发出以下诚信经营倡议：

(1) 对社会守信。严格遵守国家相关的法律、法规，坚持依法经营，不搞承包、挂靠、超范围经营，自觉依法纳税。

(2) 对消费者守信。广告宣传真实有效，旅游广告用语及经营项目名称不含虚假成分，不使用不实之词诱导消费者；严格履行旅游合同，实行旅游价格“透明制”，保证做到计划外自费项目内容公开、价格合理、选择自由，杜绝强迫交易。

(3) 对员工守信。对员工负责，按国家规定为员工办理各种社会保险；将导游、领队人员纳入合同制管理；保证所有从业人员都有相应资质，不断提高从业人员素质，为广大客人提供热情、周到、细致的服务。

(4) 对供应商守信。与资信良好的供应商合作，拒绝“零团费”、“负团费”等低于成本的经营，并按时、足额与供应商结清服务费用，绝不拖欠团款或变相拒付、少付团款。

(5) 对行业守信。建立健全现代企业诚信管理制度，不断完善诚信自律制度，自觉维护旅游市场秩序。各旅行社之间，加强沟通，重约守法，维护组、接团市场秩序，公平竞争，共同发展。

我们吁请广大消费者、社会媒体、政府主管部门对各旅行社的工作给予监督，对有违

反以上倡议的行为通过媒体向社会予以公告，并按照有关旅游规章给予处罚。

旅行社是旅游业的“龙头”，诚信经营是旅行社行业健康有序发展的根本保证。让我们全体同仁携起手来，真抓实干，让旅行社坦坦荡荡经营，让旅游者明明白白消费，保护旅游消费者的合法权益。让我们共同努力，以诚待客，以信兴旅，共同创造良好的旅游市场秩序，为推动我国旅游业的健康发展作出应有的贡献！

2006 年度全国“双百强”旅行社

2007 年 7 月 27 日

一、什么是旅行社

旅行社（Travel Agency）是旅游业的重要组成部分，是沟通旅游消费者和旅游生产者的中介组织。

为了加强对旅行社的管理，保障旅游者和旅行社的合法权益，维护旅游市场秩序，促进旅游业的健康发展，1996 年 10 月，国务院正式颁布了《旅行社管理条例》。2001 年，为履行我国加入 WTO 的承诺，适应旅游业对外开放的需要，国务院对《旅行社管理条例》进行了适应性修订，增加了“外商投资旅行社的特别规定”一章。2009 年 2 月公布的《旅行社条例》是对《旅行社管理条例》的一次全面修订，于 2009 年 5 月 1 日起施行。

《旅行社条例》统一了旅行社从事国内旅游业务和入境旅游业务的准入条件，大大降低了入境旅游市场的准入门槛；对旅行社质量保证金制度作出了调整和完善，创造性地出台了质量保证金动态管理制度，鼓励企业自律，鼓励合法经营；完善了对旅行社经营行为的规范；从保护旅游者合法权益、减少争议、明确责任的角度出发，对旅行社之间的委托行为，作出了责任规定；规定旅行社必须为游客购买旅行社责任险，组织出境游时必须委派领队；根据我国入世承诺，删除了关于外商投资旅行社注册资本最低限额、投资者条件的特殊要求，给外资旅行社以国民待遇。

与《旅行社管理条例》相比，《旅行社条例》的变化主要体现在：着眼于保护旅游者和旅游经营者的合法权益，细化了旅游合同条款，加大了对旅行社经营行为的约束力度，进一步体现了以人为本、关注民生的特点；着眼于与国际通行规则全面接轨，取消了沿用 22 年的旅行社分类，取消了旅行社设立分支机构的限制，最大限度地满足了旅游经营者做大做强的需求；着眼于机构改革后政府职能的转变，下放了旅行社审批权限，简化了行政审批程序；着眼于对旅游市场的监管，增加了层级和属地管理的责任，实现了从重行政审批向规范经营主体和市场监管并重、从重微观管理到重市场调节和宏观管理相结合的转变。

2010 年 5 月，国家旅游局发出《关于试行旅行社委托代理招徕旅游者业务有关事项的通知》，决定在旅行社之间突破许可经营权限制，试行招徕旅游者委托代理制度，这是我国旅行社业务管理制度的重大突破，对旅行社业务分工体系将产生重大影响。这是在国务院修订发布《旅行社条例》和国家旅游局修订发布《旅行社条例实施细则》之后，我国旅

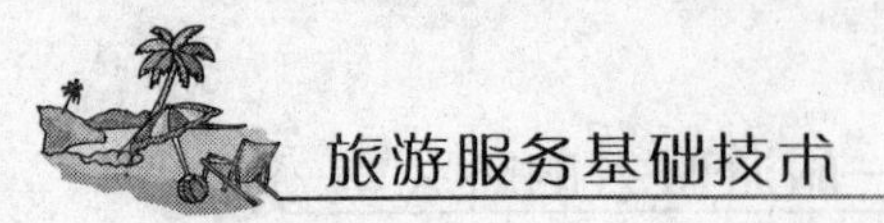

行社行业的又一件大事，是推进旅行社行业改革发展的重大举措。

需要说明的是，国际上通用的是旅行商（Travel Business & Operator）概念，通常是指专门从事招徕、组织旅游者，并提供各种旅行和旅游活动服务的企业或营利机构的统称。它包括提供各种全程旅游服务的旅游公司和机构，也包括在旅游活动不同环节中提供旅游组织与服务的各类企业和中介人。

长期以来，我国旅行社的小概念代替了旅行商的大概念。在国外，旅行社与旅行商是有显著区别的。因此，随着我国旅游业与国际旅游业的接轨，有必要对旅行社的概念进行重新界定，以适应国际旅行商行业的国际惯例。

二、旅行社在现代旅游业中的作用

旅行社是旅游活动的产物，它既是旅游产品的设计组织者，又是旅游产品的市场营销者，并具体负责旅游活动的组织与服务。因此，旅行社在世界各国的旅游业发展中占有十分重要的地位，并且发挥着极为重要的作用。其重要作用主要表现为以下几方面。

（一）旅行社是旅游活动的组织者

旅行社在旅游经营者和旅游消费者之间起着桥梁纽带作用。旅行社通过其中间服务，将与旅游者的旅游需求密切相关的各种服务要素进行设计和组合，形成相对完整的旅游产品，然后销售给旅游者，并保证各旅游企业之间的联系衔接，使旅游活动能够顺利地进行。因此，旅行社不仅为旅游者设计和组织各种旅游活动，而且对旅游业各企业提供的产品和服务起着重要的组织和整合作用。

（二）旅行社是旅游产品的市场营销者

旅行社不仅是旅游活动的重要组织者，也是旅游产品的主要市场营销者。在现代大众旅游比较普遍的情况下，旅游产品各组成部分的生产者经常不直接与旅游者发生购销接触，而是通过旅行社这一中间媒介完成销售工作。作为旅游产品的主要市场营销者，旅行社是直接面对旅游者、最接近旅游客源市场的旅游企业，因此，其对旅游市场信息和旅游需求变化了解最多、反应最快。旅行社若能及时提供信息给各相关部门或企业，会对旅游业的发展起到指导作用。

（三）旅行社是旅游活动的服务者

旅行社的服务宗旨，就是要最大限度地满足旅游者在旅游活动中的各种旅游需要。虽然旅游活动中的具体服务大多数是由各种专门旅游企业所提供，但是作为向旅游者提供整体旅游产品的旅行社，必须对整个旅游活动过程负主要责任，如代办旅行手续、提供信息咨询等。因此，旅行社实质上是整个旅游活动的服务者。

三、旅行社的基本业务

旅行社的业务按照不同的标准有着不同的分类。按旅游者的组织形式可分为团体旅游业务和散客旅游业务，其中团体旅游业务又可分组团业务和地接业务；按旅行社经营范围可分入境旅游业务、出境旅游业务和国内旅游业务。不同的旅行社所经营的具体业务可能

有所差别，但其基本业务应该相似或相同。一般而言，旅行社的基本业务主要包括以下几方面。

（一）采购业务

采购是旅行社为组合旅游产品而以一定的价格向其他旅游企业及与旅游业相关的其他行业和部门购买相关服务项目的行为。旅行社要做好委托代办业务，满足旅游者的旅游需求，就必须首先做好采购业务。从采购方式看，为了取得价格优势，旅行社向旅游区、饭店、餐馆、娱乐部门、交通部门、保险公司等的购买一般不是零散购买，而是批量集中采购。同时，旅行社必须建立广泛的采购网络，网络越广泛，取得紧缺服务的能力就越强，产品供应才能得到保证。

（二）旅游产品开发设计业务

旅行社通过采购，从其他旅游企业及与旅游业相关的其他行业和部门获得旅游产品，这些产品是单项旅游产品，旅行社要根据旅游者的需要将这些单项旅游产品进行合理组合、科学设计，形成整体旅游产品。

（三）旅游促销业务

随着旅游市场竞争的加剧，旅游产品的宣传促销显得非常重要。一方面，它可以使旅游消费者更好地去了解旅行社，提高其知名度；另一方面，它可以激发购买动机，促使潜在的旅游者成为现实的旅游者。旅游产品的宣传促销方式很多，例如媒体广告、销售推广和现场传播等。宣传促销，可以树立旅行社良好的公众形象，有利于招徕更多的旅游者。

（四）外联业务

旅行社的外联业务包括旅行社产品的营销以及与社区、相关业务单位建立良好的公共关系。旅行社只有开展广泛的外联业务，与各有关人员和机构建立联系，才可能获得更多信息，在旅游业竞争中获得优势。

（五）旅游服务业务

旅游服务业务是旅行社的一项主要业务。在服务过程的不同阶段，旅行社应提供相应的服务，以保障旅游者旅游活动的正常开展，如导游服务、售后服务、处理旅游投诉、代办旅行手续等。

四、旅行社的经营特点

旅行社的经营是指旅行社为了自身的生存，发展和实现自己的战略目标所进行的决策，以及为实施这种决策而从各方面所作的努力。作为旅游行业的“龙头”企业，与其他旅游企业相比，旅行社具有自身的经营特点，其主要表现为以下几方面。

（一）投入资本相对较少

旅行社出售的旅游产品，无论是单项的还是整体的，都是一种无形的服务产品，它的组合、设计一般不需要机器设备，转手销售也不需要仓库进行储存，除了必要的营业场所、办公设施和通信设备外不需要什么固定资产，也不需要太多的流动资本，主要靠人的劳务活动获得收入。因此，旅行社是一个资本投入相对较少的企业，是典型的劳动密集型企业。

(二) 经营风险相对较大

旅行社的经营风险是由旅游市场特殊的供求关系决定的。从供给方面看，旅行社在一定时期内的供给能力与水平受制于各个旅游生产者的综合生产能力，可变化空间有限；从需求方面看，则恰好相反，整个旅游市场起伏较大，其中既有颇具规律的周期性淡旺季变化，又有随机性较强的个别旅游者需求的变化，还有突发性事件导致的变化。因此，旅游供给与旅游需求之间一般较难调节，从而导致旅行社经营风险增大。

(三) 依附性相对较强

旅行社作为旅游活动的中介企业，是通过提供旅游服务获得收益的经济组织，它的存在与发展离不开其他相关企业的通力协作。首先，它必须依靠客源地与之有业务合作关系的旅游机构为其提供客源；其次，它还必须依靠当地众多的其他旅游企业为其旅游者提供相关的各种旅游服务。因此，旅行社业务的顺利开展必须依附于客源网络和供应网络。

(四) 形象信誉要求相对较高

旅游者外出旅游之所以选择旅行社，表面原因是省时方便，更为重要的原因在于旅游者对旅行社作为旅游经营商的信任，而这种信任通常是基于对旅行社已有的声誉和信用等企业形象的良好评价。因此，旅行社要让自己的经营继续下去，就必须树立良好的企业形象以及产品的品牌意识。

五、旅行社产品的类型

旅行社的产品是旅行社为满足旅游者在旅游过程中的需要而向其提供的各种有偿服务。旅行社产品的类型多种多样，一般而言，主要包括以下几方面。

(一) 单项服务

单项服务（Single Item Service）也称委托代办服务，是指旅行社根据旅游者的具体需求而提供的单一服务项目的各种有偿服务，如导游服务、抵接离送、代订饭店、代办签证、代办旅游保险等。旅游者需求的多样性决定了旅行社单项服务内容的广泛性。

(二) 团体包价旅游

团体包价旅游（Group Inclusive/Package Tour）是指参加旅游团（10人以上）的旅游者采取一次性预付旅费的方式，将各种相关旅游服务全部委托一家旅行社办理。其服务项目通常包括依照规定等级提供饭店客房、一日三餐和饮料、固定的市内游览用车、翻译导游服务、交通集散地接送服务、每人20公斤的行李服务以及游览场所门票和文娱活动入场券等。

(三) 散客包价旅游

散客包价旅游（Spread Guest Package Tour）是指参加旅游团（10人以下）的旅游者采取一次性预付旅费的方式，将各种相关旅游服务全部委托一家旅行社办理。其他内容与团体包价旅游相同。

（四）半包价旅游

半包价旅游（Half Package Tour）是在全包价旅游的基础上，扣除中、晚餐费用的一种包价旅游方式。团体包价旅游和散客包价旅游均可采取半包价旅游的方式。

（五）小包价旅游

小包价旅游（Mini-Package Tour）也称选择性旅游（Optional Tour），是指旅行社通过招徕，将赴同一旅游目的地的来自不同地方的旅游者组织起来，分别按单项进行计价的一种旅游方式。它由非选择部分和可选择部分构成。前者包括接送、住宿和早餐，旅游费用由旅游者在旅游前预付；可选择部分包括导游、风味餐、娱乐节目欣赏和景点参观游览等，旅游者可根据时间、兴趣和经济情况选择，旅游费用既可预付，也可现付。

（六）零包价旅游

零包价旅游（Zero Package Tour）是指旅游者必须随旅行社组织的旅游团前往和离开旅游目的地，但在旅游目的地的活动是完全自由的，形同散客。

（七）组合旅游

组合旅游（Joint Tour）介于团体旅游和散客旅游之间，是指旅游者分别从不同的地方来到旅游目的地，然后由当地事先确定的旅行社组织旅游活动的方式。

六、旅行社产品的开发与销售

（一）旅行社产品的开发

旅行社向旅游者提供的旅游产品，其典型的市场形态就是旅游线路。旅行社产品的开发，从某种意义讲，就是旅游线路的设计。而旅游线路的设计一般要遵循以下原则。

1. 市场原则

市场原则就是要求旅行社在开发新产品前，对市场进行充分的调查研究，预测市场需求的趋势和需求的数量，分析旅游者的旅游动机。

2. 经济原则

经济原则就是要求旅行社在产品设计过程中，加强成本控制，降低各种消耗。同时，在旅行社产品的总体结构上应尽可能保证旅行社服务能力与实际服务之间的均衡，减少因服务能力闲置造成的经济损失。

3. 旅游景点结构合理、布局得当的原则

这一原则要求旅行社在设计旅游线路时，应慎重选择构成旅游线路的各个旅游景点，并对之进行科学的优化组合。具体地讲，在设计旅游线路时要尽量避免重复经过同一旅游景点，应做到点间距离适中、择点适量、顺序安排科学以及特色各异。

4. 交通安排合理的原则

交通工具的选择应以迅速、舒适、安全、方便为基本标准。在具体安排上，长途一般应乘飞机。交通工具的选择应与旅程的主题相结合；同时要保证交通安排的衔接，减少等待时间。

5. 服务设施确有保障的原则

旅游线路中途经旅游景点的各种服务设施必须得到保障，如交通、住宿、饮食等，否则，一般不应考虑编入旅游线路。

6. 内容丰富多彩的原则

旅游线路一般应突出某个主题，并且要针对不同性质的旅游团确定不同的主题。同时，旅行社还应围绕主题安排丰富多彩的旅游项目。

(二) 旅行社产品的销售

旅行社产品的销售需要经历一个复杂的过程，而且不同产品的销售过程也不尽相同。其销售过程一般由四个步骤组成。

(1) 旅行社销售员工向旅游者提供包含线路、项目和价格等内容的产品清单，供其选择咨询。

(2) 通过不同方式与旅游者及旅游中间商就所选产品的细节内容进行协商，编制修订旅行日程表，并核定产品的价格。

(3) 旅游者在付款购买后，向旅行社提供相关的个人信息，并由旅行社向旅游中间商确认。

(4) 旅行社销售员工将旅行日程表和相关资料移交给服务员工，由其落实具体的服务事宜。

七、我国旅行社行业的发展趋势

随着社会经济的发展、人们生活水平的提高以及人员流动的增多，我国旅游业必将继续以较快的速度发展，旅游需求的持续增加为旅行社的发展创造了良好的条件。同时，旅行社发展的环境也发生了很大的变化，这就意味着我国旅行社的发展将出现新的趋势。

(一) 旅行社产品向非传统方向发展

信息技术的发展使得旅行社传统的提供信息的功能大为削弱，而服务功能将得到加强，一批旅行社将立足的根本转变为专业化技能而不再是规模经济；旅游需求的个性化要求更多的量身定做和富有弹性的旅游产品；人们生活水平的提高以及旅游者旅游经验的丰富，对旅行社产品的质量和旅行的舒适度提出了更高的要求。因此，重视生态、尊重当地居民、强调精神体验将成为旅行社产品开发的重要主题。

(二) 旅行社并购和联盟的进一步发展

我国旅行社的并购和联盟处于初步发展阶段，进一步发展的潜力较大。从并购重组方面来看，资本运作模式将不断出现，外资可能介入并购重组行动；从战略联盟方面来看，强强联合、股权参与将是越来越突出的联盟方式，联盟的重点将更多地转向产品和市场开发方面。

(三) 网络虚拟经营和传统实体经营将继续融合

传统实体旅行社和网络虚拟旅行服务商在经营上各具优势，二者融合是不可阻挡的发展趋势。关键是如何将旅游门户网站与传统旅行社整合在一起，达到优势互补、共同

发展。

（四）产业一体化和分工专业化的并行发展

旅游产业一体化是旅行社发展的一个趋势，通过将上游的饭店、交通、景点、金融等旅游供应商和旅行社组织在一起，显然能够更有效地开发旅游产品和提供旅游服务。专业化分工是与此相反的另一个发展趋势，它包括水平专业化分工和垂直专业化分工。前者是指一部分旅行社可能将经营重点集中在特定的旅游市场或旅游产品方面；后者不单纯是批发和零售的问题，今后可能出现更多的从传统旅行社功能中分化出来的以产品开发、导游服务、市场调查、代办旅行手续等为主要业务的专业化企业。旅行社的专业化发展，不仅适应国际旅游市场扩张和我国市场化进程的需要，而且有利于节约市场交易成本、提高旅行社的经济效益。

（五）民营资本和外资的加快进入

目前，我国有大量的民营资本和外资在等待投资机会。随着我国旅游经营许可证制度的调整和改革以及市场环境的变化，民营资本必将加快进入旅行社市场，并以其灵活的经营体制成为影响我国旅行社发展的重要力量；同时，外资旅行社必将加大在我国旅游市场的资本投入，其经营理念和经营方式也将对我国旅行社形成更大的市场冲击。

外资旅行社入华门槛大降　总体将使行业健康发展

根据国家旅游局的规定，自2007年7月1日起，我国已取消对外商投资旅行社设立分支机构的限制，并对外资旅行社的注册资本实行国民待遇。这意味着外资在注册资本上与国内旅行社享受同等待遇，外资旅行社进入中国市场的准入门槛大幅降低。

提前兑现WTO承诺

此前，我国曾于2003年6月颁布《设立外商控股、外商独资旅行社暂行规定》。相比过去的规定，今后境外投资者在华设立外资旅行社将不再受地域限制，注册资本限制标准也有大幅降低。

这是我国再次提前兑现世贸组织谈判中关于开放中国旅游市场的承诺。国家旅游局局长邵琪伟说，加入WTO的5年来，中国已提前或如期履行了有关旅游领域的各项承诺。随着加入WTO的过渡期即将结束，中国将提前兑现有关旅游领域的其他承诺。

外资旅行社在中国业务的开展始于1998年。首家进入中国的外资旅行社是日航国际旅行社。随后，全球著名的旅游企业如美国GTA、英国MIKI、德国TUI、瑞士Kuoni、日本JTB等均在北京、上海或广州设立了公司或办事处。目前，中国外资旅行社的数目已由加入世贸组织前的9家增加到了25家。报道显示，它们已经以培养代理商、经营入境订票、发展会奖旅游等各种方式渗透到了国内旅游市场。

据世界旅游组织预计，2020 年中国将成为世界上第一大旅游目的地和第四大旅游客源地。如此庞大的旅游市场，势必将吸引更多境外旅行社落“子”中国，而部分“先行者”也将受惠于新政策，加快布局中国的脚步。

门槛降低势必带来冲击

广东省旅游协会秘书长李进茂表示，这项措施的出台，对中小旅行社冲击很大。对于一些小型的或专业的旅行社来说，由于无力继续扩张，也无品牌优势，外资旅行社的进入将会抢走一批客源，可能导致其最终离开市场；如果其能够生存下来，或许会变成大型旅行社的“零售商”。广东中旅新闻发言人王坚也表示，假如外资旅行社大量并购，对本土企业的打击会很大。

不少业内人士认为，旅游人才的抢夺将成为开放后首要的问题。中青旅首席执行官蒋建宁指出，外资的进入将会改变中国入境游市场的格局。外资来了，很可能会挖人，而对旅行社行业来讲，挖骨干人员就等于挖客人。人员流动的同时，会带来中国旅行社客源结构的一种再分配。

武汉市海外旅行社负责人张彪透露，外资在华设立旅行社的门槛降低，意味着原本交由国内出境社经营的“地接”业务可能会转由他们自己“统管”，以降低成本。而主营“地接”业务的中小旅行社将因此失去大批客源。业内人士同时分析指出，由于国外旅游企业旗下大多拥有自己的酒店、航空公司、景点甚至车队，他们推出的市场价将是国内企业不可承受的，由此而来的市场重新洗牌将不可避免。

总体将使业界健康发展

旅游市场进一步对外开放，在担忧其产生冲击的同时，业界对于政策的正面影响也普遍认同。

捷达假期国际旅行社总经理张向明表示，外资旅行社进入国内市场对于大多数民营旅行社来说无疑是个利好消息，“外资的扩大准入不仅能使外资旅行社更多地进入市场，也能使更多的境外资本进入中国市场。”上航国旅副总经理王彦也对旅行社的全面放开持鲜明的支持态度。他说，旅行社全面开放时代的来临，必将导致旅行社行业的重新洗牌，但总体上会导致业界走向健康，就像房地产业的重新整合，淘弱存强，最终使旅游消费者的服务得到真正保障。

上海市旅游市场管理处处长苏光建认为，虽然门槛降低，但外资旅行社不会短期内大量涌入，他们会做大量的中国市场前期调研。而几家旅行社负责人也认为，市场是分层的，外资旅行社一般会做高端的商务旅游市场，而本地旅行社锁定的仍是低端的传统旅游市场或是个性化产品，依然有饭吃。

日本 JTB 旅游集团独资设立的上海佳天美旅行社总经理安田在接受采访时，特别强调与中国同行业的合作共赢关系。他表示，JTB 与日资的航空公司、日资酒店和日资企业形成一个业务联盟，通过上下游资源的整合，在高端领域形成竞争优势。但在国内游方面，中国同行还将在较长时间内保持优势，外资旅行社不会在这方面花大力气。

新政策虽然意味着外资的进入逐步放开，但是根据我国加入世贸组织时的规定，外资

旅行社仍不准经营其最有优势的出境游，因此不少人认为这多少为国内旅行社筑起了一道“防火墙”。不过专家指出，利润最大的国内旅客出境游业务也可能在两年左右的时间内放开，这才是外资旅行社真正看重的目标，国内旅行社要抓紧时间练好“内功”。

任务二 旅游饭店

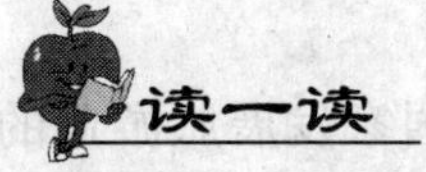

第四届中国饭店集团化发展论坛·南京共识

为系统梳理中国二十余年的饭店集团化进程，分析面临的形势与任务，明确今后的目标和策略，我们——中国饭店集团化发展的倡导者与践行者，于 2007 年 6 月 26 日共聚南京，在第四届中国饭店集团化发展论坛召开之际，特就以下问题表明了共同看法。

(1) 自 20 世纪 80 年代中期以来，中国饭店业界已清醒地认识到集团化提升产业效率和国际竞争力的显著意义和积极作用，并且一直努力在市场化导向、产权改革、管理模式创新和品牌建设等方面稳步推进集团化发展，也取得了业内外共同认可的初步成果。

(2) 经济与市场的繁荣、巨大的产业存量和资本市场的介入为当前饭店集团化的深入发展提供了历史性的机遇。一批居于行业领先地位的饭店管理公司和品牌运营商也集聚了相当规模的饭店数量，并已经有企业进入了全球饭店 100 强。然而，就整个产业而言，我们还没有形成真正可以与国际饭店集团相比较的饭店品牌；由于科技含量低和高素质经理人员的短缺，加上产权体制和传统管理模式的影响，我们尚缺乏体系化的自主创新能力；与旅游强国的战略目标相比，与巨大的旅游住宿产业存量相比，中国饭店集团化的征程还很漫长，也很艰巨。

(3) 我们的目标：做大规模、做强品牌、增强竞争力。

相对于星级饭店的数量和整个旅游住宿产业的规模，我们需要更多的饭店管理公司，需要管理公司能够管理更多的饭店，也需要更加多样的商业模式和商业形态。

规模是市场影响力的基础，品牌是产业竞争力的体现。当前，做大规模和做强品牌都是中国饭店集团化所必须强调的目标。

无论是强调规模，还是强调品牌，最终都是为了提升饭店集团的核心竞争能力，并努力提高产业运营绩效。

(4) 为了扎实有效地推进中国饭店集团化进程，我们需要竞争，更需要合作，理性务实地建设共同认可的行业规范与产业合作机制。

在中国旅游饭店业协会的指导下，探索建立一套中国饭店管理公司的合作机制，尽力推动饭店管理公司之间，管理公司和业主之间的沟通、交流与合作。

结合国际惯例和中国国情，研究并发布饭店管理公司的综合评价体系。

颁布饭店管理公司的运营规范，引导饭店集团化健康有序地发展。

(5) 未来的五到十年，是中国饭店集团化和饭店产业发展极为关键的时期，是历史性的市场机遇，也是充满危机的产业挑战。我们有信心与产业内外的广泛力量合作，求真务实，殚精竭虑，全力承担历史赋予中国饭店人的光荣责任。

中国旅游饭店业协会

2007 年 6 月 28 日于南京

旅游饭店（Tourism Hotel）是旅游业的重要组成部分，它是一个国家发展旅游业的物质基础，是获得旅游经济收入的重要来源。今天，饭店业在许多国家已发展成为重要的经济支柱产业。

一、什么是旅游饭店

旅游饭店是指以有形的空间、设备、产品和无形的服务效用为凭借，投入到旅游消费服务领域中，具有独立性的资本或资金运动的经济实体。一个饭店的设施不论是简单还是豪华，它都必须具备提供餐饮和住宿的能力，否则就不能称之为饭店。现代化饭店是由前厅、客房、餐厅、宴会厅、多功能厅、酒吧、歌舞厅、商场、健身房、游泳池、网球场等组成，能够满足客人食、住、行、游、购、娱、通信、商务、健身等各种需求的多功能、综合性建筑设施。

随着旅游业的发展，各种类型的饭店应运而生，但其基本作用不外乎下面几点。

1. 旅游饭店是旅游业发展的重要物质基础

旅游饭店是旅游综合服务能力的重要构成要素。旅游饭店的规模大小、数量多寡，反映了一个国家（地区）发展旅游业的物质基础条件，是一个国家（地区）旅游服务能力的重要标志之一。从旅游需求的六大要素（食、住、行、游、购、娱）中，除行和游外，其他要素均可在饭店里得到提供和满足。

2. 旅游饭店是创造外汇收入的重要来源

境外旅游者入住饭店就要支付各种费用，饭店提供的服务项目越多，收益越大。所以饭店业的发展，对于我国增加外汇收入、平衡国际收支有着重要意义。我国把旅游业作为三大外汇来源之一，而饭店则占了其中相当大的部分。

3. 旅游饭店的发展对国家回笼货币有重要作用

人们手中持有的货币量超过市场上商品价格的总和时，容易引起通货膨胀。饭店业的发展既满足了国内外游客外出旅游的实际需要，又节省了大部分的物化劳动，有效地回笼了货币，减轻了市场压力，促进了经济的稳定和持续发展。

4. 旅游饭店为社会创造直接就业的机会

按目前我国饭店的人员配备状况，平均每间客房约配备 1.5～2 人，若新建一家 300 间客房的饭店，将创造 450～600 个直接就业机会。饭店还需要其他厂商提供设备、家具、食品、煤气等物品，以及其他大量的各种消费品，生产这些商品又将产生大量的间接就业机会。

5. 旅游饭店的发展促进社会消费方式和消费结构的变化

饭店向饭店所在地的居民提供活动的场所。如饭店的餐厅、娱乐厅等设施会吸引本地居民，使之成为当地的社交活动中心。利用饭店为人们提供的服务将会越来越多，这就必然促进人们的消费方式和消费结构发生变化，也有利于社会经济的发展。

6. 旅游饭店的发展带动其他行业的发展，给所在地区带来巨大的经济收益

据有关资料统计，一家饭店宾客开支的近60%花费在饭店以外的社会其他行业，而且宾客在饭店消费的物品大都是社会其他有关行业提供的，因此实际上也间接刺激了其他行业的发展。

二、旅游饭店的类型和等级

由于地理位置的不同，饭店的用途、功能、设施、客源的不同，饭店的种类也较为多样。

（一）饭店的类型

1. 根据饭店的位置分类

（1）城市中心饭店（City Center or Urban Hotels)。这些饭店大多是能提供全套服务的豪华饭店，大多在城市中心、商业中心或当地政府办公机构附近。

（2）度假性饭店（Resort Hotels)。度假性饭店多位于海滨、湖畔、山区或温泉附近，远离喧嚣的都市，而且交通便利。

（3）长住式饭店（Resident Hotels)。此类饭店亦称公寓旅馆，有许多美国家庭以这种饭店为家长住下来。所以长住式饭店一般以公寓为主，多采用家庭式设备，并提供厨房设备。

（4）汽车饭店（Motor Hotels or Motels)。汽车饭店多建在城市边缘与主要公路沿线上，备有免费的停车场，出入方便，价格也低廉。

（5）机场饭店。大型远程客机的出现加快了机场饭店的发展。20世纪90年代以来，大多数机场饭店配备了完善的会议设施，由于地理位置优越，很多大公司选择机场饭店作为召开会议的第一选择。

2. 按饭店的规模分类

（1）小型饭店。客房数在300间以下的为小型饭店。

（2）中型饭店。客房数在301～600间的为中型饭店。

（3）大型饭店。客房数在600间以上的为大型饭店。

我国则习惯将客房数在200间以下的定为小型饭店，201～500间的为中型饭店，500间以上的称为大型饭店。

3. 按价格高低分类

（1）豪华型/高档饭店。

(2) 精品饭店。

(3) 高档商业饭店。

(4) 中档饭店。

(5) 节俭/经济等饭店。

阿拉伯塔酒店

全世界最豪华的酒店当数阿拉伯联合酋长国境内迪拜市的帆船(BurjAl-Arab)酒店,翻译成汉语又称"阿拉伯塔",又叫做"阿拉伯之星"。它是世界上第一家七星级酒店。位于中东地区阿拉伯联合酋长国迪拜市。

这座看起来好像是正在行进中的帆船形象的酒店建在海滨的一个人工岛(Jumeirah Beach Resort)上,是一个帆船形的塔状建筑。阿拉伯塔酒店是世界上唯一的建筑高度最高的七星级酒店(因为饭店设备实在太过高级,远远超过五星的标准,只好破例称它为七星级),开业于1999年12月,它建在离海岸线280米处的人工岛上。

阿拉伯塔酒店融合了最新的建筑及工程科技,迷人的景致及造型,使它看上去仿佛和天空融为一体。阿拉伯塔酒店共有56层,321米高,比法国艾菲尔铁塔还高上一截。酒店采用双层膜结构建筑形式,造型轻盈、飘逸,具有很强的膜结构特点及现代风格。它拥有202套复式客房、200米高的可以俯瞰迪拜全城的餐厅。

到过阿拉伯塔酒店之后,你才能体会到真正意义的"金碧辉煌"。它的中庭是金灿灿的。它的最豪华的780平方米的总统套房更是华丽非凡,在第25层,家具是镀金的,设有一个电影院、两间卧室、两间起居室、一个餐厅,出入有专用电梯。

阿拉伯塔酒店客房面积从170平方米到780平方米不等。七星级酒店房价肯定不菲,最低也要900美元,总统套房则要1.8万美元。这家酒店拥有八辆宝马和两辆劳斯莱斯,专供住店旅客直接往返机场,也可从旅馆28层专设的机场坐直升机,花15分钟空中俯瞰迪拜美景。客人如果想在海鲜餐厅中就餐的话,他们将被潜水艇送到餐厅,这样他们就餐前可以欣赏到海底奇观。

4. 其他新兴的饭店类型

(1) 旅游目的地度假村。

(2) 城市度假饭店。

(3) 共同所有权/分时共享饭店。

(4) 温泉度假饭店。

(5) 海上/内河游船。

(6) 会议中心、会议型饭店。

(7) 公园和消遣性旅游的野营。

(8) 康复中心。

(二) 饭店等级的划分技术

20 世纪中期，国际饭店协会在布鲁塞尔成立。同时期，世界旅游组织（WTO）和太平洋地区旅游协会（PATA）也相继成立。这些世界性的旅游组织以及各国饭店业的主管部门，出于保护旅游者的利益，便于行业的管理和监督，促进饭店业的发展，对饭店进行了分级。不同国家或地区的饭店等级划分技术是不同的，目前国际上应用较广的主要有以下几种：

1. 星级制

大多数国家包括我国均采取“五星级”制，即一星至五星。星越多，等级越高，设施和服务越好。法国也采用一星至五星，摩纳哥使用四星豪华、四星 C、三星、二星、一星。

2. 字母表示方法

有些国家的饭店等级是用英文字母来表示的。希腊分 A、B、C、D、E 五级，A 为最高级；奥地利分 A1、A、B、C、D 五级，A1 为最高级；阿根廷分特别豪华、A、B、C、D 五级，其中特别豪华为最高级。

3. 数字表示法

意大利和阿尔及利亚饭店星级制分豪华、第一、第二、第三、第四、第五。

不同的旅游机构的分级标准是不同的，但究其内容，总是针对硬件和软件两大部分作规定的。硬件包括饭店的位置、建筑结构、设备设施等；软件包括饭店的管理水平、服务项目及标准、员工素质等因素。

读一读

厦门五星级饭店数量两年翻两番

新华网厦门 2009 年 8 月 18 日专电 随着厦门京闽中心酒店近日被评定为五星级旅游饭店，厦门市五星级饭店的数量实现两年翻两番。

记者从厦门市旅游局获悉，经全国旅游星级饭店评定委员会批准，厦门京闽中心酒店正式荣膺五星级旅游饭店。这是厦门市第 8 家五星级饭店，同时也是今年厦门挂牌的第 3 家五星级饭店。从 2007 年 7 月至今，厦门五星级饭店的数量由 2 家增长至 8 家，五星级饭店数量已跃居福建省各地市首位。

从厦门市五星级饭店的管理模式、功能类型和区域分布来看，整体格局逐渐趋向合理。在管理模式上，8 家饭店中有 2 家全权委托国际品牌饭店管理公司管理，2 家加盟国际品牌饭店管理公司管理，4 家由业主自主经营管理；在功能类型上，6 家饭店属于商务会议型饭店，2 家属于特色度假型饭店；在区域分布上，5 家饭店分布在岛内思明、湖里两区，3 家饭店分布在岛外同安、海沧两区。

三、饭店的发展历程

旅游饭店是伴随着旅游活动的发展和社会经济的进步而产生和发展起来的，它经历了一个漫长的发展过程。人们把饭店业的发展分为四个阶段。

（一）客栈时期（18 世纪中叶以前）

客栈时期历经的时间很漫长，有以下特点：①有独立经营、小规模的性质；②设施简单，除提供基本的食、宿条件外，对是否舒适不予考虑；③客栈主要接待宗教徒和商人，房租低廉。但是，客栈的发展为豪华旅馆的出现及旅馆管理的发展提供了经验。

（二）豪华饭店时期（18 世纪末—19 世纪末）

豪华饭店时期的主要特点是：①接待对象主要是王公贵族、豪门巨富与社会名流，一般的人负担不起在豪华饭店的开销；②为取悦上流社会，投资者总是把旅馆建得宛如皇宫，配之以最先进、最贵重的旅馆设备，旅馆主讲求向客人提供至上的一流服务；③许多投资人的兴趣不完全在旅馆的经济效益上，有的更愿意通过旅馆的经营来满足特权阶层的虚荣心，以求得良好的社会声誉；④管理开始从服务中分离出来，成为专门的职能。但仍处于经验管理阶段。

（三）商业饭店时期（20 世纪初—20 世纪中叶）

商业饭店时期的主要特点是：①主要接待对象是商务旅行者及社会各界人士，饭店业的特点从豪华转向方便、舒适、清洁、安全，且价格合理；②饭店的拥有者与经营者逐渐分离，经营活动完全商品化，经营者讲求经营效益；③广泛采用最新的科学技术、科学材料来装备饭店；④经营者应用科学经营管理方法，开始注重市场研究；⑤服务开始面向大众，讲究技巧性与标准化；⑥饭店业的法规日益健全。

（四）现代饭店时期（20 世纪中后期）

现代饭店时期的主要特点是：①旅游者需求的日益丰富引起饭店设施朝着更多样、更完善的方向发展；②市场结构的多元化带来企业类型的多样化；③食宿业的高额利润加速了市场竞争，饭店业朝联合集团化方向发展；④现代饭店管理日益科学化与现代化。

四、饭店内部组织分工

（一）前厅部

1. 前厅部的作用与任务

前厅部是设于饭店门厅处，负责销售饭店的主要产品——客房，联络和协调饭店各部门对客服务，为宾客提供前厅服务的综合性部门。

前厅部既是饭店业务经营的窗口，又是饭店整个业务的中心部门，办好前厅部，能够

协调、推动各部门的工作。

（1）前厅部的作用。前厅部的工作具有接触面广、政策性强、业务繁杂、关系全局等特点，是饭店管理中的重要环节。其作用表现在：

①客房是饭店最主要的产品，前厅部通过客房的销售来带动其他部门的经营活动。前厅部为客人提供的服务包括从客人抵店前的预订到离店结账，贯穿于宾客与饭店交往的全过程。同时，前厅部还要将客情信息通报有关部门，共同协调全饭店的对客服务。所以说，前厅部不仅直接为宾客办理服务业务，而且是承接宾客服务要求，组织和调度全饭店服务活动的中心。

②前厅部是饭店服务活动的代表机构，是饭店内外联系的总渠道。前厅部的服务质量和管理水平是反映饭店总体水平的窗口。前厅部和前厅部工作人员的素质将会给宾客留下深刻的第一印象和最后印象。前厅部的管理是饭店直接对客部门管理的核心。

③前厅部是饭店的信息中心。作为全店的业务活动中心，前厅部能收集到与整个饭店有关的经营管理的各种信息，并对其进行整理和分析，向管理机构提供反映真实情况的数据和报表。作为饭店管理机构的参谋和助手，前厅部还定期向上级提供咨询意见，作为制订和调整饭店计划和经营策略的参考依据。

（2）前厅部的基本任务。

①积极推销饭店产品——客房，接受宾客预订客房或其他设施；办理预订手续；制作预订报表；联络客源机构；整理预订资料；努力拓展新的客源市场。

②为宾客提供优质高效的住店服务：服务宾客；办理入住手续；分派房间；负责对内联络；掌握客情房间状态；保存宾客住店情况的有关资料。

③向客人提供各类前厅服务。前厅部作为对客服务的集中点，担负着直接为客人提供咨询、通信、留言、交通工具、行李运送寄存、贵重物品保管、钥匙交接、接受投诉、委托代办等方面的繁重服务工作。

④联络和协调各部门之间对客服务的业务关系。要准确无误地向各部门发出有关到客情况、宾客需求、宾客投诉的最新信息，并检查和监督落实情况；密切配合各部门向宾客提供最佳服务。

⑤负责全店宾客一切消费的收款业务，要与各消费点的财务人员保持密切联系，接受各营业部门转来的客账资料，核实催收账单和欠款。夜间进行全店业务效益的累计和审计，制作表格，保持最准确的客账账目。

⑥建立客人档案，记录客人在店期间的主要情况及数据。同时将市场调研和预测、客人预订、服务情况、客人资料等收存归档，定期进行统计分析，形成以前厅为中心的收集、处理、传递及储存信息的系统，通过掌握的信息来改进服务质量和提高管理水平。

2. 前厅部的运转与工作流程

前厅部主要是以客人为中心，以客人需求为目标，通过快速敏捷的服务及令客人满意的工作效果，将感情服务贯穿于整个服务过程，让客人留下满意的第一印象和最后印象。

前厅部的工作主要集中在四个环节：①接受宾客预订；②服务宾客入住；③宾客住店

期间的系列服务；④办理宾客离店及结账事宜。

（二）客房部

1. 客房部在饭店中的地位

客房是饭店最基本的物质基础，是宾客住宿饭店时最主要的活动场所。客房建筑是饭店建筑的主体，客房服务活动也是饭店服务活动的主体。现代饭店服务功能的增加都是在满足宾客住宿需求这一最根本、最重要功能基础上的延伸。

客房部负责管理全店的客房服务，负责客房、公共区域的清洁和保养，供应生活用品，为客人提供多种服务，为宾客创造一个清洁、舒适、安全、优雅的休息环境，为宾客提供礼貌、亲切、迅速、周到的服务。

2. 客房部在饭店管理中的作用

（1）客房收入是饭店经济收入的主要来源。客房是饭店出售的最主要的产品。它耐用长久，创利率较高，是饭店收入中最稳定的部分。国外饭店收入中，客房部分一般占40%或更高，我国不少饭店则可达到70%。以客房作为基础设施的饭店，只有保持较高的住房率才能带动其他设施充分发挥效益。所以，提高住房率便成了饭店管理的主要目标。

（2）客房服务质量是饭店服务质量的重要标志。客房是宾客在饭店中停留时间最长的地方，所需各种服务要求也最多。宾客对客房的好坏，感受最敏捷，印象最深刻。宾客对服务项目、服务态度的感受是“价”与“值”是否相符的主要依据。

客房部对饭店环境、设施的维护及保养的效果直接影响到饭店的服务质量及饭店的外观和形象。所以，客房服务质量对饭店来说具有重大意义。

（3）客房部的管理直接影响到全店的运行和管理。客房部的工作为饭店其他部门的正常运行创造了良好的环境和物质条件。客房部占有饭店建筑总面积和固定资产中的绝大部分，客房部员工在全店员工中所占的比例也很大。所以，客房部的管理与饭店全局有直接关系，是饭店管理中的关键部位之一。

3. 客房部的任务。客房部的工作任务，概括而言就是客房部的管理与服务。

（1）科学地组织服务工作，为住店宾客提供优质服务，争取最佳服务效果。

（2）为宾客提供完善的设备，创造一个“静”、“雅”、“洁”的居住条件。

（3）保证客房以及楼层、公共区域的整洁和卫生。

（4）在保证服务质量的前提下，满足客人需要，降低成本费用，做好客房消耗物品的供应。

（5）加强与前厅、工程、餐饮等部门的联系、协调，收集、传递、处理服务信息，保证服务质量的一致性和业务活动的正常运行。

（6）与安全部门配合，做好宾客的人身财产和饭店财产的安全保卫工作。

（三）餐饮部

餐饮部是现代旅游饭店必不可少的主要对客服务部门和创收部门。在旅游饭店的众多部门之中，餐饮部一般是最大的部门之一。餐饮质量是衡量一家饭店整体素质的主要指标，凡是经营管理成功的饭店，无不以精湛的服务、独特的风格、精美的菜肴而著称

于世。

1. 餐饮部的地位

(1) 它是满足客人的基本生活需求的主要服务部门。在旅游者最基本的需求“食、住、行、游、购、娱”中，食占第一位，食是人类维持生命的第一需要。离开餐饮部门的饭店不是健全的饭店。好的餐饮及其服务不仅是饭店的产品，而且是一种旅游产品，是一种可以吸引人的旅游资源。

(2) 餐饮收入是饭店营业收入的主要来源之一。一般来说，餐饮收入约占饭店营业收入的1/3，经营好的饭店可与客房收入相当，甚至超过客房收入。虽然餐饮部原材料成本开支较大，毛利率不如客房高，但餐饮部相对于客房部来说，其初期投资和固定资产占用却要低得多。

(3) 它是饭店参与市场营销竞争的重要手段。餐饮部在饭店市场的激烈竞争中往往充当排头兵的角色。现代饭店的客房标准相对接近，竞争余地小；而其餐饮则具灵活、多变的能力。两家条件、等级相似的饭店，靠餐饮水平决胜负的例子屡见不鲜。餐饮部门在竞争中的地位和作用有时会决定整个饭店的兴衰。

(4) 它是发挥饭店窗口作用的最佳场所之一。餐饮部的服务场所是社交集会的理想场所，它日夜不停地和住店宾客及店外宾客频繁接触。许多宾客常常把对餐厅、酒吧的印象看成是对整个饭店的印象。餐饮部经营管理的好坏、服务质量的优劣，往往关系到饭店的声誉和形象，进而影响客源。

2. 餐饮部的任务

(1) 提供赏心悦目的就餐环境。餐厅装潢要精致、舒适、典雅、富有特色；灯光柔和协调；餐厅陈设布置要整齐美观；餐厅环境及各种用具要绝对清洁卫生；服务员工站立位置得当，仪态端庄，表情自然，能营造出一种和谐亲切的气氛。

(2) 供应精致可口的菜肴食品。所谓“精致可口”，至少应具有五种特性和七个要素。五种特性为：特色性、时代（令）性、针对性、营养性、艺术性。菜肴食品的七个要素是：色、香、味、型、质、器、名。

(3) 展示令人放心的清洁卫生。令人放心的清洁卫生有两条标准：一是外表上的无污渍、无异味、无尘、无水迹，在视觉和嗅觉上能直接检测；二是内在清洁卫生上的无菌无毒，要达到卫生检疫标准。为此，必须严格把好食物进口关、储存关、加工关、烹饪关、出菜关、服务关六道关口，并抓好餐具消毒、个人卫生和环境卫生工作。

(4) 提供恰到好处的优良服务。客人在购买饮食产品的同时，更期望得到与菜肴相配的服务，期望获得方便、舒适、周到、友好、愉快的精神享受。恰到好处的优良服务有以下特色：

①它必须是及时的服务。准确的服务时机能收到出人意料的效果。

②它又是针对性极强的服务。因为不同的客人对服务的要求和感受是很不同的。

③它是迎合宾客心理的服务。

(5) 创造良好的经济效益。检查餐饮管理工作好坏的最终标准是收益。因此，餐饮管理始终要围绕完成和提高经济收益抓好两方面的工作：

①根据市场需求扩大经营范围和服务项目以及产品品种。

②加强餐饮成本控制，减少利润流失。

餐饮部除了努力提高本部门的直接经济收益外，还应积极配合支持其他部门，谋求全店的整体经济效益和社会效益。

（四）康乐部

1. 康乐部的作用

（1）由于现代旅游意识日益被人们所接受，广大旅游者和非住店宾客对康乐的意义都有了进一步的认识，康乐部已是现代旅游饭店中必不可少的部门之一。

（2）康乐设施的完善与否、康乐器械的现代化程度和先进性时常会吸引众多的康乐爱好者。由于康乐设施一般都小型多样，用人少、成本低、利润比重大、设施折旧率高，因此，办好康乐部以满足宾客健身、娱乐的需要，对提高饭店的声誉与等级，创造良好的经济效益具有十分重要的意义。

2. 康乐部的基本任务

康乐部是为了满足客人的享乐、健身、健美意识和心理需求，使饭店在客人的心目中树立起完整、完美、舒适、愉悦的形象，从而是为提高饭店的声誉而设立的。

（五）商场部

商场部（有的称商品部或购物中心）在饭店中，是专门向住店宾客和其他客人提供商品和相应服务的部门。在国外多数采取出租经营；在我国虽有出租或联营的形式，但大多数由饭店自己经营。

1. 商场部的作用

（1）商场部设于饭店的公共区域，以便住店客人和入店客人购物。由于地理位置引人注目，故在装修、布置、设备等方面要有相当的吸引力；商场部处于饭店第一线，在员工素质、仪表仪容、服务质量要求等方面，都应达到较高的水平。一个软硬件俱佳，处于饭店显著位置的商场，可以提高饭店在社会上的声誉和知名度。

（2）饭店通过销售具有特色的旅游商品，宣传我国悠久的历史文化和传统的工艺美术，具有良好的社会效益。

（3）商场经济收入有很大弹性。客人购物的多少主要取决于所提供商品的类型、特色、推销艺术和服务质量。从人均创利、资金利润来衡量，商场部经济效益一般较高。因此，商场部的经营收入是饭店总收入的重要组成部分。

2. 商场部的任务

商场部把商品经济作为经济活动的中心。其基本任务是：满足宾客的购物需求，增加饭店的营业收入，为宾客提供优质服务，促进旅游商品的生产和发展。

（六）工程部

大多数饭店都习惯于把管理饭店设施的机构称为工程设备部，简称为工程部。工程部担负着整个饭店的水、电、空调、制冷、制热、交通、通信、视像、音响等各项工程的建设、管理、维修和改造更新；保证机器设备具有良好的性能并正常运转；为宾客提供集视听娱乐、运动健身、商务购物、美容治病、衣食住行等功能于一体的综合性服务场所。饭店工程部的主要职责是：负责能源控制和设备的管理、运行与维修。

工程部的任务主要有：

(1) 对饭店供应能源，工程部负责对饭店供电、供热、供气设备的控制和运行。

(2) 对饭店设备和设施进行维修。

(3) 对设备和设施进行增建、更新和改造。

（七）安全部

旅游安全，主要是旅客在旅游期间的吃、住、行、游、购、娱等活动中的安全。饭店是客人住、吃、购、娱的主要场所，因此，饭店安全是旅游安全的主要组成部分。

饭店安全，是饭店一切工作的保障。现代饭店是一个大型综合型企业，机构庞大，人员集中，业务范围极其广泛。饭店工作的正常运行，一要靠饭店总经理的有力领导；二要靠科学的、严密的行政管理；三要有安全保障，三者缺一不可。做好饭店的安全保卫工作，不但是保证饭店其他部门工作正常运转的基本条件，而且直接关系到旅游业的发展。

饭店安全部是现代化饭店发展的必然产物。现代化饭店由于规模越来越大，业务范围越来越广，社会治安情况越来越复杂，饭店安全保卫的要求也越来越高，由此产生了专职的安全保卫人员的安全部这个直接隶属于总经理管理的职能部门。有些饭店也把安全部称为保安部、保卫部。

1. 安全部的职能

饭店的保安部门，作为公安机关的基层组织，固然具有公安保卫工作的共同属性，但是，它同时又是饭店中的一个部门，是饭店管理上的一种手段。这种特殊属性决定了保卫部门的职能，在总体上是打击敌人和保护人民，但应侧重于保护人民这一方面。这就是：预防各种不安定因素的发生，积极防止灾害事故，确保饭店的安全。

2. 安全部的任务

(1) 经常开展安全和法制教育，不断提高职工对饭店安全保卫工作的认识。

(2) 逐步健全安全防范管理制度，积极推行安全保卫岗位责任制。

(3) 加强对饭店内部的治安管理，维护内部治安秩序。

(4) 协助公安机关查处治安案件和侦破一般刑事案件。

(5) 确保饭店的重点和要害部位的安全。

(6) 保障宾客的人身安全。

饭店安全部执行上述任务的同时要处理好安全工作与日常营业的关系，结合饭店的实际，做到“内紧外松”、“宾客至上、安全第一”、“预防为主”，避免造成紧张气氛，影响宾客情绪，从而干扰正常的营业氛围。

（八）人力资源部

旅游饭店是以人为中心的行业，饭店的管理，说到底就是对人的管理。运用科学方法，对旅游饭店的人力资源进行有效的利用和开发，可以提高全体员工的素质，使其得到最优化的组合，发挥最大的积极性，从而不断提高劳动效率。因此，加强人力资源的管理，对饭店具有极其重要的意义。它是保证饭店业务经营活动顺利进行的必要条件，是全面提高饭店员工素质、增强饭店活力和竞争能力的前提，是提高饭店的服务质量、创造良好社会经济效益的保证。

1. 饭店人力资源管理的目标

（1）造就一支优秀的员工队伍。

（2）创造最优化的劳动组织。

（3）创造“自动自发”的人事环境，使员工积极性得到最大的发挥。

2. 人力资源部的作用

饭店人力资源的管理应该说是总经理和全体管理人员的任务。但是具体的工作一般由饭店的人力资源部负责。

人力资源部是对饭店的人事制度、人事关系、劳动组织和分配制度、饭店人力资源规划、招聘、录用考评、激励等进行一系列组织管理的管理职能部门。

人力资源部是饭店中负责人事管理、劳动工资管理和员工培训管理三大任务的综合主管机构。它是饭店最高决策机构管理人事、劳动和培训工作的执行部门。

3. 人力资源部的主要职能

（1）协助总经理制定饭店人力资源计划与发展战略。

（2）根据经营管理需要，设计饭店的机构设置和各部门的人员编制。

（3）负责起草员工培训的有关制度。

（4）负责计划与实施员工的招聘工作。

（5）制定并执行员工工作表现定期进行考评的制度。

（6）负责员工纪律管理、奖惩管理，处理员工投诉。

（7）管理员工档案，处理员工调动、晋升、降职、离职安排，做好人事统计。

（8）负责劳动定额与定员编制等劳动组织管理。

（9）做好工资、福利及劳动保护工作。

（10）全面负责饭店工作设计。

（11）负责全店人事、劳动和培训的日常管理工作，并发挥建议、咨询、服务和协调控制的功能。

（九）采购部

采购部是饭店的物资供应部门，它为服务员工向宾客提供一流的产品和服务打下物资准备基础。

采购部又是饭店的物资管理部门。做好采购保管工作可以减少浪费，减少库存积压，节约、用活资金。

1. 采购部的作用

（1）为饭店的运营提供物质保证。

（2）为饭店提高服务质量创造重要条件。

（3）是控制经营成本，提高经济效益的重要环节。

2. 采购部的基本任务

采购部的基本任务是：在饭店总经理或主管经济领导下，对全饭店的物品采购工作进行计划、组织和控制，保证全店物资供应；贯彻勤俭节约的方针，提高饭店的经济效益。其具体的工作是：

（1）编制、组织物资采购计划，在职权范围内，负责审批物品采购申请计划。

（2）按质、按量、按时并能以合理、有利的价格采购到饭店所需各项物品。

（3）负责饭店各类物资的采购、验收、储存和发放。

（4）收集、分析物资在流动中各环节的情况和各方面的信息反馈，提出和改进物资管理和使用的各项措施。

任务三 旅游交通

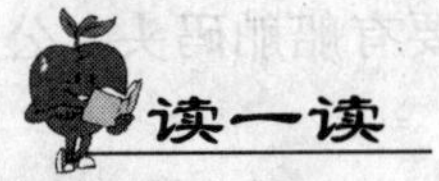

最美的山牵手最美的水

正值泛珠盛会在湖南举行之际，最美的山牵手最美的水成为现实。2007年6月8日上午11时10分，张家界至九寨沟的直航航线正式开通，首航航班号为CZ3467，抵达九寨沟九黄机场的时间是12时40分，航程仅需1个多小时。从6月8日起，该航线每周星期一、三、五、日各飞一班；从7月份起，视客源情况增加至每天一班。

张家界至九寨沟直航开通，是湘川两地旅游界期盼已久的盛事，也是“9+2”区域旅游合作中营造“无障碍旅游圈”结出的硕果，为湖南和四川旅游产业的提升提供了更好更快的发展机遇。

张家界有世界上最美的山，九寨沟有天下最美的水，两者都是世界闻名的风景旅游区，在国际上都享有很高的美誉度。如今湘川两地联手，开通直航，将可望实现张家界的韩国客源与九寨沟的欧美客源互换，将张家界到九寨沟的旅游线路打造成中国最为经典的山水风光精品线路。利用直航契机，湘川两地可整体向外推介，吸引更多的中外游客到张家界和九寨沟旅游。

旅游交通（Tourist Communications）是指为旅游者在旅游过程中提供运输工具及其配套的服务系统。用伯卡特（Burkart）和梅德里克（Medlik）的话来说，旅游交通既是旅游者“抵达目的地的手段，同时也是在目的地内活动往来的手段”。在旅游活动中，旅游者要完成全程旅行，离不开旅游交通工具的运送。旅游者利用交通工具既实现从居住地到旅游目的地的空间转移，又实现在旅游目的地从一个景区到另一个景区的空间转移过程，或实现从旅游地返回其常住地的空间转移。

一、旅游交通的内容

旅游交通是旅游业的重要组成部分。旅游者借助旅游交通，实现从一个地点到另一个地点的空间位置移动的过程，该过程可能是旅游者从客源地到目的地或是从一个目的地到另外一个目的地，也可能是旅游者在旅游景区内部的移动或从目的地返回其常住地。因此，旅游交通的任务不仅是解决旅游者的空间移动问题，更重要的是为旅游者增添旅行游览乐趣，丰富旅游经历。

现代旅游交通的构成主要包括交通线路、交通工具、交通通信设备、交通管理四大内容。

（一）交通线路

交通线路（Transport Line）是按一定技术标准与规模进行修建，并具备必要运输设施和技术设备，旨在运送乘客和货物的交通道路。不同的交通线路要有相应的设施设备，如航空交通线路要有飞机场，铁路交通线路要有火车站，水路交通线路要有船舶码头，公路交通线路要有汽车站等。

（二）交通工具

展望未来，随着科学技术的发展，交通工具将向快捷、方便和安全等方向发展。现在，人类已经拥有时速超过1000公里的大型喷气式载客飞机、时速350公里以上的高速铁路列车、快捷的大型轮船和方便人们日常生活的汽车等各种现代交通工具，这些将带领人类进入全新的时代。

（三）交通通信设备

现代化的交通通信设备是旅游交通业的基本保障和发展方向。要想保证旅游交通的畅通无阻和安全行驶，必须配备先进的交通通信设备。

（四）交通管理

交通管理（Traffic Management）就是对交通系统进行计划、引导、组织和监督。其目的是使旅游交通尽可能安全、畅通、公害小、能耗少。交通管理的方法主要有三类。一是采取工程技术管理措施，如设置标线和交通标志，设计交通自动控制系统，规划专用车行道、单向车行道，选用安全设施等；二是制定、执行交通法规，建立车辆监理机构，进行法制管理；三是广泛开展旅游交通的教育与培训。

二、旅游交通的方式

旅游交通方式可分为“大交通”旅行方式和“小交通”旅行方式两大类。“大交通”是指旅游客源地与旅游目的地之间的交通，也叫外部旅游交通，主要的“大交通”旅行方式有乘坐汽车、飞机、火车和船舶四种；而“小交通”则是指旅游景区内部游览的交通，也叫内部旅游交通，“小交通”旅行方式有很多，如乘坐电瓶车、缆车、索道、雪橇、竹排、马车等。两类旅行方式的相互配合和相互补充为旅游活动的开展提供了便利的物质条

件。一般而言，我们常说的旅游交通方式是指“大交通”旅行方式。

目前，世界旅游交通业基本上形成了以汽车、飞机、火车、船舶四大主流交通工具有机结合的综合性产业。但由于各种交通工具的特点各异，它们在旅游交通的构成中也各有优劣。因此，四大交通工具取长补短，协调发展将是今后旅游交通业发展的趋势。

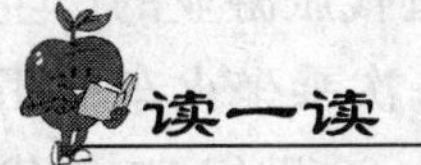

读一读

2009 年来华旅游者入境方式统计情况如表 7-1 所示。

表 7-1　2009 年 1～12 月来华旅游者入境方式分类统计

客源地	合计（万人）	同比增长（%）	入境方式				
			船舶	飞机	火车	汽车	徒步
合　计	12647.59	−9.95	467.24	1630.07	122.90	3048.36	7379.02
香港同胞	7733.60	−1.29	139.49	160.86	66.81	2600.15	4766.29
澳门同胞	2271.83	−1.08	8.13	5.71	0.24	109.36	2148.39
台湾同胞	448.41	2.24	85.44	208.62	2.50	62.42	89.43
外国人	2193.75	−9.82	234.18	1254.88	53.35	276.43	374.91

1. 汽车

由于一般的旅游目的地都有公路连接，而且公路系统与辅助设施建设逐渐完善，乘坐汽车成了旅游者陆上旅游的首选交通方式。汽车作为一种交通工具，具有灵活性大、速度快、独立性强、环境适应性强、可深入到旅游目的地内部等特点，因此，汽车的使用比例在现代旅游中是最高的。

乘坐汽车出游包括自驾车和搭乘公共汽车、长途客车或旅游包车两种。在我国一些经济发达地区，拥有私人小汽车的家庭不断增多，因此自驾车旅游渐成时尚。自驾车旅游之所以受到广泛欢迎，主要是因为它具有自由灵活、能随时停留、任意选择旅游点、便于携带行李等特点。在公共客运汽车提供包价旅游服务方面，因其价格低廉，且通常配备有导游陪护人员而受到老年旅游者群体和以青年学生为主体的较低消费层次旅游者群体的青睐。

2. 飞机

随着各国民航运输业的发展，飞机已经成为现代旅游，特别是国际旅游的主要交通工具。航空交通具有航线直、线路短、快捷、舒适等特点，对远程旅游者而言，还具有经济实惠的优点。由于飞机能跨越各种地面障碍进行长距离飞行，过去旅游者无法到达的地方，都将变成现实的旅游目的地。因此，航空运输业的发展状况已成为衡量一个国家或地区旅游发展水平的重要指标。

航空客运主要有定期航班和包机服务两种。定期航班服务是指在既定的市场形势的需求下提供的一种定期的航空包乘服务。同定期航班服务相比，包机业务有一定的经营优势，主要表现在包机载客率较高，票价较低廉，没有固定时间和固定航线，可根据旅客需要进行调整，因而深受大众欢迎。

3. 火车

在现代交通运输体系中，铁路交通是发展较早的一种交通工具，对近代旅游业的产生和发展起到了巨大的促进作用。1941 年英国人托马斯·库克组织了第一次乘坐火车的团体旅游，从此，火车在相当长时间内成为人们外出旅游的主要交通手段。20 世纪 50 年代后，由于铺设路轨的限制，铁路很难形成较细的线路网络与各旅游点直接连通，再加上汽车公司与航空公司的竞争，使得铁路客运在旅游运输中的比例不断下降。但是，铁路具有运输量大、费用低廉、相对安全、污染小等优点，对于旅游者仍具有较强的吸引力。特别近年来运行速度的大幅提高，火车的竞争力得以增强，如我国京津、武广、郑西高速铁路，运行速度都已达到每小时 350 公里。

此外，世界上不少地区的铁路客运开辟了旅游观光项目。例如有些铁路公司在沿途景色优美的线路上采用蒸汽机车，横贯欧亚的古老东方列车之旅的复兴，还有印度推出的“流动宫殿”游和南非推出的“蓝色列车”游等专项旅游，都是具有特色的旅游项目。

鄂粤共做武广高铁旅游文章

2009 年 12 月 26 日，武广高速铁路正式运营。当天，400 多名广东游客乘坐高铁抵达武汉，开始荆楚之行。湖北省、武汉市政府在黄鹤楼公园举行仪式，欢迎广东高铁旅游首发团游客，并启动了“2010 广东人游湖北主题年活动”。当天，湖北省组织的 500 人旅游促销团乘坐武广高铁抵达广州，向广东推介湖北旅游产品并考察广东主要旅游线路。

为促进两地游客“串门”旅游，2010 年鄂粤两省将携手开展一系列旅游宣传促销活动，包括组织两地旅行社和媒体互访，开展“江城与羊城的对话”武汉—广州专列互发活动，开展贯穿全年的“高铁一路行、湖广一家亲”等系列主题活动。

4. 船舶

船舶是四大交通运输工具中出现最早的交通方式，曾对旅游的发展作出了巨大的贡献。产业革命不仅将蒸汽动力技术应用于陆地的火车，也推广到远洋的船舶，促使远洋航运开始发展。20 世纪 50 年代以前，船舶一直是国际旅游的主要交通工具。水路客运业务主要可划分为四种，即远程定期班轮服务、海上短程渡轮服务、游船服务和内河客运服务。

船舶客运单纯地作为交通方式，因为速度慢、耗时长等不足而逐渐走向衰落，但作为

度假形式的海上巡游和内河游船则蓬勃发展起来，成为一种特殊的旅游形式。旅游船(Cruise Ship)，是指有24小时以上（含24小时）连续航运能力，以经营服务旅游者为主，并为旅游者提供娱乐、食宿和导游服务的客船。游船像一个漂浮的大旅馆，具有悠闲舒适等特点，很适合老年人和有充裕时间的游客旅行。旅游过程中，旅游者可以在不同地点登岸游览，又可随时回船休息，免去了搬运行李和找寻旅馆的麻烦。许多船上设有健身房、舞厅和卡拉OK房，文娱活动丰富多彩。从游览观赏角度来看，许多高品位旅游资源常集中于江海沿岸，只有乘坐船舶才能领略，如长江三峡、桂林山水等。所以，游轮又被称为“漂浮的旅游胜地”。但是，这种游船通常比较豪华，价格昂贵，加之旅游时间长，所以收入低和闲暇时间少的游客难以承受。

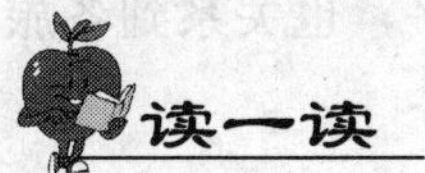

读一读

我国内河最大豪华游轮在重庆首航

新华网重庆2009年9月6日专电（记者朱薇） 我国内河最大的豪华游轮“美国维多利亚——凯珍”号6日在三峡重庆朝天门码头下水首航，这是重庆市政府旅游精品“太阳”工程计划打造的20艘豪华游轮中第一艘下水首航的涉外游轮。

据统计，1994年在外资游船公司进入长江之前，到三峡和重庆旅游的欧美游客只有2万多人，随着长江上涉外豪华游船兴起，到2008年，欧美游客数量增加了近7倍。

从2008年起，重庆计划4年内投入1000亿元，打造以重庆主城和长江三峡为核心的“山水都市”旅游精品——“太阳”工程，将建造20艘五星级豪华游轮、30家五星级旅游饭店和40个精品旅游景区。届时，能接纳直接从业人员4万人，带动间接从业人员16万人。

美国维多利亚游船公司毕只成介绍说，斥资1亿元建造的万吨五星级涉外游轮“凯珍”号船长133.8米、宽188.8米，总载客400人，是目前中国内河最长、最大、最豪华的游轮，是长江上首家使用五星级饭店管理软件系统的游轮，服务人员可用多国语言向游客讲解长江沿岸景色、风土人情和三峡风光，游客在船上可观看川剧变脸、千手观音等中国特色文化节目。

三、旅游者对旅游交通的要求

旅游者对旅游交通的一般要求是：安全、方便、快捷、舒适、经济。

安全是人们对交通的基本要求。安全系数差、经常出事故的旅游交通企业很少有人光顾。2001年，美国发生了“9·11”事件，航空公司大受影响，许多旅游者选择了其他交通工具。

方便是指交通场所位置便利，交通运营班次多，能随时乘坐，交通线路四通八达，能直接到达旅游目的地。

快捷就是尽可能缩短旅途时间，旅游者能迅速到达旅游点。例如浙江省的四小时高速公路路程（以省会杭州市为出发点，到达浙江省内任何城市只需四小时）的推出，为浙江旅游业的发展提供了交通保证。

舒适包括设备条件和服务质量两个方面。例如交通工具的清洁美观，座位的宽度、高度和前后座距是否科学，都属于设备方面的内容。服务质量体现在交通工具驾驶者的技能，包含食物是否可口、供水是否充足、态度是否亲切等。较之于社会上的大众交通工具，旅游交通更注重舒适性。

经济表现在费用方面。票价的高低直接关系到旅游者的经济消费水平，也关系到各旅游交通企业的竞争能力。

读一读

南岳景区演练索道高空应急救援

湖南日报2007年6月19日讯　“报告值班，索道运行中发生严重故障，设备无法运转。8名游客被困在2号支架附近，请求紧急救援！”“立即启动应急救援方案，迅速开展救援”。今天上午，南岳风景区内进行了一场惊心动魄的应急救援演练。

上午11时10分，演习开始，南岳半山亭索道发生“故障”，不能正常运行。在索道上站北部，距地面20米处的2号支架附近一车厢内有8名“游客”被困，其中一名女乘客因过度惊慌出现昏迷。救援队接到指令后，立即分成地面和空中两个小组，在3分钟内赶到事故地点，拉起警戒线，实施救援。现场成立救援指挥部，统一指挥、协调各救援小组行动。随即，公安、消防、卫生、旅游、索道公司等部门也迅速赶到事故现场，参与紧急救援。

被困车厢内，索道工作人员不断安抚被困乘客情绪。空中救援队员迅速通过支架爬梯爬上塔架的检修平台，在队友的帮助下，主救人员利用挂到缆绳上的行走小车和保险绳索，快速接近缆车，跨上厢顶，并迅速进入厢内，将救援绳放下去。在地面救援人员的帮助下，昏迷的被困女游客首先被救了出来，守护在边上的医疗救护组赶紧跟上，经简单处理后用担架将该游客抬上救护车，送往山下救治。经过30分钟的紧张抢救，另外7名游客全部安全到达地面，演习获得圆满成功。

本次演习重点演练了企业、社会、政府三级应急救援体系的联动机制。演习中，南岳索道公司首先启动本企业预案进行自救，《南岳区特种设备事故救援预案》也同时启动，按照预案程序，公安、消防、卫生等部门的救援组，在统一指挥下，各司其职，模拟实战，进行联合救援。

景区负责人表示，南岳作为国家5A级旅游景区，来这里的游客每年超过400万人次，保障游客安全是景区的重要职责。国家把客运架空索道纳入了特种设备监察监管范围，景区也很重视各类旅游特种设备的安全。让游客玩得高兴，游得安全，这是景区追求的目标。

四、影响旅游者选择旅游交通工具的因素

1. 旅行目的

根据旅行目的，我们将旅游者划分为三种基本类型：消遣型旅游者、差旅型旅游者、家庭事务型旅游者。

消遣型旅游者在对旅游目的地选择以及对出发时间的选择方面，拥有较大程度的选择自由。同时，由于自费的原因，这类客人大都对价格较为敏感，喜欢选择价格较低的交通工具。

差旅型旅游者的最大特点是他们的旅行出于公务的需要，所以对旅游目的地选择较小，或者根本没有选择余地，也不能选择出发的时间。但是，他们在价格方面不太敏感。因此，差旅型旅游者会选择快速、舒适的交通工具。

家庭事务型旅游者的需求比较复杂，兼有消遣型旅游者和差旅型旅游者的特点。他们的旅游目的地较固定，出行季节性较弱，对价格比较敏感。这类客人一般选择安全、高效、价低的旅游交通工具。

2. 享受程度

按享受程度划分，旅游者可分为豪华等旅游者和经济等旅游者，一般来说，豪华等旅游者经济实力比较厚实，不计较旅行价格，往往选择快捷、方便、舒适或豪华的交通工具。而经济等旅游者考虑价格因素，喜欢选择价低的交通工具。

3. 旅行距离

旅行距离通常包括空间距离和时间距离。旅行距离的远近主要会影响旅游者旅游费用的支出和游览的时间，空间距离越远，耗费的时间就越多，付出的代价也就越大。“旅快游缓”，旅游者为了能有更多的时间游览，不把时间花费在路途中，人们必须缩短用于交通方面的时间。所以对于远程旅游来说，通常会选择航空旅行；反之，短程旅游者比较喜欢选择铁路或汽车旅行。

4. 个人偏好

在多种旅行方式同时可供选择的条件下，人们会选择不同的旅行方式。这主要是由一个人的爱好所致，比如：有些人惧怕高空旅行，认为火车比较安全；而有些人经历过一次不愉快的汽车旅行后，会选择其他方式的交通工具。

5. 家庭及他人影响力

旅游者在外出旅行时必然会咨询他人，他人对选择旅行方式的意见及家人的反应程度，往往会影响旅游者选择交通工具的类型。

6. 运输价格

旅游交通运输的价格，是现在多数旅游者都比较关注的问题。价格波动会影响旅游需求，使营业量发生变化。旅游者往往会考虑各种可供选择的旅行方式的性价比，然后，根据自己的旅游预算作出决策。

当然，影响旅游者选择交通工具的因素还有很多，如旅伴、天气、情绪等。决定旅游者选择旅行方式的因素也是互相联系、互相影响的。

读一读

希腊减免飞机起降费以促进旅游发展

2010 年 4 月 21 日，希腊政府宣布了包括减免飞机起降费在内的一系列措施，以振兴旅游业。

希腊总理帕潘德里欧当晚在希腊旅游企业年会上宣布，为吸引廉价航空和国际包机运送更多的游客到希腊度假，今夏除雅典国际机场外的所有希腊机场都将免除飞机的起降费，冬季则减免 50%的起降费。

此外，希腊将在今夏取消对非希腊船只经营希腊岛屿间航线的限制。

根据官方统计，希腊旅游业对国内生产总值的贡献接近 18%，是经济的支柱产业，解决了希腊 85 万人的就业。希腊政府认为，振兴旅游业对恢复国家经济至关重要。

五、旅游交通的作用

旅游交通并不是激发旅游者出游的动机或对旅游者构成吸引力的内容，它只是实现旅游所必需的空间转移的条件。尽管旅游交通本身并不足以激发人们出游，但是，现代旅游之所以会有今天这样的规模，其活动范围之所以会扩展到世界各地，一个重要的原因便得益于现代交通运输的发展。旅游交通在旅游业中的作用主要表现在以下方面。

1. 旅游交通是实现旅游活动的先决条件

外出旅游，有“旅”才成“游”。故首先需解决从常住地向旅游目的地的空间移动问题，没有旅游交通这一环，整个旅游活动的链条就会脱节。同时，采取不同旅行方式所耗费的时间，也是需要考虑和解决的问题，原则上旅行时间越短，游览的时间就越长，旅游者旅游体验的满意度也会越高。可见，旅游交通的发展状况在一定程度上制约着旅游者活动的空间范围和旅游业发展的规模。

2. 旅游交通是旅游目的地旅游业发展的命脉

旅游业是依赖旅游者来访而生存和发展的产业，交通对于旅游景区的开发建设起着举足轻重的作用。许多地方旅游业发展的经验和教训表明，自然风景再美、人文名胜再古，

如果偏处一隅，交通不便，则很难形成对旅游者的吸引力，更不用说有大批旅游者前往观光游览了。除了便利之外，旅游交通的价格是否便宜也对人们的出游有着重大的影响。如果通过新的规模经济、技术创新或成本控制等降低旅游交通成本，价格低廉的交通供给肯定会对旅游需求起到引导和推动作用，并最终促使旅游目的地的旅游业得以发展。因此，发展各类交通，将有力地促进新的旅游热点的开辟和兴起。

3. 旅游交通是旅游创收的重要组成部分

旅游业的收入门类很多，其中旅游交通的收入所占份额相当大。就国内旅游而言，在任何国家的国内旅游收入中，旅游交通运输都占有突出的比重，一般都在一半以上。从国际旅游业务来看，这一比例也往往占到三成左右。由此可见旅游交通在旅游创收方面的重大作用。

4. 旅游交通是旅游活动的重要形式

旅游交通的多样化可以丰富旅游活动的内容。旅游是人们在非定居地的不同于日常生活的特殊体验，从旅游者乘坐各种交通工具开始旅行时起，他所经历的一切事物都与日常生活有明显的区别。旅游者领略沿途的美景，或与其他乘客广泛交往，都是旅游活动的重要内容。因此，旅游交通本身就是提供给旅游者的旅游产品的一部分。

如果某种交通工具是旅游者过去从未接触过的，或该交通工具能突出表现地方特色与民族风格时，就更能为旅游活动增添乐趣。如乘坐飞机、快艇、潜水艇、热气球、磁悬浮列车，坐花轿、马车，乘缆车，骑骆驼等，都有助于增强旅游的情趣，丰富旅游者的旅游经历。另外，有些旅游活动须借助交通工具才能实现，以乘船游览江河湖海最为典型，还有游览野生动物园、漂流等旅游活动。

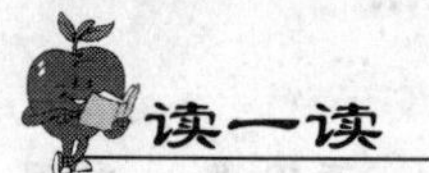

“天路”促进西藏旅游升温

新华社 拉萨电（记者胡星） 记者日前从拉萨火车站了解到，尽管时值西藏传统的冬季旅游淡季，但每天仍有数百名游客乘坐青藏铁路列车来到雪域高原。“天路”对提升西藏旅游热度起到了积极的促进作用。

据拉萨火车站副站长贾乃林介绍，自2006年7月1日青藏铁路通车至2010年1月，拉萨火车站共运送旅客约500万人次，其中45%为中外游客。西藏旅游业的“井喷”式发展势头随着青藏铁路通车而到来。

青藏铁路使西藏的对外交通条件得到改善。同时，青藏铁路本身也成了西藏的特色旅游产品，许多游客就是为了感受高原列车而踏上了青藏铁路。乘坐列车从低海拔地区前往高海拔地区的“步步高”式旅游形式，因为有利于适应高原缺氧环境，所以受到广大游客的青睐。

西藏自治区旅游局党组书记俞允贵说，未来几年内，西藏将实施"天路兴旅"的旅游发展战略，着力于以青藏铁路为依托，科学规划和开发铁路沿线的旅游项目，支撑和引导西藏发展特色旅游精品。

近期，西藏将争取联合青海省、青藏铁路公司开通格尔木—那曲—拉萨旅游观光列车。同时，在青藏铁路途经的羌塘草原建设藏北旅游中心，发展牧区藏家风情观光体验游、羌塘草原休闲游以及自驾车旅游等项目。

任务四　旅游景区

读一读

北海·海洋之窗

国家AAAA级旅游景区

"北海·海洋之窗"坐落于我国富饶美丽的北部湾之滨，占地2.1公顷，建筑面积18100平方米。景区由神秘绚丽的活体珊瑚、丰蕴深厚的航海历史文化、高科技造景技术的第三代无水水族馆、创多项国内之最的巨型圆缸海底世界景观及逼真刺激的国际最先进的4D动感电影等构成。它是一座引领海洋科技时尚、传播海洋文化品位、领略海洋无限风光的大型综合性海洋博览馆。我们走进海洋之窗，就会揭秘千年海洋……

1. 珊瑚海

景区有目前世界上最大最全的活体珊瑚展示缸，环型展缸长达28米，高3米，采用国内顶级活体珊瑚养殖技术，展示156个品种，2600多朵来自世界各地五彩斑斓的活体珊瑚，通过调节水质、水温、光线来控制其舒展和休息时间，让大家不必潜水冒险就能轻松地欣赏神秘绚烂的活体珊瑚，就算渔民在海上工作一辈子也不曾见过如此壮观的珊瑚。展缸同时模拟了珊瑚的生态环境，展示了300多种热带观赏鱼。展缸总水体超过1000吨。

2. 海底世界展厅

景区有目前国内最大的水族展缸，创四项之最：最大——圆缸直径长达11米；最深——缸体高达13米，有三层楼体的深度；最重——缸内水体超过1000吨；最奇——四面通透的缸体隧道从圆缸中部直穿而过。欣赏人鲨共舞表演（每天6场）、美人鱼、喂鱼等精彩表演，体验人与自然和谐共处典范。

3. 梦幻科技打造的第三代无水水族馆

您有没有见过在您面前游来游去，却摸不着还会变的鱼？鱼缸里没有水，鱼在畅游……一睹为快！在海洋之窗的梦幻海洋展厅，您将领略到第三代高科技无水水族馆，例如摸摸鱼、魔幻奇宫、海洋百科全书……该项技术在国内为海洋之窗仅有。

4. 负压缸

俗话说，人往高处走，水往低处流。您有没有见过水不往低处流的奇妙景观呢？在海洋之窗您可通过水族箱玻璃上的圆孔，伸手进去与鱼儿亲密接触、玩耍，妙不可言。

5. 时光隧道

国内绝无仅有的荧光纯手工壁画，由日本著名荧光画大师远山先生花了 3 个多月时间画成，价值超 300 万元。整个壁画描述了海洋形成、发展过程和未来的遐想，即海洋的昨天、今天和未来，在这里您可以完全放飞您的想象；该壁画另一奇妙之处：如果关闭荧光灯，壁画会变成一面白墙，什么也看不见，但是打开荧光灯后，画面栩栩如生，层次分明，您不得不惊叹大师的高超技艺。

6. 海之角

现代人类离婚率不断攀升，而在大海中却有一种生物对爱情始终忠贞不渝，成年后一旦找到另一半就会终生不分开，这种海洋生物就是中华鲎，中华鲎和恐龙是同一个时代的生物，因此也被誉为海洋生物的活化石。在海之角您能亲密接触到 100 多岁、重达 300 多斤的大海龟，您也可以往海龟背上掷硬币，以祈求好运。

7. 贝类区

贝类区汇集世界 600 多种 7000 多枚多姿多彩、形态各异的珍稀贝类。该区内有中国四大名螺，还有一枚国内绝无仅有的镇厅之宝——龙宫翁戎螺，价值高达 60 万人民币。

8. 4D 动感影院

目前国际最高水准的特种电影，给您三维立体加现场感觉——喷洒、撞击、水雾、扫腿、摇晃、震动，让您不仅在看电影，而且让您身临其境，完全融入电影之中。

旅游景区是以旅游及其相关活动为主要功能或主要功能之一的空间或地域，是旅游业的一个有机组成部分。它通过向旅游者提供层次丰富、形式多样的各类旅游产品和服务，以满足人们观光游览、休闲度假、探险寻访、文化修学等多层次的精神需要，为旅游业创造了经济效益。

一、什么是旅游景区

根据我国 2003 年 2 月 24 日发布并于 2003 年 5 月 1 日实施的《旅游区质量等级的划分与评定》中的标准，旅游景区（Tourist Attraction）是指具有参观游览、休闲度假、康乐健身等功能，具备相应旅游服务设施并提供相应旅游服务的独立管理区。该管理区应有统一的经营管理机构和明确的地域范围，包括风景区、文博院馆、寺庙观堂、旅游度假区、自然保护区、主题公园、森林公园、地质公园、游乐园、动物园、植物园及工业、农业、经贸、科教、军事、体育、文化艺术等各类旅游区。从狭义上理解，旅游景区可以解释为独立的，从事商业性经营的，供旅游者参观、游览和娱乐的服务场所。一个园林、一所宫殿、一座山峰、一项工程都可以成为旅游景区。从广义上理解，旅游景区也可指集合性的旅游区，即由多个相对独立的“点”共同构成。例如：由猴岛、鹿岛、龙山、姥山、羡山、密山、龙山书院、方睹洞、海瑞祠、赋溪石林、流湘瀑等构成的千岛湖旅游景区。

丰富的旅游景区是旅游业发展的保障。如果没有旅游景区，旅游者就不会前来参观游览，就无法产生旅游需求市场，旅游业也无法生存。旅游景区是目的地旅游资源的集中体现。对旅游者产生吸引力，形成一定规模的设施服务能力，具有一定可进入性的旅游资源经过开发形成旅游景区，旅游景区被旅游业所利用，为其创收。

二、旅游景区的类型

在进行旅游景区类型划分时，由于各侧重点和主要依据不同，可以从不同角度得到不同的分类体系。

(一) 按主体功能分类

根据旅游景区适宜开展的旅游活动的主体功能，结合旅游资源特色，可将其划分为三个大类。

1. 观光体验型旅游景区

这一类型的旅游景区是旅游资源的主体部分，一般具有品位突出、风景优美、历史悠久、文化积淀深厚的自然景观和人文景观的地域组合特征，以开展游览、观光、科考、修学等体验性极强的旅游活动项目为主。观光体验型旅游景区由以下五个类型构成。

(1) 观光游览型。观光游览型旅游景区具有较高的美学价值，有独特、优美的自然景观和人文景观，主要以山区、湖泊、江河、海滨、瀑布、山林、天象变化等为主要内容，如桂林山水、黄山、滇池、洱海、长江三峡、黄果树瀑布、日本富士山、欧洲多瑙河等。

(2) 古迹寻访型。历史古迹是人类文明的遗迹，它包括古人类跨越、古都城、古建筑、古工程、古陵墓、古园林以及革命文物和纪念地，如埃及的金字塔、巴黎的凡尔赛宫及我国的长城、故宫、秦始皇兵马俑等。

(3) 文化修学型。该类型的旅游景区以文化中心、古城、古都、古建筑群、宗教文化中心、名人故居为主要内容，如欧洲的雅典、罗马，我国的四大佛教名山、山东曲阜孔府等。

(4) 风情体验型。它以民族风情、民俗风情为主，并结合当地自然环境形成独特的人文景观，如傣族的泼水节、彝族的火把节、蒙古族的那达慕大会等。

(5) 科学探险型。这一类型的旅游景区的最大功能在于其科学研究价值，如九寨沟、黄龙寺、五大连池等。

2. 度假休闲型旅游景区

度假休闲型旅游景区一般具有优质旅游度假环境，如宜人的气候、温泉、海滩、海水、阳光等。人们通常把它分为三类。

(1) 康体疗养型。这一类型的景区一般具备宜人的气候环境，能提供健康疗养活动的地貌、水文、生物等地理环境，如骊山温泉、广东从化温泉等。

(2) 运动健身型。这一类型的景区以体育运动、健身锻炼为目的，以自然风光为背景，运动项目包括以山地为场所的登山探险、滑雪等运动，例如欧洲著名的阿尔卑斯山、

云南丽江玉龙雪山；以水为基地的游泳、泛舟、赛艇、潜水等系列运动，如云南的阳宗海、抚仙湖；以动物为对象的狩猎场、垂钓区。

(3) 娱乐休闲型。这一类型的旅游景区主要以地域人文为背景，以现代娱乐休闲设施为基础，提供娱乐、观赏和增长知识等多方面的活动项目，如闻名世界的迪士尼乐园、我国深圳的“锦绣中华”以及众多大型游乐场、休闲中心、动物园等。

3. 综合型旅游景区

综合型景区即自然风光、名胜古迹、度假休闲设施较集中，地域空间上有机组合，旅游功能系统完善的旅游目的地。

(二) 按内容和表现形式分类

国际上有一种比较常规的分类标准，即根据旅游景区的内容和表现形式，将旅游景区划为以下几个主要类型。

1. 古代遗迹

古代遗迹（Ancient Monuments）是指挖掘出土和加以保护的古迹，如古人城防建筑、古墓葬等。我国西安的半坡遗址、秦俑坑，北京周口店的猿人遗迹等都属于这类景区。

2. 历史建筑

历史建筑（Historic Buildings）指历史上遗留的各种建筑物，这些建筑物包括历史上遗留下来的城堡、宫殿、名人故居、庙宇寺院、历史民居等。

3. 早期产业旧址

早期产业旧址（Industrial Archeology Site）指在早期工矿业基础上形成的旅游景区，主要使参观者了解当地早期的社会生产和技术情况，如早期的采矿业、纺织业、铁路运输业以及运河码头等的旧址。

读一读

重庆涪陵核工厂首次作为旅游景点开放

2010 年 4 月，被称为“世界第一大人工洞体”的重庆涪陵 816 军工洞体，首次作为旅游景点对外开放。该工程于 1967 年开工，前期由工程兵进行开凿打洞，前前后后共用人力 6 万多人。该工程 1984 年停工。2002 年 4 月解密。

4. 博物馆

博物馆（Museums）的系列十分庞大，其中可分为两大类：一类是以特定收藏为展示内容的博物馆，如中外的各种科学博物馆、历史博物馆、军事博物馆、交通运输博物馆等；另一类则是以特定场址为展示内容的博物馆，如我国的故宫博物馆、美国的殖民地时期威廉斯堡博物馆、英国的铁桥博物馆都属于这一类。另外，博物馆还可按其藏品来源进行划分，如国家博物馆、地区博物馆、地方博物馆等。

5. 美术馆

美术馆（Art Galleries）多以收藏和展览历史或传统美术作品为主。

6. 公园和花园

公园和花园（Parks and Gardens）是指以具有特色的自然环境和植物环境为主要内容的旅游景区，如国际公园、自然保护区、著名的花园和园林等。

7. 主题公园

主题公园（Theme Park）这类旅游景区是指以某一中心主题为基调而兴建的大型人造游览娱乐园区，以美国的迪士尼乐园最为著名。

8. 原生动物园

原生动物园（Wild Life Attractions）指以观赏野生动物为主要内容的旅游景区，如动物园、水族馆、观鸟园、天然动物园、蝴蝶庄园等。

（三）按旅游景区设立的性质分类

按照旅游景区设立的性质可将其划分为商业性旅游景区和公益性旅游景区两类。商业性旅游景区是指投资者完全是出于赢利目的而建造或设立的旅游景区。它属企业性质。公益性旅游景区指政府部门或社会团体出于社会公益目的而建造或设立的旅游景区。它有时也收费，但目的不是为了赢利。

三、旅游景区的质量等级评定

1999 年，我国颁布了第一部关于旅游景区质量等级的国家标准《旅游景区（点）质量等级的划分与评定》。2003 年，我国对该标准进行了修订和完善，使其更加符合旅游区的实际情况，适用于服务海内外旅游者的各种类型的旅游区（点），包括以自然景观及人文景观为主的旅游区（点）。新标准规定了旅游区质量等级划分的依据、条件及评定的基本要求，对我国旅游景区的建设和管理水平的提高起到了极大的推动作用。

新标准把旅游景区质量等级划分为五级，从高到低依次为 AAAAA、AAAA、AAA、AA、A 级旅游景区。旅游景区质量等级的标志、标牌、证书由国家旅游行政主管部门统一规定。

（一）旅游景区质量等级划分的条件

旅游景区质量等级划分的条件包括旅游交通、游览、旅游安全、卫生、邮电服务、旅游购物、经营管理、资源和环境的保护、旅游资源吸引力、市场吸引力、旅游服务人次、游客满意度 12 个评价项目。

（二）旅游景区质量等级的划分依据与方法

根据旅游景区质量等级划分条件确定旅游景区质量等级，按照“服务质量与环境质量评分细则”、“景观质量评分细则”的评价得分，并结合“游客意见评分细则”的得分综合进行。对于初步评定的 AAAAA、AAAA、AAA、AA、A 级旅游景区采取分级公示、征求社会意见的方法。

新标准的制定，旨在加强对旅游景区的管理，提高旅游景区的服务质量，维护旅游景区和旅游者的合法权益，促进我国旅游资源的开发、利用和环境保护。

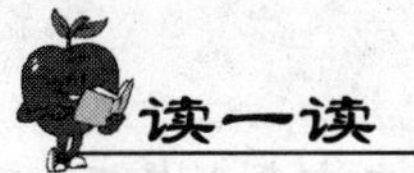

读一读

关于对66家通过5A级旅游景区试点验收单位进行公示的通知

各省、自治区、直辖市旅游景区质量等级评定委员会：

经全国旅游景区质量等级评定委员会委派的评定小组现场验收，全国旅游景区质量等级评定委员会审核批准，以下66家试点景区达到5A级景区质量等级标准要求，拟授予5A级旅游景区称号，现予公示。

公示期为7天（2007年3月7日至13日），公示期内接受社会各界的监督，若对公示景区有异议，各部门及社会各界人士可通过电子邮件（电子邮箱 5Agongshi@cnta. gov. cn）或电话（010－65201537）提出意见。

附件：66家通过5A级旅游景区试点验收单位名单。

全国旅游景区质量等级评定委员会

2007年3月7日

附件：

66家通过5A级旅游景区试点验收单位公示名单（景区按行政区划排序）

北京：故宫博物馆、天坛公园、颐和园、八达岭长城。

天津：天津古文化街旅游区（津门故里）、天津盘山风景名胜区。

河北：秦皇岛市山海关景区、保定市安新白洋淀景区、承德避暑山庄及周围寺庙景区。

山西：大同市云冈石窟、忻州市五台山风景名胜区。

辽宁：沈阳市植物园、大连老虎滩海洋公园、海洋极地馆。

吉林：长春市伪满皇宫博物院、长白山景区。

黑龙江：哈尔滨市太阳岛公园。

上海：上海东方明珠广播电视塔、上海野生动物园。

江苏：南京市钟山风景名胜区—中山陵园风景区、中央电视台无锡影视基地三国水浒景区、苏州市拙政园、苏州市周庄古镇景区。

浙江：杭州市西湖风景名胜区、温州市雁荡山风景名胜区、舟山市普陀山风景名胜区。

安徽：黄山市黄山风景区、池州市九华山风景区。

福建：厦门市鼓浪屿风景名胜区、南平市武夷山风景名胜区。

江西：九江市庐山风景旅游区、吉安市井冈山风景旅游区。

山东：烟台市蓬莱阁旅游区、济宁市曲阜明故城（三孔）旅游区、泰安市泰山景区。

河南：登封市嵩山少林景区、洛阳市龙门石窟景区、焦作市云台山风景名胜区。

湖南：衡阳市南岳衡山旅游区、张家界武陵源旅游区。

湖北：武汉市黄鹤楼公园、宜昌市三峡大坝旅游区。

广东：广州市长隆旅游度假区、深圳华侨城旅游度假区。

广西：桂林市漓江景区、桂林市乐满地度假世界。

海南：三亚市南山文化旅游区、三亚市南山大小洞天旅游区。

重庆：重庆大足石刻景区、重庆巫山小三峡——小小三峡。

四川：成都市青城山——都江堰旅游景区、乐山市峨眉山景区、阿坝藏族羌族自治州九寨沟旅游景区。

贵州：安顺市黄果树大瀑布景区、安顺市龙宫景区。

云南：昆明市石林风景区、丽江市玉龙雪山景区。

陕西：西安市秦始皇兵马俑博物馆、西安市华清池景区、延安市黄帝陵景区。

甘肃：嘉峪关市嘉峪关文物景区、平凉市崆峒山风景名胜区。

宁夏：石嘴山市沙湖旅游景区、中卫市沙坡头旅游景区。

新疆：乌鲁木齐市天山天池风景名胜区、吐鲁番市葡萄沟风景区、阿勒泰地区喀纳斯景区。

模块小结

旅游企业主要有旅行社、旅游饭店、旅游交通和旅游景区等。旅游企业是组织安排旅游产品和客源，为旅游者的旅游活动提供所需要的直接产品和服务的单位。旅游企业是旅游服务的桥头堡，是保障现代旅游活动顺利完成的媒介。本模块主要介绍了旅游企业的基本情况，以及其在旅游业中的地位、作用及发展趋势。

复习与练习

一、填空题

1. ________是指参加旅游团（10 人以上）的旅游者采取一次性预付旅费的方式，将各种相关旅游服务全部委托一家旅行社办理。

2. 大多数国家包括我国均采取“________”制，即一星至五星。星越多，等级越高，设施和服务越好。

3. 旅游者对交通的一般要求，可以概括为______、方便、______、______、经济。

4. 当今世界的旅游交通业基本上已形成了以________、________、________和________四大主流交通工具有机结合的综合性产业。

5. ________是目的地旅游资源的集中体现，是导致旅游者产生旅游动机并作出购买决策的主要因素。

二、选择题

1. 下列哪一项不是旅行社的主要业务________。

A. 采购业务　　B. 销售业务
C. 旅游管理业务　　D. 产品开发设计

2. 世界饭店业的发展大致可以分为________。

A. 客栈时期　　B. 大饭店时期
C. 商业饭店时期　　D. 新型饭店时期

3. 客房销售主要是通过________实际完成的。

A. 餐饮部　　B. 前厅部　　C. 客房部　　D. 安全部

4. ________是现代旅游使用比例最高的交通工具；________是国际旅游的主要交通工具。

A. 船舶；汽车　　B. 汽车；飞机　　C. 火车；飞机　　D. 汽车；火车

5. 桂林山水、黄果树瀑布、日本富士山等属于________旅游景区。

A. 风情体验型　　B. 古迹寻访型　　C. 观光游览型　　D. 文化修学型

三、简答题

1. 旅行社在旅游业中的主要作用是什么？

2. 什么是饭店？现代饭店有什么作用？

3. 简述影响旅游者选择旅游交通工具的因素。

4. 请你谈谈我国旅游景区的质量等级评定。

实训项目

【实训名称】

旅游企业调研。

【实训内容】

在教师指导下，学生以小组为单位，设计印制好旅游企业调查问卷，然后到校外进行调研。

【实训步骤】

1. 了解当地旅游企业的基本情况、营业状况、从业人员等情况，并形成调研报告。

2. 要求结合宏观经济形势，分析旅游企业如何强化内部管理，进行规范化经营，并对旅游职能部门（如旅游局）如何为旅游企业做好服务，提出一些设想和建议。

模块八 旅游策划与规划——打造旅游服务竞争力的法宝

1. 掌握旅游资源分类、调查与评价等基础技术。
2. 掌握旅游策划的基础技术。
3. 掌握旅游规划的分类、制定与实施。

阜新露天煤矿变身矿山公园

辽宁省阜新市海州露天煤矿国家矿山公园2009年7月27日正式开园，这个当年亚洲最大的露天煤矿变身为工业遗产主题公园。

海州露天煤矿1953年投产，2005年7月该矿因煤炭资源枯竭闭坑破产，留下了长4公里、宽2公里、垂深350米的长方形废弃矿坑。2007年，海州露天煤矿国家矿山公园破土动工，公园总占地面积28平方公里，包括正门、矿山文化广场、博物馆、纪念碑和观景台五部分。矿山公园预计总投资6亿多元，用5至8年时间全面建成。阜新市政府已投资近4亿元，用于基础设施建设和地质灾害治理。根据规划，海州露天煤矿将在矿坑北帮建设采煤体验场，游客可以现场体验采煤。

看到这里，请大家想想还有哪些资源将会成为旅游资源?

随着社会的进步、经济的发展、科学技术水平的提高，人们旅游需求趋向多样化、个性化，旅游资源的外延将越来越大，类型将越来越多。旅游活动已不再局限在地面上，开始向空中、水下甚至地下发展，不再局限在自然风光、人文古迹，而向许多未知的领域扩展。实践已经证明了这一道理，如果我们将它限制在一个传统的狭小的范围，就会发现，我们的观念跟不上旅游业的发展。比如说，具有代表意义的破产工厂、新兴的产业资源，这些资源现在都纷纷成为现代旅游的热点。如德国的鲁尔工业区，在工业资源面临枯竭时发展旅游业，这成为旅游策划与规划的又一个典型案例。今后旅游资源的范围还将继续扩

大，可以预计，有些现在看来不是旅游资源的客体或因素，很可能以后就会被策划和规划成为新兴的旅游目的地。

任务驱动

任务一 了解旅游业产生和发展的基础

旅游资源（Tourism Resources）是指能够激发旅游者前去旅游，并存在于一定地理空间内的自然的、人文的和社会的各种吸引因素。它是旅游业产生和发展的基础。一个国家或地区旅游业的发展程度，主要取决于旅游资源的丰富程度、分布状况和开发价值的大小。

旅游资源的内涵极为丰富，我们应该如何理解和把握？主要可从以下三点来考虑：①旅游资源既包括自然界形成的，也包括人类社会创造的，其存在是客观的；②旅游资源是与旅游者直接相联系的，它们能激发旅游者的旅游动机，是旅游者旅游活动的对象物，能满足旅游者的特定需要；③旅游资源是与旅游业直接相联系的，能为旅游业所开发利用，并产生一定的效益。

一、旅游资源的分类

对于旅游资源的分类，根据不同的技术标准，可以提出不同的分类体系。按照旅游资源的基本属性，一般可将旅游资源划分为自然旅游资源和人文旅游资源两类。自然旅游资源主要是指依照自然发展规律天然形成的旅游资源，是可供人类旅游享用的自然景观与自然环境。人文旅游资源是指由古今中外人类所创造的能够激发人们旅游动机的物质财富和精神财富。具体分类情况如表 8－1 所示。

表 8－1　　旅游资源分类表

<table>
<tr><th></th><th>主类</th><th>亚类</th><th>基本类型</th></tr>
<tr><td rowspan="5">自然旅游资源</td><td rowspan="5">A 地文景观</td><td>AA 综合自然旅游地</td><td>AAA 山丘型旅游地 AAB 谷地型旅游地 AAC 沙砾石地型旅游地 AAD 滩地型旅游地 AAE 奇异自然现象 AAF 自然标志地 AAG 垂直自然地带</td></tr>
<tr><td>AB 沉积与构造</td><td>ABA 断层景观 ABB 褶曲景观 ABC 节理景观 ABD 地层剖面 ABE 钙华与泉华 ABF 矿点矿脉与矿石积聚地 ABG 生物化石点</td></tr>
<tr><td>AC 地质地貌过程形迹</td><td>ACA 凸峰 ACB 独峰 ACC 峰丛 ACD 石（土）林 ACE 奇特与象形山石 ACF 岩壁与岩缝 ACG 峡谷段落 ACH 沟壑地 ACI 丹霞 ACJ 雅丹 ACK 堆石洞 ACL 岩石洞与岩穴 ACM 沙丘地 ACN 岸滩</td></tr>
<tr><td>AD 自然变动遗迹</td><td>ADA 重力堆积体 ADB 泥石流堆积 ADC 地震遗迹 ADD 陷落地 ADE 火山与熔岩 ADF 冰川堆积体 ADG 冰川侵蚀遗迹</td></tr>
<tr><td>AE 岛礁</td><td>AEA 岛区 AEB 岩礁</td></tr>
</table>

续 表

主类		亚类	基本类型
自然旅游资源	B 水域风光	BA 河段	BAA 观光游憩河段 BAB 暗河河段 BAC 古河道段落
		BB 天然湖泊与池沼	BBA 观光游憩湖区 BBB 沼泽与湿地 BBC 潭池
		BC 瀑布	BCA 悬瀑 BCB 跌水
		BD 泉	BDA 冷泉 BDB 地热与温泉
		BE 河口与海面	BEA 观光游憩海域 BEB 涌潮现象 BEC 击浪现象
		BF 冰雪地	BFA 冰川观光地 BFB 长年积雪地
	C 生物景观	CA 树木	CAA 林地 CAB 丛树 CAC 独树
		CB 草原与草地	CBA 草地 CBB 疏林草地
		CC 花卉地	CCA 草场花卉地 CCB 林间花卉地
		CD 野生动物栖息地	CDA 水生动物栖息地 CDB 陆地动物栖息地 CDC 鸟类栖息地 CDD 蝶类栖息地
	D 天象与气候景观	DA 光现象	DAA 日月星辰观察地 DAB 光环现象观察地 DAC 海市蜃楼现象多发地
		DB 天气与气候现象	DBA 云雾多发区 DBB 避暑气候地 DBC 避寒气候地 DBD 极端与特殊气候显示地 DBE 物候景观
人文旅游资源	E 遗址遗迹	EA 史前人类活动场所	EAA 人类活动遗址 EAB 文化层 EAC 文物散落地 EAD 原始聚落
		EB 社会经济文化活动遗址遗迹	EBA 历史事件发生地 EBB 军事遗址与古战场 EBC 废弃寺庙 EBD 废弃生产地 EBE 交通遗迹 EBF 废城与聚落遗迹 EBG 长城遗迹 EBH 烽燧
	F 建筑与设施	FA 综合人文旅游地	FAA 教学科研实验场所 FAB 康体游乐休闲度假地 FAC 宗教与祭祀活动场所 FAD 园林游憩区域 FAE 文化活动场所 FAF 建设工程与生产地 FAG 社会与商贸活动场所 FAH 动物与植物展示地 FAI 军事观光地 FAJ 边境口岸 FAK 景物观赏点
		FB 单体活动场馆	FBA 聚会接待厅堂（室）FBB 祭拜场馆 FBC 展示演示场馆 FBD 体育健身馆场 FBE 歌舞游乐场馆
		FC 景观建筑与附属型建筑	FCA 佛塔 FCB 塔形建筑物 FCC 楼阁 FCD 石窟 FCE 长城段落 FCF 城（堡）FCG 摩崖字画 FCH 碑碣（林）FCI 广场 FCJ 人工洞穴 FCK 建筑小品
		FD 居住地与社区	FDA 传统与乡土建筑 FDB 特色街巷 FDC 特色社区 FDD 名人故居与历史纪念建筑 FDE 书院 FDF 会馆 FDG 特色店铺 FDH 特色市场
		FE 归葬地	FEA 陵区陵园 FEB 墓（群）FEC 悬棺
		FF 交通建筑	FFA 桥 FFB 车站 FFC 港口渡口与码头 FFD 航空港 FFE 栈道
		FG 水工建筑	FGA 水库观光游憩区段 FGB 水井 FGC 运河与渠道段落 FGD 堤坝段落 FGE 灌区 FGF 提水设施

续 表

	主类	亚类	基本类型
人文旅游资源	G 旅游商品	GA 地方旅游商品	GAA 菜品饮食 GAB 农林畜产品与制品 GAC 水产品与制品 GAD 中草药材及制品 GAE 传统手工产品与工艺品 GAF 日用工业品 GAG 其他物品
	H 人文活动	HA 人事记录	HAA 人物 HAB 事件
		HB 艺术	HBA 文艺团体 HBB 文学艺术作品
		HC 民间习俗	HCA 地方风俗与民间礼仪 HCB 民间节庆 HCC 民间演艺 HCD 民间健身活动与赛事 HCE 宗教活动 HCF 庙会与民间集会 HCG 饮食习俗 HGH 特色服饰
		HD 现代节庆	HDA 旅游节 HDB 文化节 HDC 商贸农事节 HDD 体育节
数量统计			
8 主类		31 亚类	155 基本类型

［注］如果发现本分类没有包括的基本类型时，使用者可自行增加。增加的基本类型可归入相应亚类，置于最后，最多可增加 2 个。编号方式为：增加第 1 个基本类型时，该亚类 2 位汉语拼音字母＋Z、增加第 2 个基本类型时，该亚类 2 位汉语拼音字母＋Y。

二、旅游资源的调查

旅游资源调查是旅游策划与规划的基础性工作。它是根据旅游资源开发的目的要求，采用科学的方法，确定其调查内容，经过一系列的调查，形成直接供旅游资源评价的调查结果的调查活动。

（一）旅游资源调查的内容

在旅游策划与规划的实践中，旅游资源调查的内容一般有以下几个方面。

1. 旅游资源类型的调查

对旅游地资源进行调查，首先要明确调查对象是自然旅游资源还是人文旅游资源，或者是自然和人文双重旅游资源。

2. 旅游资源的数量、规模、级别调查

旅游资源的数量调查，除了对每个资源个体的数据统计外，还应对整个旅游地的资源状况进行调查，以体现出旅游地资源的规模。现在许多风景区有这样的专门数据统计，如张家界风景点 57 个，树种 105 科 720 多种，禽类 6 目 13 科 41 种，兽类 27 种，猴 8 群 300 多只。这些统计数据，再加上旅游地的范围、海拔高度、面积、自然带分布高度等方面的调查，对旅游地的规模就一清二楚了。然后再把它与国内、国外同类旅游资源相比较，就清晰地辨明了旅游地资源的特色、地位和级别。

3. 旅游资源结构的调查

旅游资源结构是指在一定的时空范围及特定的社会心理认知环境中旅游资源的数量、

类型、特色以及相互之间的距离。如果某一旅游地资源成群体分布，数量多，规模大，且相互间距离不远，交通便捷，资源各具特色，那么，这种资源资源结构优化，开发价值很大。反之，则开发价值不大。如果旅游资源结构一般，但距客源地不远，可进入条件还好，是仍有开发价值的，而成功与否的关键就在旅游策划与规划了。

4. 旅游资源的季节性调查

旅游业是一个季节性很强的产业，因此，对旅游资源的季节性调查关系到旅游产品推广的成败。对于冰雪旅游产品只有冬季推出，而山地避暑旅游产品，一年内春夏是旺季，秋是平季，冬是淡季。而对于纯粹的宗教旅游地来说，各种宗教节日、庙会则是一年内的旺季。客源市场的流向、流量与旅游地季节性变动的关系很大。

5. 旅游资源调查的重点

旅游资源调查是为旅游开发服务的，旅游资源开发后，吸引旅游者越多，它的经济效益和社会效益就越大。因此，旅游资源调查的重点地域应该是离客源地较近和可进入条件好的中心城市附近及交通沿线区域、已知旅游区及其外围区域、具有高品位或特殊功能的特色旅游资源等。

（二）旅游资源调查的程序

旅游资源的调查工作主要分三个阶段，即室内准备阶段、野外实地考察阶段、整理总结阶段。

1. 室内准备阶段

室内准备阶段主要做好组织准备、资料准备和行动准备的工作。组织准备主要是根据旅游资源调查对象的情况成立由专家或专业人员与当时政府的领导和工作人员组成的工作组。资料准备主要是搜集一切与调查对象有关的资料（包括本区和邻区的旅游资源，自然、社会和经济环境等方面的文献资料，图像资料以及地图资料），并对搜集到的资料进行系统整理，作为下一步野外工作的参考，同时要准备好调查对象的大比例尺的地形图，作为野外调查时的填图底图。行动准备是根据承担的旅游资源调查的要求，结合搜集整理资料反映的情况，编写下一步具体行动的工作部署、人员配备、考察装备等计划书，并逐一落实，为野外调查做最充分的准备工作。

2. 野外实地考察阶段

野外实地考察主要分初步普查、系统调查、详细勘查、专题深查四个阶段。初步调查是指在调查初期要对调查对象进行全面普查，以了解该区旅游资源的概貌，大致掌握哪些资源具有开发价值。系统调查是在初步调查的基础上采用“线路”调查法，对旅游资源进行系统的调查，包括旅游资源的规模、质量、美感、特色、可能的客源分析等方面，将文字描述和数量指标填在调查表格上，并将调查结果标注在地形图上。详细勘查是在前两步的基础上经过筛选，初步拟定出具有开发价值的重点资源类型和重点资源区，组织多学科力量集中进行野外实地勘查，以弄清资源的成因、现状、历史演变及发展趋势，与同类资源相比较的特色所在，资源的类型结构和空间组合特点等。详细勘查还要对投资、客源、收益及旅游业的发展给区域的经济、社会和生态带来的影响进行预测，从而确定该区域旅

游发展的方向和重点项目。专题深查是指对具有开展专业或科普旅游意义的旅游资源，进行深入的专业调查。

3. 整理总结阶段

这一阶段的工作主要有：将搜集到的资料和野外考察记录进行系统的整理总结，包括将野外考察的现场调查表格归纳整理为调查汇总表；将野外所填的草图进一步复核、分析、整理，并与原有地图和资料互相对比，做到内容与界线准确无误，形成正式图件；将野外拍摄的照片冲片放大，归类，附上文字说明；将野外摄制的影像进行剪接编制、配音；将室内外搜集和考察获得的资料进行分析整理，处理数据，编制调查报告。

三、旅游资源的评价

旅游资源评价就是以发展旅游业为目的而对旅游资源所进行的分析、比较和评判。分析，就是揭示旅游资源的内涵和特点。比较，就是将各种不同的旅游资源以及处于不同地方的同类旅游资源进行比较，以发现旅游资源的差异性，从而使人们能够进行鉴别并为评判打下基础。评判，就是对旅游资源的好坏优劣、价值大小、品位高低等作出判断，划分出等级。

旅游资源的评价对发展旅游业有重要意义，对旅游资源评价正确，可以推进旅游业的发展，可以提高旅游业的经济效益；相反，对旅游资源评价不正确，就会影响旅游业的发展，降低旅游业的经济效益，甚至于没有经济效益或负经济效益。

常用的旅游资源评价的方法有定性和定量两种。

（一）定性评价法

定性评价法，通常是指评价者在对旅游地资源进行了详细考察后，凭借自己的经验、学识和综合分析能力，对旅游地资源所作的主观色彩较深厚的整体印象评价。定性评价法的优点在于能从宏观上把握旅游地的特色；其缺点是不能量化，带有较浓的主观评价色彩。但我们采用定性评价法时仍要力求实事求是，力求公正、真实，仍应在大量占有第一手资料的基础上，尽可能地运用数据进行分析，尽最大努力使定性评价定量化，尽量减少主观色彩。如杨振之教授对九寨沟的定性评价如下。

1. 历史文化价值

(1) 在56平方公里的核心地带保留了9个藏族的原始村寨。

(2) 其文化形态和生活习俗保存了安多、嘉绒藏族过渡带的文化风情。

2. 艺术观赏价值

(1) 景观组合完美。雪山、原始森林、海子组合成层次和色彩分明的景观带，海子的水、瀑布、红柳树层次清晰，动静结合。

(2) 时间组合世界罕见。一是它的时差和日差，每时每刻景观都在发生变化，可谓一时一景；二是它的视差变化，在阳光的照射下，可谓一步一景；三是季差，四季景观各有特色。

3. 科学价值

(1) 它是天然的动植物王国，植物的垂直分带明显。

(2) 它是珍稀动物大熊猫、金丝猴等的重要栖息地。

(二) 定量评价法

定量评价法是对旅游地资源构成的各种因子尽最大可能量化，运用数学方法或其他方法对资源进行综合评价，得出数量指标结论的评价方法。也就是按照所规定的评价标准以给分的办法，算出某一旅游资源所得分数。假定对一旅游资源的最高得分为10分，或设总权重为10，就要对每一项评价标准给一定的分值，或确定每一标准的权重，如表8-2所示。

表8-2　　旅游资源评价元素表

序　号	评价标准（或评价元素）	权重分配
1	知名度	1.5
2	观赏价值	1.5
3	历史文化价值	1.0
4	科学价值	0.8
5	可进入性	1.5
6	环境容量	0.8
7	环境质量	0.8
8	旅游地旅游资源集聚程度	0.8
9	旅游季节性大小	0.5
10	经济社会发展程度	0.8

某一旅游资源评价情况如下：知名度1.2，观赏价值1.0，历史文化价值0.8，科学价值0.4，可进入性1.4，环境容量0.6，环境质量0.5，旅游资源集聚性0.6，旅游季节性0.3，旅游地区经济社会发展情况0.6，结果加权总值为6.2。如果有许多旅游资源，可分别得出加权总值后，就可以列出名次。

这种定量评价方法有一定的科学性和可操作性，与定性评价方法相比，定量评价方法具有更为客观、准确和全面的优点，并可使诸多的旅游资源排列出名次，便于掌握。因此，这种评价方法也被广泛地使用。但是这种方法也有某些不够准确的地方，一方面，被评价的标准或元素应该包括哪些内容是不确定的，这样会影响到评价结果；另一方面，每一标准或元素的权重应给多少，评价时含有一定的主观因素，这样也会影响到评价的结果。因此，使用这种评价方法时，既要使标准或元素类别合适，也要使每一标准或元素的权重合理，这样才能得到较好的评价结果。

实际上，定性评价法与定量评价法的划分是就其主要倾向而言的。在评价工作中，定

性评价离不开定量，定量评价也离不开定性。每一种评价法都是定性和定量评价方法的结合，都是综合两种评价方法的结果。

四、旅游资源的开发与保护

旅游资源的开发与保护是相辅相成的有机统一体。旅游资源保护得好才具有开发价值，而开发利用又能推动和促进保护工作的开展。

（一）旅游资源开发与保护模式选择

旅游资源必须经过开发才能成为旅游吸引物，因此，开发旅游资源，改善其周边环境，发展旅游经济，已成为无法回避的事实。由此引出的问题的关键，就是在开发的过程中，如何立足现有资源、基础和潜力，从旅游资源特色的角度选择既符合科学发展的规律又能促进旅游业永续发展的模式。

对于旅游资源开发与保护的模式选择，人们很容易走入两个极端。一是单纯保护的模式，强调为保护而保护。这种模式没有找到资源保护与旅游经济增长和谐共存的方法，视两者为对立关系，是一种消极的发展模式。由于搞绝对的封闭式保护，因而往往扼杀了旅游资源的自身价值，痛失发展良机。另一个是掠夺式开发。这种模式由于追求旅游资源的经济利益最大化，不顾社会效益和生态效益，结果是文化失落、环境恶化、旅游者与社区居民关系紧张等，旅游经济失去了永续发展的基础与动力。这种盲目发展模式的教训是极为惨重的。如武陵源为了保住“世界自然遗产”的招牌，拆除违规建筑，耗资 3.45 亿元，相当于 1990 年到 2001 年武陵源所有门票收入的总和。再如，1991 年，广西北海定位为集观光、度假、商务会议综合型国际度假目的地。由于盲目不切实际，投资者的资金争相拥向利润前景看好的某些接待设施，如大批兴建别墅、度假村，而一些低利润的公用项目却缺乏投资，甚至连必要的旅游吸引物和康体休闲设施也没有建设或建设不到位，以致迟迟未能形成旅游接待体系。当时旅游开发的优惠政策被利用于房地产炒卖，以致经济泡沫愈演愈烈，最终经济泡沫破灭后的北海银滩满目疮痍，旅游开发的创伤至今还没能痊愈。

要使旅游资源得以保护和传承，必须在利用和发展中寻找出路，通过使它产生明显的经济效益和社会效益，唤起人们对旅游资源重要性的认识和觉悟，从而引导和激励人们去保护和开发旅游资源。我们强调保护，但是不反对开发。消极的保护是不可能发挥其真正的功能，唯有在保护的前提下积极的开发才能真正实现对旅游资源的保护。如桂林的靖江王城，通过积极的开发，既实现了旅游资源的有效保护，又打造成了桂林独具特色的历史文化旅游景区，丰富了桂林山水文化旅游的内涵，提升了桂林的文化底蕴与城市品位。

综上所述，我们必须在资源最优化利用的基础上，选择为保护而开发、以开发促保护的发展模式，在保护的前提下进行旅游资源的统筹开发，并将保护意识始终贯穿于发展过程之中。

（二）开发和保护的关系

旅游资源开发将改善、美化资源环境，旅游收益也为资源保护创造了经济条件。但伴随旅游开发而带来的环境污染、游人的不文明活动及行为、外来文化的冲击等，都会对旅游资源造成不同程度的破坏。旅游资源开发和保护既相互联系又相互矛盾，二者在辩证联系中共同改善旅游资源与环境的关系，逐步推动旅游业的可持续发展。

1. 二者相互联系、相互依存

（1）对旅游资源的保护是旅游资源开发和旅游业发展的前提，保护是为了更好地开发。旅游资源是旅游者进行旅游活动的基础和前提条件，一旦遭到破坏，旅游业将失去依存的条件。因此，保护是开发的前提，是当前的迫切任务。有些资源，还存在如何开发的争议，并涉及开发后的环境、社会、经济及可持续发展问题，可以先予以保护而后开发。

（2）旅游资源的开发是保护的进一步体现，是旅游业发展的基础。从可持续发展的角度看，资源保护归根到底是为了更好的开发。旅游资源必须经过开发利用，才能发挥其为游客提供观赏、游玩、猎奇、探险等方面的功能，从而实现经济效益。资源保护的意义只有通过开发才能得以体现。

（3）对旅游资源的开发本身意味着保护。一般地，合理的科学的旅游资源开发包括对资源加以整修以延长其生命周期，或对历史遗迹进行深度发掘修复、保护，或对人文旅游资源进行资料搜集和整理，重现其光芒。同时，资源开发促进旅游发展带来的收益的一部分可以通过各种形式返回资源地，用于资源环境的改造、基础设施和环境建设。在这个意义上，开发意味着保护。

2. 二者存在着相互矛盾的关系

首先，旅游资源的开发不可避免地会造成某种破坏。其次，从人为角度看，旅游资源的开发也会产生极大的破坏作用。因此，对旅游承载力（旅游环境容量）研究和应用显得尤为迫切。另外，游客的不文明行为也会对旅游资源造成破坏。最后，由于旅游资源（尤其是人文旅游资源）所具有的文化性，开发从而带来外来文化的冲击也可能是对旅游资源的毁灭性打击。

旅游资源的开发与保护是相辅相成、有机联系在一起的矛盾统一体，二者不能割裂开来。旅游资源保护得好才具有开发价值，而开发利用又能推动和促进保护工作的开展。在开发旅游资源过程中，应当把保护工作提到更重要的地位上来，并且将保护意识始终贯穿于开发过程之中。当然，对旅游资源过度的保护，也会妨碍对旅游资源的开发。过度的保护就不能体现出资源本身所具有的价值，旅游业也就得不到发展。

（三）开发和保护的对策

（1）实施可持续旅游发展战略。国际官方组织在《关于旅游业的21世纪议程》中定义可持续旅游发展为“在保护和增强未来机会的同时满足现时旅游者和东道区域的需要”，而持续旅游产品则是“与当地环境、社区和文化保持协调一致的产品。这些产品是旅游发展的永久受益者，而不是牺牲品”。其中，在保护资源与环境并最大限度地增加旅游者享受乐趣和给当地带来效益的同时，将旅游开发对所在地区的消极影响维持在最小限度内，是可持续旅游资源发展的主要指导原则之一。显然，发展（即满足现在需要）与保护是可持续旅游发展的一对核心。可见，可持续旅游发展应该成为旅游资源开发和保护关系问题

的衡量标准之一。

首先，在旅游资源开发与保护中实施可持续发展战略应该对旅游环境承载力、旅游开发的影响等方面进行系统研究，为和谐平衡的旅游资源开发和保护模式提供理论依据。其次，保持并增加旅游资源的文化内涵。由于自然与人文旅游资源往往是相互伴生，因此可以说文化内涵是旅游资源的生命线。最后，培养熟悉旅游资源开发和保护的高素质旅游专门人才。

(2) 政策引导，加强管理，综合发展。旅游资源开发和保护中需要政策支持、引导和适度的管理力度，更需要政府在旅游发展中发挥规划、组织、协调、规范等作用。旅游单位本身要注意研究新问题，要不断加强与建设、交通、林业、文化、宗教、环保等相关部门的有机结合，及时研究、协调、解决旅游业发展中的困难和问题。

另外，加强监管也是重点。重点抓好环境的保护和旅游资源的开发，逐步实现与国际惯例接轨，保证旅游与环境相结合并保持平稳，着力建立长效机制，并适当地开展政策和旅游宣传教育，在社会上形成开发保护的共识，使旅游从业人员成为资源开发和保护的先锋，使旅游者成为文明的资源保护者。同时，旅游资源开发和保护有必要与整个旅游大环境协调一致，以形成具有强大凝聚力的整体。

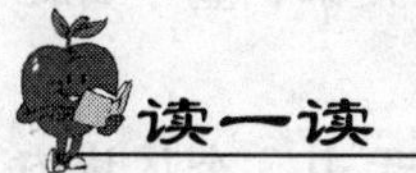

读一读

保护人类共同的遗产

清凉的雨水和缥缈的云雾，给夏日的张家界平添了几分妩媚和神秘，陶醉其中的游客很难想到，路边的青草地上一年前还是密密麻麻的宾馆店铺，被中外游客讥讽为“天上的街市”。这些宾馆店铺本身以及带来的污染，破坏了张家界景区的“完整性”和“真实性”，遭到联合国教科文组织的批评，由此引发了一场保护自然遗产的大行动。

乐极生悲，张家界被无序开发

1992 年 12 月，地处湘西北张家界市境内的武陵源风景名胜区被联合国教科文组织遗产委员会列入世界自然遗产名录，中外游客纷至沓来，每年达数百万之多。张家界绝佳的风景和诱人的商业潜力，使许多人眼热心动：一些单位迫不及待地在核心景区扩建宾馆等旅游服务设施；农民则争先恐后地在景区建房办餐馆、旅社。一时间，在天子山、袁家界、水绕四门等著名景点，宾馆、饭店和大小摊点，如雨后春笋般冒了出来。到 1998 年，武陵源景区内的建筑面积超过 36 万平方米，违章建筑面积 3.7 万平方米。金鞭溪每天被迫接受 1500 吨污水，昔日清澈见底的溪水变得污浊不堪。

1998 年 9 月，联合国教科文组织官员在武陵源进行 6 年一度的遗产监测时，提出尖锐批评：“武陵源现在是一个旅游设施泛滥的世界遗产景区，大部分景区现在像是一个城市郊区的植物园或公园。”1999 年 5 月，国务院参事王秉枕、吴学敏对武陵源进行专题调查后，发出呼吁：武陵源世界自然遗产资源非常珍贵，不可再生，要采取比一般景区更为严格的特别保护措施。

国务院领导对这份报告作出批示，要求对景区进行综合整治，破坏景观的建筑物必须拆除。

痛定思痛，忍痛大拆迁

中外专家的批评和国务院领导的批示，使张家界人猛醒过来。1999 年 6 月，刚刚赴任的武陵源区委书记杜芳禄与全区科级以上干部进行了整整 4 天的封闭式学习、讨论，最终达成共识：招商引资有价，世界自然遗产无价；保护生态环境，就是保护饭碗，保护家园。

2000 年 9 月 28 日，《武陵源世界自然遗产保护条例》经湖南省九届人大常委会第十八次会议通过，2001 年 1 月 1 日起实施。武陵源斥资 2 亿多元，从 2000 年 10 月开始实施以“拆迁建筑物、保护生态林、治理污染源”为主要内容的重大举措，涉及景区房屋拆迁面积 19.1 万平方米，其中有 124 家宾馆、酒店，搬迁民居 546 户 1791 人。

“请神容易送神难”。面对重重困难，湖南省委书记杨正午等多次到现场督察，有力地推动了拆迁工作的进展。武陵源区党委、人大、政府几套领导班子协同作战，处级干部包块、科级干部包户，谁完不成任务就摘谁的乌纱帽；干部群众舍小家、顾大家，整个拆迁工作进行得有条不紊。

截至目前（2002 年 7 月——编者注），已拆除袁家界、水绕四门、天子山 3 个区域内的 200 户，建筑面积 13.2 万平方米，2 万立方米的构筑物，涉及常住居民 1130 人。暂未拆迁的 10 户已经停业，建筑面积 2.3 万平方米。大拆迁带来了大变化：景区的固体垃圾比一年前减少了 85%，金鞭溪水质好转，索溪水清流重现。在拆迁的宾馆地基上，近 10 万株银杏、杜英、楠竹、柳杉枝叶招展。

“我们的目标是把武陵源风景区建成‘生态原始、风格独特、布局合理、设施配套、国际水平、高度文明、人人向往’的世界一流景区。张家界不仅是武陵源区的张家界，不仅是中国的财富，而且是全世界、全人类的财富。只有把张家界保护好，才对得起祖先，对得起后代，对得起中国政府对世界的庄严承诺。”杜芳禄言语中透着激情。

前车之鉴：不应忘却的教训

说起风景区的大拆迁，张家界市副市长卢建国别有一番滋味在心头：10 年前，时任武陵源区领导的他，费尽九牛二虎之力拆迁景区内 1 万多平方米的建筑物，是为了领取“世界自然遗产”这块金字招牌；10 年后的今天，张家界又进行大拆迁，却是为了保住“世界自然遗产”的招牌！今昔对比，他不由感叹：教训太深刻了！

教训之一：必须树立牢固的“合理保护、科学开发、永续利用”可持续发展观念。张家界成为世界自然遗产后，由于一些领导干部脑子里缺乏“保护第一”这根弦，普遍存在着“先繁荣后规范”、“先发展后治理”的错误观念，导致了无序开发。

教训之二：必须出台具体的、有针对性的法律法规，对景区实行依法保护、依法管理、依法开发。

教训之三：风景名胜区必须编制科学细致的保护开发规划。张家界的开发规划是1990年做的，按照5年修编一次的规定，1995年就该拿出新的详细开发保护规划。由于迟迟没有新的规划，这给各种违章建筑留下了空间。

教训之四：屡见不鲜的“人文景观”热和随处可见的“某某到此一游”的涂鸦，说明必须在全民中深入开展生态道德教育。

长路漫漫，历史仍在重演

教训是深刻的，但现实又是非常残酷的。让我们再来关注一则消息，湖南日报2007年6月19日报道：6月17日上午10点，伴随着一阵爆炸声和随之而来的滚滚浓烟，位于南岳衡山海拔1000米左右的交通宾馆，按照预定爆破方案轰然倒下。这是南岳衡山强力推进拆除景区违规楼堂馆所的“惊天一爆”。据南岳管理局局长傅丹舟介绍，从2007年2月5日爆破南天门狮仙阁宾馆“第一爆”开始，已在核心景区拆除楼堂馆所22家，面积达3万多平方米。

南岳衡山是中国五岳名山之一，有“五岳独秀”美称。但近年来由于重开发、轻保护，南岳秀美的风光却由于人为的原因正慢慢失去，核心景区内的常住人口达1700多人，各类建筑面积超过15万平方米，每天产生的生活垃圾有五六吨，在黄金周旺季每天达十几吨，给植被和自然景观造成了严重的破坏。

2006年国家建设部确定由南岳牵头联合其他四岳，向联合国提出申遗。2006年12月25日，湖南省政府在南岳衡山现场办公，确定了南岳衡山核心景区28家、面积55000平方米的楼堂馆所的拆除范围和景区内94户村民的拆迁范围，并划定了拆除时间表。

按照南岳衡山的总体规划，到2010年以前，南岳区政府将斥资2.3亿元，全面结束景区的整治工作，有碍观瞻、有损环境的商业建筑及民房，将全部拆除，恢复植被，使南岳披上秀美的面纱。

凡此种种，说明风景名胜区的保护之路还很长。

（资料来源：根据人民日报2002年7月18日和湖南日报2007年6月20日相关报道整理）

任务二 旅游策划

读一读

旅游地形象口号

北京：东方古都，长城故乡	云南：彩云之南，万绿之宗
四川：熊猫家园，古蜀王国	湖南：人文湘楚，山水湖南
宁夏：塞上江南，西夏王陵	西藏：千山之宗，万水之源

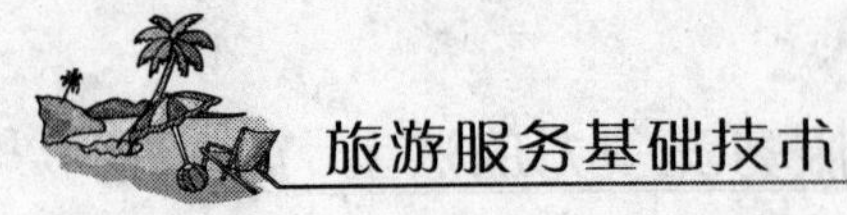

江西：红色摇篮，绿色家园　　重庆：世界的重庆，永远的三峡
山西：华夏古文明，山西好风光　　江苏：梦江苏——情与水的中国文化之乡
上海：上海，精彩每一天　　安吉：中国竹乡，生态安吉
香港：动感之都，就是香港　　普陀：海天佛国，东方渔都
深圳：中华之窗，世纪之城　　宁波：东方商埠，时尚水都
杭州：人间天堂，快乐杭州　　毕节：夜郎故地，溶洞王国
南宁：绿城寻歌壮乡情　　百色：魅力百色，神奇家园
昆明：昆明天天是春天　　柳州：山水桂林，风情柳州
桂林：桂林山水甲天下　　岳阳：洞庭天下水，岳阳天下楼
阳朔：自然山水精髓，绿色诗镜家园　　桐乡乌镇景区：中国最后的枕水人家
深圳世界之窗：您给我一天，我给您一个世界

一、什么是旅游策划

策划是对旅游的创新。它是通过创意去整合、联结各种资源和相关因素，再通过对各细分目标市场需求的调查研究，为市场推出所需要的产品组合，并对其付诸实施的可行性进行系统论证的过程。旅游策划可以救活一个景区、一个企业，旅游策划可以为政府旅游开发项目的立项提供科学的可行性研究方案，旅游策划以它全面的创新和科学严密的论证为旅游目的地注入新的血液，使旅游目的地成为人们关注的焦点。

那么什么是旅游策划呢？旅游策划是指旅游策划者为实现旅游组织的目标，通过对旅游市场和旅游环境等的调查、分析和评价，整合各种资源，创造性地设计、策划可行性方案和计划，然后付诸实施以求获得最大效益和价值的运筹过程。简而言之，旅游策划就是对旅游组织或旅游产品进行谋划、设计和决策的过程。

旅游策划的特殊性是很明显的，主要有以下几点：

（1）对旅游资源的调查和评价是旅游策划工作的基础。旅游资源的调查和评价是一个科学的系统工程，专业性很强，涉及面广，自然、人文等诸多学科内容都有可能用到。但如果简单地将各个学科的专家邀集到一起，也是难以做好旅游资源的评价工作的，只有在一个熟谙旅游业的核心人物带领下的团队才能完成对旅游资源的整合性评价。

（2）对旅游产品体系的策划是旅游策划的难点。旅游产品策划需要熟悉旅游市场，通过对市场需求的确认来决定将那些有市场价值的旅游资源转化为旅游产品，并确定该旅游产品的表现形式。

（3）对旅游市场的研究是旅游策划成功的关键。旅游市场不同于其他类型的市场，其可变性太大，难于把握。由于游客购买的是特殊的经历，许多旅游产品具有无形的特征，同时对旅游经历的感受又受到时时变幻的游客的心理因素的影响，因而市场特征虽是有规律可循，但难以让人捉摸。

二、旅游策划的类型

旅游策划可以分成以下几种类型：

1. 根据旅游策划的规模划分

根据旅游策划的规模，可以分成个别旅游策划和整体旅游策划两种。个别旅游策划，是指单独性地对一个或几个旅游活动的内容进行策划。整体旅游策划，是指具有较大规模的围绕同一目标而进行的一系列的旅游活动的策划。

2. 根据旅游策划的侧重点划分

根据旅游策划的侧重点，可以分为宏观旅游策划和微观旅游策划两种。

3. 根据旅游策划要素划分

根据旅游策划的基本要素，旅游策划可以分为旅游目标策划、对象策划及方案策划等。

4. 根据旅游策划的对象划分

根据旅游策划的对象，旅游策划可以分为旅游企业策划、旅游事业策划和政府策划。旅游企业策划又分为饭店宾馆旅游策划、旅行社旅游策划和旅游景点景区旅游策划等。

5. 根据旅游企业的运行过程划分

根据旅游企业的运行过程，旅游策划可以分为旅游战略策划、旅游产品策划、旅游促销策划、旅游广告策划、旅游企业文化策划、旅游形象策划、旅游谈判策划、旅游专题策划、旅游危机策划等。

6. 根据旅游策划内容的性质划分

根据旅游策划内容的性质，旅游策划可以分为旅游发展战略策划和旅游发展规划设计策划。

7. 根据旅游活动的形式划分

根据旅游活动的形式，旅游策划可以分为休闲旅游策划、生态旅游策划、观光旅游策划等。

三、旅游产品策划

旅游产品的内涵和外延是相当广泛的，目前旅游界已达成共识，凡是能销售给旅游者供旅游者消费、享用的产品，都称为旅游产品。它包括旅游线路、供享用的设施、服务、已开发为产品的供观赏和参与的旅游资源等。

旅游产品策划是指设计旅游产品与产品组合的方案，通过对旅游资源的区域分布、可进入性，旅游者对旅游资源的感知、认知以及市场情况进行调查研究，掌握第一手资料后，充分把握旅游资源自身所具备的价值、品质和特色，设计出能满足旅游市场需要和顺应未来发展趋势、有核心竞争力的旅游产品的过程。

旅游产品策划是旅游策划的核心和基础。它从寻找旅游者的需要开始，到旅游产品的试验和推广，大致要经历以下几个阶段：

（一）创意构思阶段

旅游产品策划的关键是发现、挖掘旅游资源的独特性，善于对各类资源要素进行巧妙的整合，把握资源要素与产品要素之间的逻辑联系，在科学与非科学之间寻求创意，进行旅游产品策划。旅游产品策划创意的来源主要有以下途径：第一，是市场需求，即旅游者的爱好与要求，这是旅游产品策划创意构思的起点。具体可以采用观察和意见征询的方式来调查旅游者的喜好、满意程度及对未来旅游产品的期望。第二，我们要从旅游组织第一线工作人员那里获得构思，如饭店员工、导游、营销人员等。他们与旅游者的关系最为密切，所提供的资料和信息全面真实。第三，同行业的竞争者。关注同行业竞争者的产品及客人的评价，我们可以从中发现问题，激发灵感，找到切入点。第四，旅游中间商。旅游中间商掌握着客人需求和投诉的第一手资料，既了解客源市场的需求状况，又熟悉供给方面的大量信息。

（二）创意评价与筛选阶段

为避免资源浪费，必须对上一阶段的各种创意方案进行评估，研究其可靠性，即对前阶段集中起来的多方面构思、设想和方案进行甄别、比较，剔除那些明显不可行的构思，选出可行性较高的方案。具体内容有：①剔除那些不符合市场需求趋势的创意。②剔除那些当前技术力量和设备条件无法达到的创意。③剔除那些不符合本旅游企业或本旅游目的地发展目标的创意。④剔除那些技术上可行但财力上无法达到的创意。⑤剔除那些同类市场已有而暂时又无法超出的创意。

（三）产品概念发展与测试阶段

产品创意还并不是具体的产品，只是希望提供给市场可能的产品设想。一个创意可能形成几个产品概念，如海上运动可以有海水泳、海上滑翔、冲浪、潜水、深海垂钓、划船等若干种产品。产品概念发展就是指把选中的创意方案具体化，设计成切实可行的具体实施方案。产品测试则是指与旅游者一起测试产品概念，了解消费者的产品偏好，以便集中力量开发对消费者吸引力强的产品。

（四）商业分析阶段

这是一个预测某种旅游产品概念在市场上的适应性和发展能力的阶段，主要有产量、成本、利润、风险分析等，预测环境和竞争形势的变化，以及所发生的变化对产品利润的影响。

（五）产品研制和开发阶段

这一阶段，主要由专业技术人员针对产品的概念进行具体设计。设计开发时，主要从产品的功能和质量两方面进行设计。旅游产品功能的设计是旅游产品策划的中心任务，功能主要包括使用功能、外观功能、地位功能等。旅游产品功能主要来自旅游者的需求，旅游者的需求是产品策划的唯一源泉。获取旅游者的需求状况一般采用市场需求调查法，比如向旅游者进行调查，向旅游组织搜集旅游者投诉情况，研究各种新闻消息等。在此基础上，根据旅游者的需求信息，提炼出产品的功能结构，形成产品的功能概念。质量是影响旅游消费者购买决策的重要因素，相同的产品和服务内容，旅游者一般都会选择质量好

的。旅游产品质量主要包括旅游吸引物质量、旅游设施质量、旅游服务质量和可进入性质量四个方面。评价旅游产品质量的唯一标准是旅游者满意度。

（六）产品测试阶段

设计开发好的旅游产品，首先应在一定范围内进行产品测试。通过旅游者的购买行为来评价旅游产品的优劣，以便进行改进。这样做，一方面可以减少产品的风险，另一方面可以以较小的代价了解所开发的新产品的优势和不足。产品测试要经过试销——改进——再试销的反复过程。产品测试过程中，要善于发现问题，解决问题。产品测试不成功，可以改变策略，换成另外的旅游产品。

（七）旅游产品全面推广阶段

旅游产品测试成功后，就可选择合适的营销策略，选择最优价格的销售渠道，选定最佳上市时间把旅游产品全面投入到预期的目标市场。

四、旅游地形象口号策划

旅游地形象是旅游地对客源市场产生吸引力的关键，是旅游地的象征，旅游目的地之间的竞争在很大程度上是形象的竞争。旅游地形象口号是用精辟的语言、独特的创意，构造出一个富有吸引魅力的旅游地形象，从而产生出强烈的广告效应。由于口号易于宣传，易于被人们接受，因此，人们通常以一句主题口号概括旅游地形象。

旅游地形象口号策划的方法很多，概括来讲，主要有两种：一种是资源导向的方法，即从旅游地的资源、文化、历史等方面特征来策划旅游地形象口号；另一种是游客导向的方法，即从游客需求出发，向游客传递一种信息——通过到旅游目的地旅游，游客将获得一种什么样的感受与体验。

在旅游地形象口号策划的过程中，我们应该注意考虑以下因素。

1. 文脉分析

旅游地形象口号必须是建立在对旅游地的文脉详细分析的基础上，突出地方特色。所谓文脉，是一定的地理空间在地域、文化、资源等方面所形成的一种较为稳定的、地方的、历史的前后相互承继的脉络关系。它包括自然地理条件、文化氛围和文化脉承以及社会人文背景。它能使人在认知过程中产生一种替代关系。

旅游实际上也是一种文化的交流、认同和超越。未来的旅游文化将是民族性与世界性相统一的旅游文化，所谓民族的，就是世界的。因此，在旅游地形象口号策划时，一定要通过对旅游地文脉的分析，发现和提取旅游地的地域背景和地方特色，注入具有深刻文化内涵的内容，策划出有强烈地方特色和民族特色的旅游地形象口号，以浓厚的文化气息吸引旅游者的眼球。唯有如此，才不至于使旅游地形象口号过于宽泛或空洞，从而使旅游地通过有效的形象口号传播在众多的竞争者中脱颖而出。如浙江省的旅游形象口号“诗画江南，山水浙江”，就深刻揭示了浙江旅游的本质特点与形象——山水见长，文化著称。这一旅游形象标志采用单纯的蓝、白二色，以西湖、钱江潮为具体形象，具有浙江旅游的特殊性、典型性与代表性。为扩展影响、加大宣传，浙江省旅游局投入近千万元资金，在北京、上海、杭州的机场和外省进入浙江的高速公路上设置印有宣传口号和标志的大型形象宣传牌，委托专业的广告公司和影视公司拍摄展示浙江旅游的形象片和广告片，并在浙江的旅游宣传品上使用统一口号和标志等。

2. 市场特征分析

旅游地形象口号的制定，主要目的是向广大旅游者和潜在旅游者进行推介。所以形象口号的制定必须充分了解广大旅游者的心理需求和偏好，并针对旅游行业特征，设计出既满足旅游者心理需求，又能充分体现旅游行业特征的形象主题口号。同时还要注意形象口号要充分体现出一种和平、友谊、交流和欢乐的吸引力。北京在策划旅游地形象口号时曾计划打故宫这张牌，但经过市场调研发现游客（特别是海外游客）最关注的不是故宫，而是长城。后来，北京的旅游地形象口号就策划为“东方古都，长城故乡”。

3. 形象口号要具有强烈的感召力

创意是旅游策划的第一要素，创意的根本在于创新出奇，以鲜明的个性特色和巧妙的构思吸引旅游者。而旅游地必须要打动旅游者和潜在旅游者的心，激发他们的需求欲望，并能形成永久而深刻的记忆，在此，只有具备新奇创意的旅游地形象口号，最能触动旅游者。所以，形象口号的设计一定要具备广告词的凝练、生动和号召力，口号的字体设计要体现充分的艺术效果，形象口号语言要具有极强的煽动性和有效传播旅游地形象信息的功能。这样，通过浓缩的语言、精辟的文字、绝妙的创意和艺术效果以及独特的要素组合，构造出一个有吸引力的旅游地形象，从而产生引起注意、提起兴趣、激发欲望、加深印象、引起激动的心理功效。如“上有天堂、下有苏杭”、“感受黄山，天下无山”等。

4. 形象口号的制定还要体现时代感

旅游地形象口号的设计在表达上要体现时代特征，具有时代气息，适合大众感知口味。通过应用符合时代语言文化时尚的宣传口号，有效地展现旅游地形象，与目标市场那些最为活跃的旅游消费群体实现有效沟通。在口号内容上，要反映现代旅游需求的特点、主流和趋势。如香港的旅游地形象口号以前是“购物天堂”，将低廉的商品价格、丰富的物产、自由的购物环境和娱乐环境等信息传递给世人；但随着社会经济的不断发展和旅游环境的不断变化，香港现在的旅游形象定位改为“动感之都，就是香港”（The city of life，This is HongKong），香港旅游将“动感”二字表现得淋漓尽致。

新疆对外宣传旅游产品将统一使用旅游形象口号

天山网讯　今后，新疆在对外宣传旅游产品时将统一使用旅游形象口号：中国新疆——掀起你的盖头来。2006 年 12 月 28 日，自治区旅游局召开了新疆旅游形象口号评审新闻发布会。本次活动自 2006 年 8 月启动以来，征集了区内外热爱新疆的人士参选的

5525条口号，自治区旅游局组织专家团经过评审选出了其中的20条优秀的口号。来自湖北省红安县的秦太安创作的“中国新疆——掀起你的盖头来”因能较好地反映新疆的特色被评为一等奖。

任务三 旅游规划

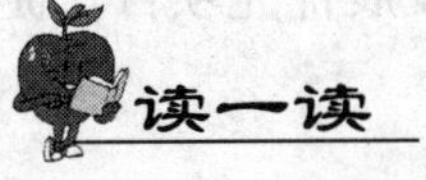

读一读

“新加坡规划之父”寄语北海
旅游规划尊重自然

北海日报 2007年6月7日讯 北海银滩、涠洲岛是世界不可多得的旅游资源，旅游规划要与大自然相融合，要做到低度的城市化、高度的自然化。这是久负盛名的规划建筑设计大师、“新加坡规划之父”刘太格日前对北海市考察后，对旅游规划工作所提出的建议。

为科学开发和合理利用国家重点风景区北海银滩、涠洲岛旅游资源，把银滩、涠洲岛包装和打造成为具有国际影响力的旅游目的地，6月5日，北海市邀请刘太格博士前来考察指导北海银滩、涠洲岛的旅游规划工作。

刘太格认为，北海银滩、涠洲岛是世界不可多得的旅游资源，开发建设一定要慎重，要有好的、独到的远期和近期规划。北海银滩、涠洲岛的旅游规划要与大自然相融合，充分利用阳光、海水、沙滩，做到低度的城市化、高度的自然化，只有这样，北海才能保护优美的环境，从而实现发展经济与保护环境的“双赢”。在谈到今后对北海银滩、涠洲岛的旅游规划开发建设时，刘太格要求做到：尊重大自然，不要破坏大自然的原始景观；周围的建筑物要与环境相协调，不破坏自然景观。

规划，就是谋划、筹划，以制订全面的长远发展计划。旅游规划则是在专家、政府、企业和社会公众的广泛参与下，通过对旅游资源和社会政治、经济等因素的调查研究和评价，为未来旅游业的发展寻求社会效益、经济效益、环境效益的最优化的过程。旅游规划指向政府行为，规划文本是规范性文件，对地区、政府、部门、企业和人的行为起规范作用，它强调整体战略性、方向性，其实质是立法。

一、旅游规划的分类

旅游规划的分类标准不同，分类的结果也不一样。一般而言，旅游规划可分为旅游发展规划和旅游区规划两大类。

（一）旅游发展规划

旅游发展规划按规划的范围和政府管理层次分为全国旅游业发展规划、区域旅游业发展规划和地方旅游业发展规划。地方旅游业发展规划又可分为省级旅游业发展规划、地市级旅游业发展规划和县级旅游业发展规划等。地方各级旅游业发展规划均依据上一级旅游业发展规划并结合本地区的实际情况进行编制。旅游发展规划包括近期发展规划（3～5年）、中期发展规划（5～10年）和远期发展规划（10～20年）。

旅游发展规划的主要任务是明确旅游业在国民经济和社会发展中的地位与作用，提出旅游业发展目标，优化旅游业发展的要素结构与空间布局，安排旅游业发展优先项目，促进旅游业持续、健康、稳定发展。

旅游发展规划的主要内容如下：

(1) 全面分析规划区旅游业发展历史与现状、优势与制约因素，及与相关规划的衔接。

(2) 分析规划区的客源市场需求总量、地域结构、消费结构及其他结构，预测规划期内客源市场需求总量、地域结构、消费结构及其他结构。

(3) 提出规划区的旅游主题形象和发展战略。

(4) 提出旅游业发展目标及其依据。

(5) 明确旅游产品开发的方向、特色与主要内容。

(6) 提出旅游发展重点项目，对其空间及时序作出安排。

(7) 提出要素结构、空间布局及供给要素的原则和办法。

(8) 按照可持续发展原则，注重保护开发利用的关系，提出合理的措施。

(9) 提出规划实施的保障措施。

(10) 对规划实施的总体投资分析，主要包括旅游设施建设、配套基础设施建设、旅游市场开发、人力资源开发等方面的投入与产出方面的分析。

旅游发展规划成果包括规划文本、规划图表及附件。规划图表包括区位分析图、旅游资源分析图、旅游客源市场分析图、旅游业发展目标图表、旅游产业发展规划图等。附件包括规划说明和基础资料等。

（二）旅游区规划

旅游区规划按规划层次分总体规划、控制性详细规划、修建性详细规划等。旅游区可根据实际需要，编制项目开发规划、旅游线路规划和旅游地建设规划、旅游营销规划、旅游区保护规划等功能性专项规划。

1. 旅游区总体规划

旅游区在开发、建设之前，原则上应当编制总体规划。小型旅游区可直接编制控制性详细规划。旅游区总体规划的期限一般为10～20年，同时可根据需要对旅游区的远景发展作出轮廓性的规划安排。对于旅游区近期的发展布局和主要建设项目，亦应作出近期规划，期限一般为3～5年。

旅游区总体规划的任务，是分析旅游区客源市场，确定旅游区的主题形象，划定旅游

区的用地范围及空间布局，安排旅游区基础设施建设内容，提出开发措施。

旅游区总体规划内容：

(1) 对旅游区的客源市场的需求总量、地域结构、消费结构等进行全面分析与预测。

(2) 界定旅游区范围，进行现状调查和分析，对旅游资源进行科学评价。

(3) 确定旅游区的性质和主题形象。

(4) 确定规划旅游区的功能分区和土地利用，提出规划期内的旅游容量。

(5) 规划旅游区的对外交通系统的布局和主要交通设施的规模、位置；规划旅游区内部的其他道路系统的走向、断面和交叉形式。

(6) 规划旅游区的景观系统和绿地系统的总体布局。

(7) 规划旅游区其他基础设施、服务设施和附属设施的总体布局。

(8) 规划旅游区的防灾系统和安全系统的总体布局。

(9) 研究并确定旅游区资源的保护范围和保护措施。

(10) 规划旅游区的环境卫生系统布局，提出防止和治理污染的措施。

(11) 提出旅游区近期建设规划，进行重点项目策划。

(12) 提出总体规划的实施步骤、措施和方法，以及规划、建设、运营中的管理意见。

(13) 对旅游区开发建设进行总体投资分析。

旅游区总体规划的成果包括规划文本、图件（含旅游区区位图、综合现状图、旅游市场分析图、旅游资源评价图、总体规划图、道路交通规划图、功能分区图等其他专业规划图、近期建设规划图等）、附件（含规划说明和其他基础资料等）。

2. 旅游区控制性详细规划

在旅游区总体规划的指导下，为了近期建设的需要，可编制旅游区控制性详细规划。旅游区控制性详细规划的任务是，以总体规划为依据，详细规定旅游区内建设用地的各项控制指标和其他规划管理要求，为旅游区内一切开发建设活动提供指导。

旅游区控制性详细规划的主要内容：

(1) 详细划定所规划范围内各类不同性质用地的界线。规定各类用地内适建、不适建或者有条件地允许建设的建筑类型。

(2) 规划用地块，规定建筑高度、建筑密度、容积率、绿地率等控制指标，并根据各类用地的性质增加其他必要的控制指标。

(3) 规定交通出入口方位、停车泊位、建筑后退红线、建筑间距等要求。

(4) 提出对各地块的建筑体量、尺度、色彩、风格等要求。

(5) 确定各级道路的红线位置、控制点坐标和标高。

旅游区控制性详细规划的成果包括规划文本、图件（含旅游区综合现状图、各地块的控制性详细规划图、各项工程管线规划图等）、附件（含规划说明及基础资料）。

3. 旅游区修建性详细规划

对于旅游区当前要建设的地段，应编制修建性详细规划。旅游区修建性详细规划的任务是，在总体规划或控制性详细规划的基础上，进一步深化和细化，用以指导各项建筑和工程设施的设计和施工。

旅游区修建性详细规划的主要内容：

（1）综合现状与建设条件分析。

（2）用地布局。

（3）景观系统规划。

（4）道路交通系统规划。

（5）绿化用地规划和重点景观地带的绿化配置设计。

（6）旅游服务设施及附属设施系统规划。

（7）工程管线系统规划。

（8）主要技术经济扶植及工程量。

（9）财务分析。

（10）竖向规划。

（11）环境保护和环境卫生系统规划。

旅游区修建性详细规划的成果包括规划设计说明书、图件（含综合现状图、修建性详细规划总图、道路及绿地系统规划设计图、工程管网综合规划设计图、竖向规划设计图、鸟瞰或透视等效果图等）。

二、旅游规划的制定与实施

（一）旅游规划编制的要求

（1）旅游规划编制要以国家和地区社会经济发展战略为依据，以旅游业发展方针、政策及法规为基础，与城市总体规划、土地利用规划相适应，与其他相关规划相协调，根据国民经济形势，对上述规划提出改进的要求。

（2）旅游规划编制要坚持以旅游市场为导向，以旅游资源为基础，以旅游产品为主体，经济、社会和环境效益可持续发展的指导方针。

（3）旅游规划编制要突出地方特色，注重区域协同，强调空间一体化发展，避免近距离不合理重复建设，加强对旅游资源的保护，减少对旅游资源的浪费。

（4）旅游规划编制鼓励采用先进方法和技术。编制过程中应当进行多方案的比较，并征求各有关行政管理部门的意见，尤其是当地居民的意见。

（5）旅游规划编制工作所采用的勘查、测量方法与图件、资料，要符合相关国家标准和技术规范。

（6）旅游规划技术指标，应当适应旅游业发展的长远需要，具有适度超前性。

（7）旅游规划编制人员应有比较广泛的专业构成，如旅游、经济、资源、环境、城市规划、建筑等方面。

（二）旅游规划的编制程序

1. 任务确定阶段

（1）委托方确定编制单位。委托方应根据国家旅游行政主管部门对旅游规划设计单位

资质认定的有关规定确定旅游规划编制单位。通常有公开招标、邀请招标、直接委托等形式。

公开招标：委托方以招标公告的方式邀请不特定的旅游规划设计单位投标。

邀请招标：委托方以投标邀请书的方式邀请特定的旅游规划设计单位投标。

直接委托：委托方直接委托某一特定规划设计单位进行旅游规划的编制工作。

（2）制订项目计划书并签订旅游规划编制合同。委托方应制订项目计划书并与规划编制单位签订旅游规划编制合同。

2. 前期准备阶段

（1）政策法规研究。对国家和本地区旅游及相关政策、法规进行系统研究，全面评估规划所受到的社会、经济、文化、环境及政府行为等方面的影响。

（2）旅游资源调查。对规划区内旅游资源的类别、品位进行全面调查，编制规划区内旅游资源分类明细表，绘制旅游资源分析图，具备条件时可根据需要建立旅游资源数据库，确定其旅游容量，调查方法可参照《旅游资源分类、调查与评价》（GB/T 18972—2003）。

（3）旅游客源市场分析。在对规划区的旅游者数量和结构、地理和季节性分布、旅游方式、旅游目的、旅游偏好、停留时间、消费水平进行全面调查分析的基础上，研究并提出规划区旅游客源市场未来的总量、结构和水平。

（4）对规划区旅游业发展进行竞争性分析，确立规划区在交通可进入性、基础设施、景点现状、服务设施、广告宣传等各方面的区域比较优势，综合分析和评价各种制约因素及机遇。

3. 规划编制阶段

（1）规划区主题确定。在前期准备工作的基础上，确立规划区旅游主题，包括主要功能、主打产品和主题形象。

（2）确立规划分期及各分期目标。

（3）提出旅游产品及设施的开发思路和空间布局。

（4）确立重点旅游开发项目，确定投资规模，进行经济、社会和环境评价。

（5）形成规划区的旅游发展战略，提出规划实施的措施、方案和步骤，包括政策支持、经营管理体制、宣传促销、融资方式、教育培训等。

（6）撰写规划文本、说明和附件的草案。

4. 征求意见阶段

规划草案形成后，原则上应广泛征求各方意见，并在此基础上，对规划草案进行修改、充实和完善。

5. 旅游规划的评审、报批与修编

（1）旅游规划的评审。

①评审方式。旅游规划文本、图件及附件的草案完成后，由规划委托方提出申请，上一级旅游行政主管部门组织评审。旅游规划的评审采用会议审查方式。规划成果应在会议

召开5日前送达评审人员审阅。旅游规划的评审，需经全体评审人员讨论、表决，并有3/4以上评审人员同意，方为通过。评审意见应形成文字性结论，并经评审小组全体成员签字，评定意见方为有效。

②规划评审人员的组成。旅游发展规划的评审人员由规划委托方与上一级旅游行政主管部门商定；旅游区规划的评审人员由规划委托方商当地旅游行政主管部门确定。旅游规划评审组由7人以上组成。其中行政管理部门代表不超过1/3，本地专家不少于1/3。规划评审小组设组长1人，根据需要可设副组长1～2人。组长、副组长人选由委托方与规划评审小组协商产生。旅游规划评审人员应由经济分析专家、市场开发专家、旅游资源专家、环境保护专家、城市规划专家、工程建筑专家、旅游规划管理官员、相关部门管理官员等组成。

③规划评审重点。旅游规划评审应围绕规划的目标、定位、内容、结构和深度等方面进行重点审议，包括：旅游产业定位和形象定位的科学性、准确性和客观性；规划目标体系的科学性、前瞻性和可行性；旅游产业开发、项目策划的可行性和创新性；旅游产业要素结构与空间布局的科学性、可行性；旅游设施、交通线路空间布局的科学合理性；旅游开发项目投资的经济合理性；规划项目对环境影响评价的客观可靠性；各项技术指标的合理性；规划文本、附件和图件的规范性；规划实施的操作性和充分性。

(2) 规划的报批。旅游规划文本、图件及附件，经规划评审会议讨论通过并根据评审意见修改后，由委托方按有关规定程序报批实施。

(3) 规划的修编。在规划执行过程中，要根据市场环境等各个方面的变化对规划进行进一步的修订和完善。

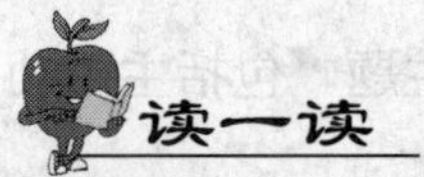

印度尼西亚巴厘奴萨杜阿旅游度假区总体规划

印尼巴厘岛（Bali）奴萨杜阿旅游度假区以海滩旅游资源为特色，巴厘岛旅游区域开发规划中将奴萨杜阿旅游度假区定为即将开发的新兴旅游食宿地，开发项目由印尼政府和世界银行联合开发。

1973年太平洋旅游顾问委员会制订了奴萨杜阿旅游开发规划方案，明确了开发目标：把奴萨杜阿建成高质量的国际旅游度假区，确定设施与土地开发标准，总体布局如下：

(1) 设施总体由饭店群、商业文化设施、体育娱乐设施及服务和水电设施构成。

(2) 饭店面对海滩，与海岸线保持一定距离，保留足够的海岸开敞空间让旅游者和大众进行海滩休憩。

(3)“旅游者之家”或度假中心规划在饭店区和其他旅游度假设施较为快捷便利的位置。度假中心包括商亭、饭店、航空公司、旅行社办事处、旅游者信息中心、邮局、银

行、保险公司和其他办事机构，其功能在于成为旅游度假的社会活动中心。

(4)“假日公园”或文化中心规划目标是建成一个露天剧场，以供巴厘岛土风舞、民乐以及土著戏剧进行演出，其选址一方面要靠近“旅游者之家”，另一方面要靠近水上观光点。

(5) 两个触角形岛及其主岛相连的通道和观景区构成一个完整的绿化公园和开阔区域的主体。延伸开阔区域是由通道的环全岛沿岸的太阳棚构成，并且与主岛公园相连，海岸公园群又与岛内绿地和海滩高速公路走廊连为一体。

(6) 饭店群与海滩之间建一条高速公路，是为当地居民、渔民泊岸和旅游者而建。

(7) 会议中心和社会服务设施规划在度假区中心和其他设施群以西，保证其独立发挥功效，其选址与饭店区和度假中心之间应有便利的交通条件。

(8) 网球和其他项目的体育中心设在中心地带，但不占主要地点。

(9) 饭店与旅游培训中心地处度假区一边，不占主要地位，但必须与旅游设施区便利相连，以便学员和附近村庄的其他雇工进行专门培训。

(10) 苗圃位于交通便利的中心地带，稍靠西部，可以充当植物园，度假客人可在此观赏他们感兴趣的当地蔬菜瓜果。

(11) 度假区西南角山光海色异常迷人之处，设置一处大型高尔夫球场。

(12) 保留了一处原有的印度教寺庙，此计划是基于宗教重要性和雇工心理接受能力而制订的。

(13) 淡水处理厂、污水处理厂等基础设施选在度假区边缘，从技术服务的角度看，其厂址最接近旅游区设施群。

(14) 完整的环岛公路系统包括一条主干公路、多条度假区内部公路、一个交通中转站、一个岛内短程公共汽车网络及其单用车道和人行道网络。停车区稍靠近公路，并与各饭店和其他设施区域相连。

(15) 有次序开发。首先建成度假中心和其他独立中央设施。住宿用地方面，要建具备容纳2500个客房的宾馆，共12家宾馆。其次要建2000个客房的宾馆群。

(16) 在不同地点选择水源，在离度假村几公里处打置多种新井，开发新的供水系统，延伸全岛供电系统，建立污水收集处理系统、电讯网络、排水系统，为奴萨杜阿地区服务。

为协调旅游开发与地方经济社会发展的关系，规划还必须重视地区经济、社会文化、土地利用计划。

1. 社会经济计划（略）

2. 社会文化计划

这一计划主要包括教育计划、文化节计划和旅游活动计划。

(1) 教育计划。与村员长期座谈来教育他们，使其懂得旅游业以及如何从中获利。对那些希望从事旅游行业的人，给予建议，教他们做小生意或在旅游业中如何工作。

(2) 文化节计划。一年一次，政府直接主办，展示其舞蹈、音乐、戏剧、艺术和工艺等，以保存高水平的工艺美术。

(3) 旅游活动计划。为了给大众提供旅游业信息，地方旅游办公室举办每周旅游广播，介绍时下的旅游活动，内容包括巴厘文化和环境。对游客服装与行为的特殊要求，相关地区标志讲解：在海滩，标志指明禁止裸泳，须穿适当的海滩服；在公共办公室，图示标志哪些是公共场合的正确着装；在寺庙里，标志指出寺庙应穿的适当服装以及哪些特定情况下不能进入寺庙等，寺庙邀请游客参观，也接受游客对维修寺庙的捐赠，还邀请游客参加庙里的或其他的特殊仪式，如丧葬等，但极其重要的宗教仪式可能禁止外国人进入寺庙，外国人只能参观外围。

3. 土地利用计划

考虑到文化环境因素，对于岛上所有的观光游览道路，制订了土地利用计划及区域划分方法，明确旅游设施和村庄扩展地区、开放空间及观光地区、农业用地区，控制发展尚在村外农业区沿路建立商店的趋势。政府鼓励采用传统建筑设计来建旅游设施，多年来各种开发项目中建筑最高不许超过15米。

4. 村庄美化计划

巴厘岛每年组织一次美化竞赛，以此提高、维持村庄的环境质量。每年定一天为全岛检查，检查各村的吸引力、清洁度和社区发展等，再选出最佳村予以奖励并大肆宣传，这样既促进了村庄改善自己的风貌，对自己有益，又增强了村民的集体荣誉感，提高整个巴厘岛的环境质量，使岛屿成为巴厘人趣味盎然、富有吸引力的家园，也成为旅游者渴望的游览胜地。

模块小结

旅游资源是旅游策划与规划的基础和依托。本模块首先介绍了旅游资源的分类、调查和评价，并阐述了旅游资源开发与保护的关系。在旅游业发展的过程中，旅游策划与规划是打造竞争力的关键。旅游策划主要介绍旅游产品策划和旅游地形象口号策划；旅游规划主要介绍旅游发展规划和旅游区规划，并从旅游规划的制定与实施方面加以阐述。

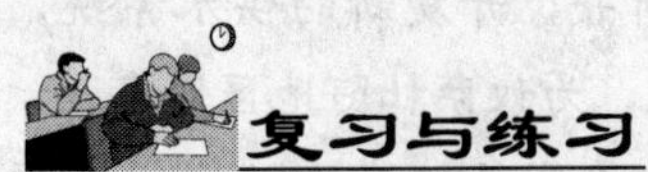

复习与练习

一、填空题

1. 按旅游资源的属性可将旅游资源划分为________和________。

2. 旅游策划就是对________或________进行谋划、设计和决策的过程。

3. ________主要是指依照自然发展规律天然形成的旅游资源，是可供人类旅游享用的自然景观与自然环境。________是指由古今中外人类所创造的能够激发人们旅游动机的物质财富和精神财富。

4. ________是旅游策划的核心和基础。

5. 按规划范围和政府管理层次划分，旅游发展规划可分为____________、区域旅游业

发展规划和____________。

二、选择题

1. 按照旅游资源的自然属性可将旅游资源分为________。

A. 观赏型旅游资源和运动型旅游资源

B. 自然旅游资源和人文旅游资源

C. 历史文化旅游资源和人造景观旅游资源

D. 地质地貌类旅游资源

2. 下列________属于人文旅游资源。

A. 埃及金字塔　　B. 云南路南石林

C. 山东蓬莱的“海市蜃楼”　　D. 山西黄河壶口瀑布

3. ________是我国第一个国家森林公园。

A. 千岛湖国家森林公园　　B. 九寨沟国家森林公园

C. 神农架国家森林公园　　D. 张家界国家森林公园

4. ________是旅游业存在和发展的根本基础。

A. 旅游策划　　B. 旅游规划

C. 旅游资源　　D. 旅游企业

5. 旅游区修建性详细规划的任务是，在总体规划或控制性详细规划的基础上，进一步深化和细化，用以指导各项建筑和工程设施的设计和施工。

A. 旅游区控制性详细规划　　B. 旅游区修建性详细规划

C. 旅游区总体规划　　D. 旅游发展总体规划

三、简答题

1. 简述旅游资源调查的内容与步骤。

2. 简述旅游资源评价的方法。

3. 谈谈你对旅游地形象口号策划的认识。

4. 简述旅游规划的编制程序。

实训项目

【实训名称】

旅游地形象口号策划实训。

【实训内容】

为当地旅游业设计两个旅游地形象口号，并说明策划创意的来源。

【实训步骤】

1. 考察当地主要的旅游资源。

2. 设计两个旅游地形象口号。

3. 说明策划创意的来源。

模块九 旅游市场营销——决定旅游服务成败的关键

1. 掌握旅游购买行为的决策过程及其影响因素。
2. 了解旅游市场营销调研和预测的基本步骤及方法。
3. 了解旅游产品目标市场以及产品生命周期。
4. 认识促销的基本策略及组合技术。

旅游预订网络化趋势明显

中国互联网络信息中心（CNNIC）近日发布的《第25次中国互联网络发展状况统计报告》数据显示，从整体趋势来看，旅游预订网络化趋势愈发明显。

该统计报告显示，2009年网上旅游预订用户规模达到3024万人次，同比增长77.9%。在所有生活类站点应用频繁程度排名中，旅游出行类站点位列第二。2009年，中国网民平均每天会花费至少1分半的时间用来浏览与旅游出行相关的内容。地区类旅游站点与景点附属站点在2009年获得了长足的发展，首选此类站点的浏览旅游相关信息访问者约占到全行业访客数量的55%，相比2008年同期提升了16个百分点，消费者在线预订习惯正在逐步养成。

根据预测，2010年，中国的在线机票、酒店和打包旅游产品预订收入将同比增长27%，达到47.5亿元（折合6.958亿美元），而这一数字在2013年将攀升至90.1亿元。

业内人士认为，我国休闲旅游市场和互联网产业都处于快速发展阶段，旅游业发展的散客化、自助化、信息化趋势将会进一步增强，旅游者的预订行为将从线下向线上转移，在线旅游预订将成为中国游客的主流出行方式。

看到这里，请您思考一下，面对旅游市场的新变化，旅游市场营销应该如何创新？

当前，随着中国经济的快速发展，旅游服务的竞争尤为激烈。如何在这种激烈的市场

竞争中打响牌子，引起客人的关注，旅游市场营销创新就显得非常重要了。那么作为旅游服务部门，我们该如何运用旅游营销策略来组织旅游服务活动的创新呢？本模块将引导您充分把握好旅游市场营销策略，实现旅游市场营销创新。

任务驱动

旅游市场营销是指旅游企业在履行社会责任的前提下，以旅游者为中心，在旅游购买行为分析、旅游市场调研和旅游市场细分的基础上，选择适当的目标市场，找准本企业和旅游产品位置，通过产品、价格、营销渠道、促销的方面的策略影响消费者，从而实现企业、旅游者和社会“三赢”目标。

任务一　旅游者购买行为

旅游购买行为是指旅游者在收集旅游产品有关信息的基础上，选择、购买、消费、评估旅游产品过程中的各种行为表现。旅游者购买旅游产品是一种行为，这种行为产生的原因是某种刺激，而购买行为则是对这种刺激的反映。

一、旅游购买行为分类

（1）按购买能力划分，可分为经济型、标准型、豪华型三类。经济型的旅游者由于经济能力制约或因为图实惠、讲求实用价值，倾向于购买较为廉价的旅游产品。标准型购买行为指购买能力一般的旅游购买行为。购买者多属于中等收入阶层，如果是旅游团一般称为标准团。豪华型购买行为指购买能力强的旅游购买行为。这类旅游者追求个性化需求的满足、上档次的产品和服务、较有知名度的品牌，购买者比较挑剔。

（2）按旅游购买方式划分，可分为单项旅游产品购买行为、包价旅游产品购买行为两类。单项旅游产品购买行为是指只购买某单项旅游产品的购买行为。如旅游者自驾车去深圳世界之窗，只要购买进去的门票即可。甚至有些饭店还把客房“拆零”销售，如火车站附近的饭店推出的“钟点房”。高考期间考点附近的饭店推出的针对考生的“钟点房”。包价旅游购买行为又分为全包价购买行为、半包价购买行为、小包价购买行为和自助旅游购买行为四类，全包价旅游购买行为指购买整个包价旅游线路的购买行为。半包价旅游购买行为指不含午餐、晚餐的包价旅游线路的购买行为。小包价旅游购买行为指购买者可以从包价旅游线路中进行选择性购买。自助旅游购买行为指仅需旅游公司提供订房服务、提供交通票务服务等，旅游者付给订房服务费、订票服务费，其他游客自理。

（3）按旅游购买时间划分，一般可分为旺季（时）、平季（时）和淡季（时）三类。各地旅游市场都有比较明显的旺季。特别是中国的两个黄金周，更是旺中之旺，许多旅游者喜欢在旺季出游，就会造成旅游产品、旅游供给跟不上需求，另外在一天的不同时间也会存在旺销时段。平季（时）旅游购买行为是指旅游产品销售不温不火时期的购买行为。

淡季（时），一般情况是景点的景色不是很美的时候、气候条件不好的时候以及节假日过后都是销售的淡季（时）。

（4）按旅游目的划分，可分为休闲娱乐度假型旅游购买行为、商务专业访问型旅游购买行为、健康医疗型旅游购买行为、探亲访友型旅游购买行为、宗教型旅游购买行为、其他类型旅游购买行为六类。

（5）按购买费用来源划分，可分为自费、公费、奖励和资助式旅游购买行为。

二、旅游购买行为影响因素

影响旅游者购买行为的因素有两类：一类是旅游购买者自身的因素，如个人因素、心理因素等。个人因素包括年龄、性别、家庭生命周期、健康状况、职业、居住地、生活方式等；心理因素包括旅游者的旅游需求、旅游购买动机、感觉与知觉、学习、信念与态度等。另一类是外部因素，如政治因素、经济因素、社会因素、文化因素、自然环境与交通因素等。政治因素包括政治制度、法律法规、政局、国家关系等。经济因素包括经济发展水平、经济景气状况、个人收入水平等。文化因素包括人们的价值观念、生活方式和审美观念及行为模式等。社会因素包括旅游者所处的社会阶层、相关群体、家庭、角色和地位等。自然环境与交通因素包括景点的自然环境状况和可到达的交通条件状况。

三、旅游者购买决策过程

一般情况下，旅游者的购买决策过程分为五个阶段：认识需求→收集信息→评估判断→购买决定→购后评价。

（1）认识需求，当人们意识到对旅游产品和服务有某种需求时，购买决策过程由此拉开序幕。而很多需求是由外部刺激引发的，因此旅游企业通过设计最能激发需求的刺激使客人认识到对某种旅游产品的需要，强化满足这种需要的迫切性。

（2）收集信息，在产生需求后，人们并不是马上就决定购买，而是先收集各方面的信息，更加充分的了解产品。对于信息的来源，一般有四个渠道，即个人来源、商业来源、公共来源和经验来源。

①个人来源，是指旅游者从其家庭、亲朋好友、邻居、同事等处得到的信息。这类信息对于旅游购买决策影响往往比较大。

②商业来源，是指从旅游企业的广告、产品宣传材料、推销人员、旅游展销会、博览会、交易会等渠道得到的信息。

③公共来源，指从政府机构、媒体报道、专家评述等渠道得到的信息，这类信息往往让人感到较为客观公正、可信度高。

④经验来源，指人们通过直接体验、消费旅游产品所得来的信息。这是旅游者认为最为可信的信息来源。

（3）评估判断，潜在旅游者通过各种渠道得到信息后，会对这些信息进行评估判断，在各种备选方案中进行比较，经综合评价后作出抉择。此时，不同的人士在评估同一旅游

产品时，所关注的重点往往有较大的差异，如有的人更关注质量，有的人更关注品牌，有的人更关注价格，有的人更关注环境氛围。

(4) 购买决策，在经过评估判断后，旅游者基本上已经给旅游产品在心目中排好了次序，通常会选择最符合心意的旅游产品优先购买，然后付诸实际行动。

(5) 购后评价，旅游者购买旅游产品后并不意味着营销工作结束了。旅游企业必须提供所承诺的所有服务，协助旅游者顺利完成旅游活动，并且还应该重视旅游者的购后评价。因为只有让旅游者得到满足，产品才能在市场站得住，才有持久的生命力。

任务二 旅游市场调研和预测

一、旅游市场营销调研

市场营销调研是指运用科学的方法系统地、客观地辨别、收集、分析和传递有关市场营销活动的各方面的信息，为企业营销管理者制定有效的市场营销决策提供重要的依据。

(一) 旅游市场营销调研的步骤

市场营销调研是一项十分复杂的工作，要顺利地完成调研任务，必须有计划、有组织、有步骤地进行。但是，市场营销调研并没有一个固定的程序可循。一般而言，根据调研活动中各项工作的自然顺序和逻辑关系，市场营销调研可分为以下三个阶段：

(1) 准备阶段：营销调研的准备阶段的主要任务就是界定研究主题、选择研究目标、形成研究假设并确定需要获得的信息。

(2) 设计阶段：研究设计是指导调研工作顺利执行的详细蓝图，主要内容包括确定资料的来源和收集方法、设计收集资料的工具、决定样本计划以及调研经费预算和时间进度安排等。

(3) 执行阶段：在研究设计完成之后，执行阶段就是把调研计划付诸实施，这是调研工作的一个非常重要的阶段。此阶段主要包括实地调查即收集资料，然后对资料进行处理、分析和解释，最后提交调研报告。

(二) 旅游市场营销调研的方法

在营销调研的设计和执行阶段，要根据调研的目的和具体的研究目标，选择合适的调查对象，采用适当的调查方法和技术，获取完整可靠的信息。这些在实践中发展起来的方法和技术，既包含一些基本的操作程序，又涉及研究者的运用技巧，各自都有其适用的范围和优缺点。现分别叙述如下：

1. 调查方法

调查方法一般分为三类，即访问法、观察法和实验法。

(1) 访问法。访问法是营销调研中使用最普遍的一种调查方法。它把研究人员事先拟订的调查项目或问题以某种方式向被调查者提出，要求给予答复，由此获取被调查者或消费者的动机、意向、态度等方面的信息。按照调查人员与被调查者接触方式的不同访问法又分为个人访谈、电话访问和邮寄访问。

（2）观察法。观察法是由调查员直接或通过仪器在现场观察调查对象的行为动态并加以记录而获取信息的一种方法。观察法分人工观察和非人工观察，在市场调研中用途很广。比如研究人员可以通过观察消费者的行为来测定品牌偏好和促销的效果。现代科学技术的发展，人们设计了一些专门的仪器来观察消费者的行为。观察法可以观察到消费者的真实行为特征，但是只能观察到外部现象，无法观察到调查对象的一些动机、意向及态度等内在因素。

（3）实验法。实验法是指在控制的条件下对所研究的现象的一个或多个因素进行操纵，以测定这些因素之间的关系，它是因果关系调研中经常使用的一种行之有效的方法。实验方法来源于自然科学的实验求证，现在广泛应用于营销调研，是市场营销学走向科学化的标志。现场实验法的优点是方法科学，能够获得较真实的资料。但是，大规模的现场实验往往很难控制市场变量，影响实验结果的内部有效性。实验室实验正好相反，内部效度易于保持但难于维持外部有效度。此外，实验法实验周期较长，研究费用昂贵，严重影响了实验方法的广泛使用。

2. 问卷设计

调查问卷是市场营销调研的重要工具之一。在大多数市场调查中，研究者都要依据研究的目的设计某种形式的问卷。问卷设计没有统一的固定的格式和程序，一般来说有以下几个步骤：

（1）确定需要的信息。在问卷设计之初，研究者首先要考虑的就是要达到研究目的、检验研究假设所需要的信息，从而在问卷中提出一些必要的问题以获取这些信息。

（2）确定问题的内容。确定了需要的信息之后，就要确定在问卷中要提出哪些问题或包含哪些调查项目。在保证能够获取所需信息的前提下，要尽量减少问题的数量，降低回答问题的难度。

（3）确定问题的类型。问题的类型一般分为以下三类：①自由问题：这种回答问题的方式可以获得较多的较真实的信息。但是被调查人因受不同因素的影响，各抒己见，使资料难以整理。②多项选择题：这种问题应答者回答简单，资料和结果也便于整理。需要注意的问题是选择题要包含所有可能的答案，又要避免过多和重复。③二分问题：二分问题回答简单也易于整理，但有时可能不能完全表达出应答者的意见。

（4）确定问题的词句。问题的词句或字眼对应答者的影响很大，有些表面上看差异不大的问题，由于字眼不同应答者就会作出不同的反应。因此问题的字眼或词句必须斟酌使用，以免引起不正确的回答。

（5）确定问题的顺序。问题的顺序会对应答者产生影响，因此，在问卷设计时问题的顺序也必须加以考虑。原则上开始的问题应该容易回答并具有趣味性，以提高应答者的兴趣。涉及应答者个人的资料则应最后提出。

（6）问卷的试答。一般在正式调查之前，设计好的问卷应该选择小样本进行预试，其目的是发现问卷的缺点，以改善提高问卷的质量。

3. 抽样方法

大多数的市场调查是抽样调查，即从调查对象总体中选取具有代表性的部分个体或样本进行调查，并根据样本的调查结果去推断总体。抽样方法按照是否遵循随机原则分为随机抽样和非随机抽样。

(1) 随机抽样方法。随机抽样就是按照随机原则进行抽样，即调查总体中每一个个体被抽到的可能性都是一样的，是一种客观的抽样方法。随机抽样方法主要有：简单随机抽样、等距抽样、分层抽样和分群抽样。

(2) 非随机抽样方法。常用的非随机抽样主要有以下三种：

①任意抽样。任意抽样也称便利抽样，这是纯粹以便利为基础的一种抽样方法。街头访问是这种抽样最普遍的应用。这种方法抽样偏差很大，结果极不可靠。一般用于准备性调查，在正式调查阶段很少采用。

②判断抽样。判断抽样是根据要求样本设计者的判断进行抽样的一种方法，它要求设计者对母体有关特征有相当的了解。在利用判断抽样选取样本时，应避免抽取“极端”类型，而应选择“普通型”或“平均型”的个体作为样本，以增加样本的代表性。

③配额抽样。配额抽样与分层抽样法类似，要先把总体按特征分类，根据每一类的大小规定样本的配额，然后由调查人员在每一类中进行非随机的抽样。这种方法比较简单，又可以保证各类样本的比例，比任意抽样和判断抽样样本的代表性都强，因此实际上应用较多。

二、旅游市场预测

旅游市场预测是在市场调查的基础上，运用科学的方法对市场需求和企业需求以及影响市场需求变化的诸因素进行分析研究，对未来的发展趋势作出判断和推测，为企业制定正确的市场营销决策提供依据。

(一) 市场预测的内容与步骤

1. 市场预测的内容

市场预测的内容按照预测的层次可以分成以下三个方面：

(1) 环境预测。环境预测也称为宏观预测或经济预测，它是通过对各种环境因素如国家财政开支、进出口贸易、通货膨胀、失业状况、企业投资及消费者支出等因素的分析，对国民总产值和有关的总量指标的预测。环境预测是市场潜量与企业潜量预测、市场预测和企业预测的基础。

(2) 市场潜量与企业潜量预测。市场潜量和企业潜量是市场需求预测的重要内容。市场潜量是从行业的角度考虑某一产品的市场需求的极限值，企业潜量则是从企业角度考虑某一产品在市场上所占的最大的市场份额。市场潜量和企业潜量的预测是企业制定营销决策的前提，也是进行市场预测和企业销售预测的基础。

(3) 市场预测与企业预测。市场预测是在一定营销环境和一定营销力量下，对某产品的市场需求水平的估计；企业预测是在一定的环境和一定的营销方案下，企业预期的销售水平。企业预测不是企业制定营销决策的基础或前提，相反它是受企业营销方案影响的一个函数。

2. 市场预测的步骤

市场预测要遵循一定的程序和步骤，一般而言它有以下几个步骤：

（1）确定预测目标。市场预测首先要确定预测目标，明确目标之后，才能根据预测的目标去选择预测的方法、决定收集资料的范围与内容，做到有的放矢。

（2）选择预测方法。预测的方法很多，各种方法都有其优点和缺点，有各自的适用场合，因此必须在预测开始根据预测的目标和目的，根据企业的人力、财力以及企业可以获得的资料，确定预测的方法。

（3）收集市场资料。按照预测方法的不同确定要收集的资料，这是市场预测的一个重要的阶段。

（4）进行预测。此阶段就是按照选定的预测方法，利用已经获得的资料进行预测，计算预测结果。

（5）预测结果评价。预测结果得到以后，还要通过对预测数字与实际数字的差距分析比较以及对预测模型进行理论分析，对预测结果的准确和可靠程度给出评价。

（6）预测结果报告。预测结果的报告从结果的表述形式上看，可以分成点值预测和区间预测。点值预测的结果形式上就是一个数值，例如某行业市场潜量预计达到 5 个亿，就属于点值预测。区间预测不是给出预测对象的一个具体的数值，而是给出预测值的一个可能的区间范围和预测结果的可靠程度。例如，在 95％的置信度下，某企业产品销售额的预测值在 5500 万～6500 万元。

（二）旅游市场预测的方法

旅游市场预测的方法很多，一些复杂的方法涉及许多专门的技术。对于企业营销管理人员来说，应该了解和掌握的旅游企业预测方法主要有：

1. 定性预测法

定性预测法也称为直观判断法，是市场预测中经常使用的方法。定性预测主要依靠预测人员所掌握的信息、经验和综合判断能力，预测市场未来的状况和发展趋势。这类预测方法简单易行，特别适用于那些难以获取全面的资料进行统计分析的问题。因此，定性预测方法在市场预测中得到广泛的应用。定性预测方法又包括：专家会议法、德尔菲法、销售人员意见汇集法、客人需求意向调查法。

2. 定量预测法

定量预测是利用比较完备的历史资料，运用数学模型和计量方法，来预测未来的市场需求。定量预测基本上分为两类：一类是时间序列模式，另一类是因果关系模式。

任务三 旅游产品

一、市场细分与目标市场选择

旅游市场细分就是指旅游企业按照消费者欲望与需求把一个总体市场（总体市场通常太大以至企业很难为之服务）划分成若干个具有共同特征的子市场的过程。市场的细分可以为旅游企业更好地识别市场机会，进而为企业抓住最有利可图的市场机会。

（一）旅游市场细分的标准

旅游企业细分市场的主要依据是旅游者需求的差异性，而引起差异性的原因十分复杂，旅游企业通常根据旅游者地理、人口、心理、行为四大因素或这四大因素的组合来细分旅游市场。

1. 按地理变量细分市场

按照旅游者所处的地理位置、自然环境来细分市场，比如，根据国家、地区、城市规模、气候、人口密度、地形地貌等方面的差异将整体市场分为不同的小市场。地理变数之所以作为市场细分的依据，是因为处在不同地理环境下的旅游者对于同一类产品往往有不同的需求与偏好，他们对企业采取的营销策略与措施会有不同的反应。比如，在我国南方沿海一些省份，某些海产品被视为上等佳肴，而内地的许多消费者则觉得味道平常。

2. 按人口变量细分市场

按人口统计变量，如年龄、性别、家庭规模、家庭生命周期、收入、职业、教育程度、宗教、种族、国籍等为基础细分市场。旅游者需求、偏好与人口统计变量有着很密切的关系。比如，只有收入水平很高的旅游者才可能加入豪华旅游团的行列。人口统计变量比较容易衡量，有关数据相对容易获取，由此构成了企业经常以它作为市场细分依据的重要原因。除了上述方面，经常用于旅游市场细分的人口变数还有家庭规模、国籍、种族、宗教等。实际上，大多数企业通常是采用两个或两个以上人口统计变量来细分市场。

3. 按心理变量细分市场

根据购买者所处的社会阶层、生活方式、个性特点等心理因素细分市场就叫心理细分。社会阶层是指在某一社会中具有相对同质性和持久性的群体。处于同一阶层的成员具有类似的价值观、兴趣爱好和行为方式，不同阶层的成员则在上述方面存在较大的差异。生活方式是指一个人怎样生活。人们追求的生活方式各不相同，如有的追求新潮时髦，有的追求恬静、简朴；有的追求刺激、冒险，有的追求稳定、安怡。个性是指一个人比较稳定的心理倾向与心理特征，它会导致一个人对其所处环境作出相对一致和持续不断的反应。

4. 按行为变量细分市场

根据购买者对产品的了解程度、态度、使用情况及反应等将他们划分成不同的群体，叫行为细分。许多人认为，行为变量能更直接地反映消费者的需求差异，因而成为市场细分的最佳起点。按行为变量细分市场主要包括：购买时机、追求利益、使用者状况、使用数量、品牌忠诚程度、购买的准备阶段、态度。

（二）目标旅游市场的选择

旅游企业在对不同细分市场评估后，就必须对进入哪些市场和为多少个细分市场服务作出决策。目标旅游市场范围的大小不同，所采取的目标市场策略也不同。目标市场策略选择通常有以下几种：

1. 无差异市场营销策略

无差异营销策略是指企业将产品的整个市场视为一个目标市场，用单一的营销策略开拓市场，即用一种产品和一套营销方案吸引尽可能多的购买者。无差异营销策略只考虑旅游者在需求上的共同点，而不关心他们在需求上的差异性。这种策略对于需求广泛、市场同质性高且垄断性强、知名度高的旅游景点比较合适。

2. 差异性市场营销策略

差异性市场营销策略是将整体市场划分为若干细分市场，针对每一细分市场制定一套独立的营销方案。当前大多数旅游企业都采用这一策略。差异性营销策略的优点是：小批量、多品种，生产机动灵活、针对性强，使旅游者需求更好地得到满足，由此促进产品销售。另外，由于企业是在多个细分市场上经营，一定程度上可以减少经营风险；一旦企业在几个细分市场上获得成功，将有助于提高企业的形象及提高市场占有率。

3. 集中性市场营销策略

集中性营销策略则是集中力量进入一个或少数几个细分市场，实行专业化生产和销售。实行这一策略，企业不是追求在一个大市场角逐，而是力求在一个或几个子市场占有较大份额。集中性营销策略的指导思想是：与其四处出击收效甚微，不如突破一点取得成功。这一策略特别适合于资源力量有限的中小企业。

目标市场范围确定后，企业就要在目标市场上进行定位。市场定位是指企业全面地了解、分析竞争者在目标市场上的位置后，确定自己的产品如何接近旅游者的营销活动。企业可选择的策略很多：根据产品的特色定位、根据供给目标旅游者特定的利益定位、按特定的使用时间定位、寻找市场空挡定位等，每种定位策略各有其适用条件，旅游企业在进行市场定位时，要选择适合自己的定位策略，并努力避免定位过高、定位过低或定位混乱等问题。

二、旅游产品生命周期

旅游产品从投入市场到最终退出市场的全过程称为产品的生命周期（Product Life Cycle，PLC），该过程一般经历产品的导入期（Introduction）、成长期（Growth）、成熟期（Mature）和衰退期（Decline）四个阶段。在产品生命周期的不同阶段，产品的市场占有率、销售额、利润额是不一样的。导入期产品销售量增长较慢，利润额多为负数。当销售量迅速增长，利润由负变正并迅速上升时，产品进入了成长期。经过快速增长的销售量逐渐趋于稳定，利润增长处于停滞，说明产品成熟期来临。在成熟期的后一阶段，产品

销售量缓慢下降利润开始下滑。当销售量加速递减，利润也较快下降时，产品便步入了衰退期（如图 9－1所示）。

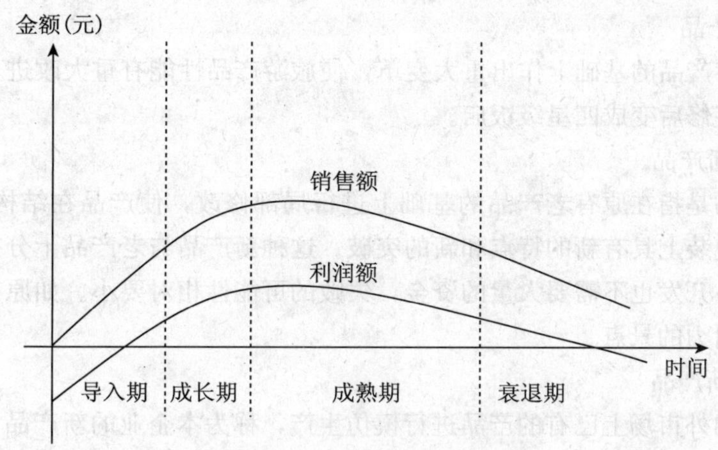

图 9－1　旅游产品生命周期

研究产品生命周期对旅游企业的市场营销活动具有十分重要的指导作用。针对不同生命周期的旅游产品和服务，我们可以采取相应的市场营销策略。

导入期是新产品首次正式上市的最初销售时期，只有少数创新者和早期采用者购买产品，销售量小，促销费用和制造成本都很高，竞争也不太激烈。这一阶段企业营销策略的指导思想是，把销售力量直接投向最有可能的购买者，即新产品的创新者和早期采用者，让这两类具有领袖作用的消费者加快新产品的扩散速度，缩短导入期的时间。具体可选择的营销策略有：快速撇取策略，即高价高强度促销；缓慢撇取策略，即高价低强度促销；快速渗透策略，即低价高强度促销；缓慢渗透策略，即低价低强度促销。

成长期的产品，其性能基本稳定，大部分消费者对产品已熟悉，销售量快速增长，竞争者不断进入，市场竞争加剧。企业为维持其市场增长率，可采取以下策略：改进和完善产品；寻求新的细分市场；改变广告宣传的重点；适时降价等。

成熟期的营销策略应该是主动出击，以便尽量延长产品的成熟期，具体策略有：市场改良，即通过开发产品的新用途和寻找新用户来扩大产品的销售量；产品改良，即通过提高产品的质量，增加产品的使用功能，改进产品的款式、包装，提供新的服务等来吸引消费者。

衰退期的产品，企业可选择以下几种营销策略：维持策略、转移策略、收缩策略、放弃策略。

三、旅游新产品策略

按产品研究开发过程，新产品一般可分为全新产品、换代新产品、改进型新产品、模仿型新产品。

1. 全新产品

全新产品是指应用新原理、新技术，具有新结构、新功能的旅游产品。该新产品在全世界首先开发，能开创全新的市场。如刚出现不久的太空旅游产品。

2. 换代新产品

在原有旅游产品的基础上作出重大变革，使旅游产品性能有重大改进，如三星级饭店在进行改造和装修后变成四星级饭店。

3. 改进型新产品

这种新产品是指在原有老产品的基础上进行局部修改，使产品在结构、功能、品质、花色、款式及包装上具有新的特点和新的突破。这种新产品与老产品十分接近，有利于消费者迅速接受，开发也不需要大量的资金，失败的可能性相对要小。如原有旅游线路增加一两个更有吸引力的景点。

4. 模仿型新产品

企业对国内外市场上已有的产品进行模仿生产，称为本企业的新产品。当前旅游新产品开发的趋势：升级换代速度加快，科技含量进一步提高，特色化趋势，绿色化趋势。

任务四　旅游促销

中国旅游促销团赴德、意宣传推广

以国家旅游局局长邵琪伟为团长的中国旅游促销团近日赴德国和意大利成功举办了三场大型旅游宣传推广活动。

此次宣传促销是为紧密配合中国国家主席胡锦涛访问欧洲而举办的大型旅游宣传推广活动。中国旅游促销团在罗马参加了中国驻罗马旅游办事处开业仪式并分别在德国法兰克福、意大利罗马和米兰举办了大型旅游宣传推广系列活动。

本次旅游宣传推广活动坚持旅游形象宣传与旅游产品线路推介相结合，引入旅游宣传公关公司组织策划，将业界交流、主题推介、文艺演出与现场抽奖有机结合起来，活动内容丰富、主题鲜明、形式活泼，在专业化营销上有新突破。在业界交流环节，中国旅游促销团按照主题分设展区，展示中国丰富多彩的旅游资源并与到会的德国和意大利旅游批发商、零售商和航空公司代表进行面对面交流洽谈，整个会议厅座无虚席。在主题推介环节，中国旅游促销团在播放中国旅游宣传片的同时，针对不同的市场需求，由外籍专业人士使用当地母语进行中国旅游专题推介，实现了推介活动沟通无障碍。德国和意大利旅游企业对中国旅游产品表现出浓厚兴趣，促销团带去的各种旅游宣传品被“一抢而空”。在文艺演出环节，极富中国特色的乐器演奏、舞狮表演、太极扇舞、燃放烟火等精彩节目，

博得了在场宾客的阵阵掌声和喝彩声。促销团通过创新营销方式和组织形式，向德国和意大利旅游业界生动立体地展示了中国旅游业蓬勃发展的现状以及 2010 年上海世博会等带来的巨大发展潜力和美好前景，翔实地介绍了我国最有代表性的精品旅游产品线路，积极传递了中国旅游部门愿与欧盟加强旅游合作共同应对国际金融危机的信息，达到了预定目的。

北京、天津、上海、江苏、浙江、安徽、江西、湖北、广东、陕西、甘肃、青海、新疆、宁夏等 14 个省区市旅游部门和旅游企业负责人及中国大型旅游企业代表共 60 多人，德国和意大利有关政府机构人士、主要旅游企业代表和新闻媒体记者共 1000 多人参加了旅游宣传推广活动。

促销是指企业通过人员推销或非人员推销的方式，向目标客人传递商品或劳务的存在及其性能、特征等信息，帮助消费者认识商品或劳务所带给购买者的利益，从而引起消费者的兴趣，激发消费者的购买欲望及购买行为的活动。从本质上看，促销是一种通知、说服和沟通活动，是谁通过什么渠道（途径）对谁说什么内容，沟通者有意识地安排信息、选择渠道媒介，以便对特定沟通对象的行为与态度施加有效的影响。

一、促销的基本策略

从促销活动运作的方向来分，促销策略有推式策略和拉式策略两种。

1. 推式策略

推式策略是以人员推销为主，辅之以中间商销售促进，兼顾消费者的销售促进，把商品推向市场的促销策略，其目的是说服中间商与消费者购买企业产品，并层层渗透，最后到达消费者手中。

2. 拉式策略

拉式策略以广告促销为拳头产品，通过创意新、高投入、大规模的广告轰炸，直接诱发消费者的购买欲望，由消费者向零售商、零售商向批发商、批发商向制造商求购，由下至上，层层拉动购买。

二、促销组合技术

促销组合指营销沟通过程的各个要素的选择、搭配及其运用。促销组合的主要要素包括广告促销、人员促销和营业推广以及公共关系。

1. 旅游广告

旅游广告是指旅游企业借助广告媒体，以付费形式介绍旅游产品或企业，与目标受众沟通，达到影响受众购买的目的，是一种非人员沟通与促销的方式。良好的广告能够提高旅游产品或企业的知名度，增强其美誉度，促进旅游者购买旅游产品。

一般来说广告有三种类型：告知型、劝导型、提醒型。告知型广告主要用于一种新产品的入市阶段，目的在于树立品牌，推出新产品。劝导型广告的目的是培养消费者对某种品牌的需求，从而在同类商品中选择它。提醒型广告在产品进入旺销后十分重要，目的是保护旅游者对该种产品的记忆和连续购买。对于企业所制作的广告，应该要注意真实性、简洁性、一致性、形象性。

广告媒体一般分为印刷品广告（包括报纸广告、杂志广告、电话簿广告、画册广告、火车时刻表广告等）和电子媒体广告（包括电视广告、电影广告、电台广播广告、电子显示大屏幕广告等）。

在选择广告媒体时，一般都要考虑旅游产品因素、消费者媒体习惯、销售范围、广告媒体的知名度和影响力、广告主的经济承受能力等。

2. 人员推销

人员推销是指企业通过派出推销人员与一个或一个以上可能成为购买者的人交谈，作口头陈述，以推销商品，促进和扩大销售。人员推销的设计可以采取三种形式：

（1）可以建立自己的销售队伍，使用本企业的推销人员来推销产品。在西方国家，企业自己的推销队伍的成员叫做推销员、销售代表、业务经理、销售工程师。这种推销人员又分为两类：一类是内部推销人员，他们一般在办公室内用电话等来联系、洽谈业务，并接待可能成为购买者的人的来访；另一类是外勤推销人员，他们作旅行推销，上门访问客人。

（2）企业可以使用专业合同推销人员，例如制造商的代理商、销售代理商、经纪人等，按照其代销额付给佣金，西方国家的大公司甚至雇用国内外退休的高级官员当推销员。

（3）企业可以雇用兼职的售点推销员，在各种零售营业场合，用各种方式促销，按销售额比例提取佣金，方式如产品操作演示、现场模特、咨询介绍等。一般称这种促销员为售点促销小姐或促销先生。

旅游人员进行推销有一定的步骤，推销过程中的每一个步骤都值得重视。步骤如下：锁定潜在客人→访问前准备→接近方式→讲解和示范表演→处理反馈意见→达成交易→后续工作。

3. 旅游营业推广

营业推广是指那些不同于人员推销、广告和公共关系的销售活动，它旨在激发消费者购买和提高经销商的效率，诸如陈列、展出与展览表演和许多非常规的非经常性的销售尝试。

这种方式能够在短期内对产品的销售产生较大的刺激，对于产品的推广起着十分重要的作用。旅游营业推广的形式一般有旅游展销会、博览会、赠送旅游纪念品、抽奖、折扣等。

4. 旅游公共关系

公共关系是指某一组织为改善与社会公众的关系，促进公众对组织的认识、理解及支持，达到树立良好组织形象、促进商品销售的目的的一系列促销活动。它本意是工商企业必须与其周围的各种内部、外部公众建立良好的关系。它是一种状态，任何一个企业或个

人都处于某种公共关系状态之中。

旅游公共关系的职能主要有收集信息、沟通信息、广结人缘、公关纠纷处理、树立形象。选择公共关系的方法很多，如周年庆祝活动、艺术展览会、拍卖会、义演晚会、在不寻常地方举行聚会等。

模块小结

本模块主要阐述了旅游购买行为的决策过程及其影响因素，旅游市场营销调研和预测的基本步骤及方法，旅游产品目标市场和产品生命周期，以及旅游促销的基本策略及组合技术。

复习与练习

一、填空题

1. 随机抽样主要包括简单随机抽样、________、________和________。

2. 旅游产品从投入市场到最终退出市场的全过程称为产品的生命周期，该过程一般经历产品的________、________、________和________四个阶段。

3. 影响旅游者购买行为的因素有两类：一类是____________，如个人因素、心理因素等。另一类是____________，如政治因素、经济因素、社会因素、文化因素、自然环境与交通因素等。

4. 按________划分，旅游购买行为可分为自费、公费、奖励和资助式旅游购买行为。

5. ________就是指旅游企业按照消费者欲望与需求把一个总体市场划分成若干个具有共同特征的子市场的过程。

二、选择题

1. ________是指旅游者在收集旅游产品有关信息的基础上，选择、购买、消费、评估旅游产品过程中的各种行为表现。

A. 旅游研究行为　　B. 旅游市场调查行为

C. 旅游购买行为　　D. 旅游生产行为

2. ________的产品，其性能基本稳定，大部分消费者对产品已熟悉，销售量快速增长，竞争者不断进入，市场竞争加剧。

A. 成长期　　B. 导入期　　C. 成熟期　　D. 衰退期

3. 根据购买者对产品的了解程度、态度、使用情况及反应等将他们划分成不同的群体，叫________。

A. 地理细分　　B. 行为细分　　C. 人口细分　　D. 心理细分

4. ________是指企业通过人员推销或非人员推销的方式，向目标客人传递商品或劳务的存在及其性能、特征等信息，帮助消费者认识商品或劳务所带给购买者的利益，从而引起消费者的兴趣，激发消费者的购买欲望及购买行为的活动。

A. 价格　　B. 渠道　　C. 产品　　D. 促销

5. ________是指某一组织为改善与社会公众的关系，促进公众对组织的认识、理解及支持，达到树立良好组织形象、促进商品销售的目的的一系列促销活动。

A. 旅游营业推广　　B. 旅游公共关系　　C. 人员推销　　D. 旅游广告

三、简答题

1. 简述旅游者购买决策过程及其影响因素。
2. 如何进行旅游市场的调研和预测？
3. 请问影响旅游市场细分的因素有哪些？
4. 试析旅游产品生命周期。

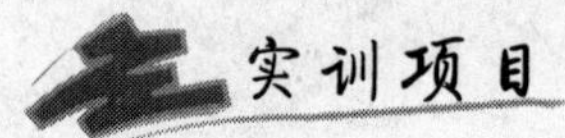

【实训名称】

旅游广告宣传。

【实训内容】

在教师指导下，学生以小组为单位，要求以当地旅游企业的广告宣传为模拟项目。

【实训步骤】

1. 设计并提交一份旅游广告媒体组合与发布的计划方案。
2. 由一名学生发言或示范讲解。

模块十 旅游法——为旅游服务保驾护航

应知应会

1. 了解旅游法的产生和发展。
2. 掌握旅游法的概念和特征。
3. 理解旅游法律关系及其保护。

动脑筋

导游人员徐某在2009年8月受某国际旅行社委派，为法国某来华旅游团担任导游。在旅行游览过程中，徐某见游客随身携带的照相机小巧玲珑，而且功能齐全，经询问，该相机在法国售价比在中国便宜，遂与该游客商量，购买了该相机。后因此事受到旅游行政管理部门的处罚。请思考，徐某能否购买外国旅游者的物品？为什么？学完这一模块的内容后，请您用相关的知识来加以分析和总结。

任务驱动

任务一 认识旅游法

第二次世界大战以后，随着国际形势的相对稳定，世界经济得以恢复和发展，旅游业也蓬勃发展起来。一些国家逐渐认识到旅游立法的必要性和重要性，纷纷制定旅游法律、法规。旅游法是随着旅游业的发展而新兴的一个法律分支，在旅游业的发展和整个法律体系中有着重要的地位，是各国组织管理和发展旅游业的重要工具。旅游法体现了国家意志，对构成旅游法律关系的当事人具有法律约束力，对保护和促进旅游业的发展起着重要的推动作用。

旅游法是调整旅游活动领域中各种社会关系的各种法律规范的总称。我们可从以下两个方面来理解和把握：

第一，旅游法的调整对象是旅游活动领域中的各种社会关系，即社会旅游经济关系以及建立在它之上的社会政治的、思想的上层建筑各个方面的关系。具体内容有以下十个方面：

(1) 旅游者与旅游经营单位之间需求与供应的社会关系。在旅行游览过程中，旅游者有食、住、行、游、购、娱各个方面的社会需求，旅游经营单位存在开发旅游资源、兴修旅游设施、提供各项旅游服务的社会供应。旅游者因支付了一定的旅游费用成为旅游消费的权利享有者，旅游经营单位因获得一定的旅游收入成为旅游供应的义务承担者。旅游者与旅游经营单位之间被旅游法调整的社会关系，就是因旅游供求关系而形成的旅游权利与旅游义务的关系。

(2) 旅游经营单位与旅游相关企业之间专业化协作的社会关系。旅游经营单位主要是指直接从事旅游经营的旅行社、旅游饭店、旅游车船公司、旅游工艺商品店等单位。旅游相关部门主要是指与旅行游览有关的民航、铁路、公路、水运、园林、文物、商业、轻工、城建等企业。旅游经营单位要经营旅游者的食、住、行、游、购、娱等方面的业务，就必然要同旅游相关部门发生经济方面、管理方面等的相互交往，形成多种多样的社会关系。

(3) 旅游经营单位相互之间在业务联系方面所形成的社会关系。它主要是指旅行社相互之间、旅游饭店相互之间、旅游车船公司之间以及旅行社、旅游饭店、旅游车船公司之间在协作经营之间所形成的社会关系。相互之间的业务联系是一种平等互利和等价有偿的权利义务关系。

(4) 各个旅游经营单位内部在经营管理中形成的社会关系。它主要是指旅行社总社与分支社之间、旅游饭店管理公司与所属饭店之间、旅游车船总公司与分公司之间、旅游工艺品总公司与营业部门之间的经营管理关系。此种内部上下级之间的关系是基于经营和管理权限划分而被旅游法调整的权利义务关系。

(5) 旅游经营单位与旅游行政管理部门之间管理、服务和监督的社会关系。旅游行政管理部门在我国主要是指国家旅游局，自治区、直辖市旅游局以及市、县旅游局，还包括依法对旅游业实施管理的国家各级行政管理部门，如工商、财政、税收、物价、卫生、公安、海关等部门。旅游行政管理部门与旅游经营单位之间存在着管理与被管理、服务与被服务、监督与被监督的各种社会关系，亦属旅游法调整的对象。

(6) 国家旅游行政部门与地方旅游行政管理部门之间行业管理权限划分的社会关系。

(7) 各级旅游行政部门与其他相关行政部门之间协调旅游发展的社会关系。其他相关行政部门是指与旅游业发展相关的部委、地方各级人民政府和有关职能部门。由于旅游业是综合性服务行业，旅游业要能够持续健康地发展，使食、住、行、游、购、娱六大要素协调供应，需要国务院相关部委、地方各级政府的积极支持和相互配合。这种由不同行政部门之间按照自身所享有的行政职权协调旅游发展的社会关系，是被旅游法调整的旅游行政部门与相关中央和地方行政部门之间的权利义务关系。

(8) 旅游行政部门与旅游事业单位管理、服务、监督的社会关系。旅游事业单位主要是指旅游文化、教育、出版单位以及旅游的各种行业协会。旅游事业单位为发展旅游业出版报纸、期刊，培训各级各类旅游人才，发行各种旅游书籍，传递旅游信息等，这些工作

必须纳入旅游行政部门的行业管理范围。旅游行政部门与旅游事业单位之间存在的管理、服务、监督的社会关系，也是旅游法调整的对象。

（9）我国旅游行政部门与外国政府或旅游行政部门之间在国际旅游合作方面的社会关系。目前我国与很多国家签订了政府之间或旅游行政部门之间的旅游合作协定、协议或其他合作文件，相互之间在市场开发、业务经营、旅游签证、交流考察等方面形成了国际间的社会关系。这种社会关系是被双方签订的旅游协定、协议或其他文件调整着的权利义务关系。

（10）我国旅游企业与海外旅游企业业务经营的社会关系。目前我国旅游企业接待海外旅游者来我国旅游或组织我国公民出境旅游，都是通过旅游业务合同来约定旅游服务项目、旅游费用标准、旅游服务质量、旅游安全保险等方面的内容，从而形成双方旅游企业在国际旅游市场中的社会关系，这种关系是被双方签订的旅游合同所调整的权利义务关系。

第二，旅游法是旅游法律规范的总称。旅游法包括由国家指定或认可的调整旅游活动中所产生的社会关系的各种法律规范，其中既包括一个国家发展旅游业的根本大法——旅游基本法，也包括涉及旅游活动各领域的单行的旅游法律、法规、规章，还包括散见于其他法律、法规之中的有关旅游的法律规定。

交通管制属于不可抗力吗

2009 年 5 月 13 日，肖某报名参加了某旅行社组织的黄龙、九寨沟的汽车旅游团，早上 8：00 出发。到成都后，旅行社称汽车不能走改为乘飞机，多出 1150 元，要求肖某承担，肖某不同意，认为自己已经支付了本次旅游的费用，之所以增加费用是旅行社安排不周造成的，应当由旅行社承担。双方协商不成，返程后游客将旅行社投诉到质监所。

经调查，5 月 13 日，绵阳市交通局、公安局在绵阳交通安全信息网发布公告，即日起，九环东线江油平武段禁止旅游客车通行。质监所认定这是一起因交通管制造成的旅游纠纷，属于不可抗力，根据合同法关于不可抗力的相关规定，认定多出的 1150 元应由游客承担。

分析：

本起投诉双方争执的焦点有两个：第一个是当地政府实行的交通管制是否属于不可抗力，第二个是多出的费用该由谁支付，第一个问题是因，第二个问题是果。

首先分析不可抗力的概念和类别，《合同法》第 177 条规定："不可抗力是指不能预见、不能避免、不能克服的客观情况。"所谓不能预见是指构成不可抗力的事件必须是有关当事人在订立合同时，对该事件的发生是不可能预见到的。对于合同当事人来说，判断其能否预见到不可抗力事件的发生有两个不同的标准：一是客观标准，就是在某种具体情况下，一般智力的普通人能够预见到的，合同当事人就应当预见；另一个标准是主观标准，就是在某种具体情况下，根据行为人的主观条件如年龄、智力发育状况、知识水平、教育和技术能力等来判断合同的当事人是否应该预见到。本案中交通管制是5月13日发布的，而旅游团在该天已经出发了，所以不能够预见。不能避免是指无论当事人采取什么措施，或即使尽了最大努力，也不能防止或避免事件的发生。本案中交通管制是旅行社不能改变，不能避免的。不能克服是指合同的当事人以自身的能力和条件无法战胜这种客观力量。如果某一事件造成的后果可以通过当事人的努力而得到克服，那么这个事件就不是不可抗力事件。本案中的交通管制导致旅游团的车辆不能通行，只能改乘飞机，即属于不能克服。

不可抗力主要包括以下三种情形：一是自然灾害，如地震、洪水、台风、泥石流、雪灾等；二是政府行为，如征收、征用等；三是社会异常事件，如罢工、骚乱、政府禁令等。不可抗力是法定的免责事由，我国《民法通则》第107条规定："因不可抗力不能履行合同或者造成他人损害的，不承担民事责任。"《合同法》第117条也规定："因不可抗力不能履行合同的，根据不可抗力的影响，部分或者全部免除责任，但法律另有规定的除外。"不可抗力条款是法定免责条款，约定不可抗力条款如小于法定范围，当事人仍可援用法律规定主张免责；如大于法定范围，超出部分应视为另外成立了免责条款。

鉴于当地政府部门的交通管制对旅行社来讲属于不能预见、不能避免和不能克服的客观情况，且旅行社及时通知游客改乘飞机，履行了法定的通知义务，适用法定的免责事由，不承担违约责任，故因交通方式改变而增加的费用由游客承担。

任务二　我国旅游立法与旅游法制建设

从我国的实际情况来看，旅游法并非单指某项旅游立法，而是指旅游法律、法规、部门规章以及旅游规范性文件的总称。自改革开放以后，我国旅游业发展迅猛，已经成为国民经济新的增长点，国家和旅游主管部门十分重视对旅游的立法和法制建设，我国现阶段已制定的旅游法分为以下五类：由全国人民代表大会及其常务委员会审议通过的旅游法律、国务院制定颁布的旅游行政法规、国家旅游行政管理部门制定的旅游部门规章、各地方人大常委会和人民政府制定的地方性旅游法规和规章，以及我国政府缔结和承认的国际旅游公约和国际旅游协定等。

在我国逐步建立的旅游立法体系中，涉及以下六个方面的法律规范性文件：

一、国家大法

我国颁布的涉及市场经济的国家大法很多，如《专利法》、《商标法》、《公司法》、《反不正当竞争法》、《价格法》、《消费者权益保护法》、《劳动法》、《合同法》、《会计法》、《统计法》、《审计法》、《中外合资经营企业法》、《中外合作经营企业法》、《外资企业法》等，这些法律对保障我国市场经济的发展起到了极其重要的作用，而旅游业是一项综合性的经济行业，上述涉及市场经济的国家大法同样对旅游业的发展也起着至关重要的法律保护作用。

二、旅游法

我国至今尚未出台旅游基本法，但有关部门一直在积极争取。国家旅游局早在1982年就成立了《中华人民共和国旅游法》起草领导小组和工作小组。1985年11月，国家旅游局将送审稿提交国务院，时因我国旅游业还在起步阶段，制定《旅游法》的基本条件尚不具备，故起草旅游法的工作暂时中断。1989年3月，国家旅游局再次把起草《旅游法》工作提到议事日程，经多次调研、论证，形成送审稿。建立社会主义市场经济体制后，《旅游法》草稿涉及的相关内容需要重新调整，起草工作再次中断。1995年年底，《旅游法》起草工作重新启动，目前有关部门正在通过多种形式、多种途径，争取综合性的旅游基本法《中华人民共和国旅游法》能尽快出台。

三、国务院行政法规

目前，国务院专门针对旅游业制定的行政法规是《旅游社管理条例》、《导游人员管理条例》和《中国公民出国旅游管理办法》。

1985年5月11日，国务院颁布了《旅行社管理暂行条例》，这是我国旅游法制建设史上第一个行政法规。它把分散在不同系统、归口于不同管理部门的旅行社，全部纳入旅游行业管理的轨道，在加强旅行社的管理、保护旅游者的合法权益方面，起到了十分重要的作用。随着我国经济体制改革的不断深入和我国旅游业的迅猛发展，旅行社行业的情况发生了很大变化，出项了一些新情况、新问题，在《旅行社管理暂行条例》中无法找到相应的法律规定加以解决，旅行社法规急需补充修订。1996年10月15日，国务院发布了《旅行社管理条例》，该条例在总结我国旅行社业进近20年情况的基础上，对20世纪80年代出台的《旅行社管理暂行条例》作了较大修改。新条例的实施无疑更能适应社会主义市场经济条件下旅行社行业发展的需要。为了认真履行我国入世的承诺，适应我国旅游业对外开放的需要，2001年12月11日，朱镕基总理签发了第334号国务院令，公布《国务院关于修改〈旅行社管理条例〉的决定》，对1996年5月15日发布的《旅行社管理条例》进行了修订。2009年2月公布的《旅行社条例》，是对《旅行社管理条例》的一次全面修订，于2009年5月1日起施行。

1987年11月30日，经国务院批准，国家旅游局发布了《导游人员管理暂行规定》，该法规为我国导游队伍的建设和健康发展提供了法律依据。随着旅游业的不断发展，导游队伍不断壮大，与此同时，导游人员的职业活动和对导游人员的管理方面出现了一些新问题，针对这些问题，《导游人员管理暂行规定》缺乏必要的可操作性和力度，急需把修订《导游人员管理暂行规定》摆上议事日程工作。因此，为了规范导游活动，保障旅游者和导游人员的合法权益，国务院于1999年5月14日修订发布了《导游人员管理条例》。这一导游管理法规的发布，为我国导游人员队伍的建设和发展奠定了基础，进一步促进了旅游业的健康发展。

1997年7月1日，国家旅游局、公安部经国务院批复，联合发布了《中国公民自费出国旅游管理暂行办法》。这是我国又一部行政法规，它标志着我国公民自费出国旅游的开始。随着我国改革开放的进一步深入，中国公民出国旅游活动迅速发展。从1997—2003年的5年间，中国公民出国旅游人数由532万人次增长到1212万人次。为切实保障出国旅游者和出国旅游经营者的合法权益，为了规范旅行社组织中国公民的出国旅游活动，朱镕基总理签发了第354号国务院令，公布了《中国公民出国旅游管理办法》，条例自2002年7月1日起施行。

下放权力　方便企业　加强管理

为了更方便企业的经营管理和加强对旅行社的监督管理，《旅行社条例》对我国的旅行社监督管理权作出重大调整，将旅行社审批、监督、检查、处罚等权力下放到省级及其以下的地方旅游行政管理部门，由上述机关作为主要管理单位行使监管职权。

新条例在总则中即规定："县级以上地方人民政府管理旅游工作的部门按照职责负责本行政区域内旅行社的监督管理工作。"然后规定，设立旅行社由省级旅游局或者其委托的地市级旅游局负责接受申请、审核许可并颁发许可证，旅行社申请增加出境旅游业务由国家旅游局或者其委托的省级旅游局负责审核许可并颁发许可证。修订前法规规定，设立国内旅行社（只经营国内旅游业务），由省级旅游局审批，设立国际旅行社（经营国内旅游业务和入境旅游业务）由国家旅游局审批，而所有的出境旅游业务均由国家旅游局审批。旅行社设立许可权的下放，具体包括三项内容：一是国家旅游局不再负责旅行社设立许可；二是省级旅游局可以将旅行社设立许可委托给地市级旅游局；三是国家旅游局可以将出境游业务许可委托给省级旅游局。设立许可权的这种调整，对于投资人和设立后的旅行社管理来说，至少减少并下移一个层次，即旅行社的设立都不需要报国家旅游局审核许可并到国家旅游局来领取、换发、补发许可证，不出省甚至不出市就可以办理；经过国家旅游局委托，旅行社申请出境旅游业务及其许可证的换发等事务，也不出省就可以办理。这可以为旅行社及其投资人节省费用、时间、人力和提高设立、许可证管理等工作效率，大大便利了企业的经营管理。

随审核许可权一起调整的，就是监督检查权和处罚权，这对旅游行政管理部门加强对旅行社经营服务的监督管理意义重大。我国法律规定，企业和社团组织实行"谁审批发证、谁监督管理"的原则；对企业、社团组织的日常监督，可以按照职责分工实行"分级管理、属地管理"相结合的方式，但停止和取消业务、吊销执照和许可证等行政处罚，必须由原审批许可和颁发证照者实施。新条例对审批权的调整，意味着进一步强化属地管理和地方监督。据此，国家旅游局将主要负责对旅行社监督管理的规范、指导、督促和服务，具体的监督管理工作主要由地方旅游局承担。其中，对旅行社违规行为实施行政处罚主要以

省级旅游局为主体，地市、县区旅游局则负责日常监督管理。新条例罚则中所规定的由旅游行政管理部门实施的行政处罚，也将主要由地方旅游局其中主要是省级旅游局负责。

法规对旅行社监督管理权的这种调整，目的和意义就在于能够更好地加强对旅行社经营服务的监督。修订之前，只有国内旅行社的审批、检查、处罚和许可证管理等监督管理工作由省级旅游局等地方旅游行政管理部门负责，国际旅行社则由国家旅游局负责。特别是对国际旅行社在业务经营、游客服务和内部管理方面出现的问题，省级旅游局和其以下旅游局只是按照国家旅游局的要求、委托，进行调查并报告情况，不能就近实施行政处罚，大大增加了行政执法的时间和费用，影响了监督管理和行政处罚的效率和效果。而且，数以千计的国际旅行社，分布在全国各地，主要依靠国家旅游局监督管理和实施行政处罚，基本上是力不从心，结果就造成了对国际旅行社（包括出境游旅行社）经营管理和服务的行政监督管理乏力，导致旅行社市场出现的违法、违规现象越来越多。将许可权与监督管理和行政处罚权一起下放给省级旅游局，使得对所有的旅行社的监督管理更到位，将大大改变旅游行政管理部门对监督管理工作鞭长莫及的状况，对充分调动和发挥地方旅游行政管理部门的积极性也会非常有效。而且，负责旅行社监督管理的地方旅游局，还可以根据本地区的实际情况，依法实事求是地采取政策措施，使得监督管理工作更具有针对性、科学性。

还有一点必须认识到，旅行社设立许可权和监督管理权、行政处罚权的下放，是贯彻建立成熟完善的社会主义市场经济体制、国家政府机构改革方针，转变政府职能和工作方式，建设效能政府、服务政府的具体表现。下放设立许可权，是为了更好地为投资人和旅行社经营服务；下放监督管理权和行政处罚权，是为了进一步提高旅游行政管理部门的工作效率和取得更好的工作效果。

四、地方的旅游管理条例

改革开放以来，我国各个地方的党委、政府、人大都很重视旅游业的发展。在有的地方，旅游业已成为当地的龙头产业之一。然而随着旅游业的快速发展，旅游市场关系日趋复杂，许多不尽如人意的问题不断出现，如景点建设格调低下、重复建设严重、旅游市场混乱、恶性竞争不断、服务质量低劣、旅游者的合法权益得不到有效保护等，严重影响了地方旅游形象。为此，急需将本地的旅游业管理纳入法制的轨道。各地方人大、政府对旅游立法工作高度重视，到 2002 年年底全国已有海南、河南、河北、武汉等 20 多个省和城市出台了旅游业管理条例，海南省人大在 1996 年 10 月通过了全国第一部地方旅游法规——《海南省旅游管理条例》。

这些地方的旅游管理条例，一般都对本地旅游资源的开发和保护、旅游经营和管理、旅游者的权利和义务、旅游主管部门的职能等作出明确规定，同时还有对违反条例的有关行为给予具体处罚的规定。条例的制定和颁布，使得地方各级旅游部门和旅游经营单位依法治旅、守法经营的意识大大增强。同时，这些地方性的旅游管理条例的出台，也使得全国性的旅游法规建立在比较坚实的基础之上。

五、旅游部门规章

旅游部门规章是由国家旅游行政管理部门制定的一些规定和技术性规范，已经制定并在实行的主要有：

1. 旅行社管理方面的规章

2001 年 12 月 27 日，国家旅游局公布了《旅行社管理条例实施细则》，之后还颁发了一批重要的有关旅行社管理的行为规章和规范性文件。2009 年 4 月 2 日，国家旅游局根据《旅行社条例》制定并公布《旅行社条例实施细则》，自 2009 年 5 月 3 日起施行，《旅行社管理条例实施细则》同时废止。

在旅行社及分支机构的审批登记方面，主要有国家旅游局发布的《关于外国企业在中国设立常驻旅游办事机构的意见》、《旅行社经理资格认证管理规定》、《关于加强对全国旅行社审批、登记、年检管理的通知》等。在旅行社质量保证金制度方面，主要有国家旅游局发布的《旅行社质量保证金暂行规定》、《旅行社质量保证金暂行规定实施细则》、《旅行社质量保证金赔偿暂行办法》、《旅行社质量保证金赔偿试行标准》等。2009 年 6 月，国家旅游局制定实施《旅行社质量保证金存取管理办法》，原《旅行社质量保证金财务管理暂行办法》及其补充规定同时废止。

2. 旅游饭店（酒店、旅馆等）管理方面的规章

除了国务院批准由公安部发布的《旅馆业治安管理办法》之外，还有由国家旅游局发布的《中华人民共和国评定旅游涉外饭店星级的规定》、《中华人民共和国旅游涉外饭店星级标准》、《关于加快旅游涉外饭店星级评定工作的通知》等。

3. 导游人员管理方面的规章

除了国家旅游局在 2001 年 12 月 26 日制定公布的《导游人员管理实施办法》以外，在导游等级评定方面，国家旅游局发布了《导游员职业登记标准》、《关于对全国导游员实行等级评定的意见》等。在导游证书管理方面，国家旅游局修订颁布了《导游证管理办法》等。2005 年 6 月 3 日，国家旅游局颁布了《导游人员等级考核评定管理办法（试行）》，并于 7 月 3 日起实施。

《导游人员管理实施办法》（节选）

第三章　导游人员的计分管理

第十二条　国家对导游人员实行计分管理。

国务院旅游行政管理部门负责制定全国导游人员计分管理政策并组织实施、监督

检查。

省级旅游行政管理部门负责本行政区域内导游人员计分管理的组织实施和监督检查。

所在地旅游行政管理部门在本行政区域内负责导游人员计分管理的具体执行。

第十三条 导游人员计分办法实行年度10分制。

第十四条 导游人员在导游活动中有下列情形之一的，扣除10分：

（一）有损害国家利益和民族尊严的言行的；

（二）诱导或安排旅游者参加黄、赌、毒活动项目的；

（三）有殴打或谩骂旅游者行为的；

（四）欺骗、胁迫旅游者消费的；

（五）未通过年审继续从事导游业务的；

（六）因自身原因造成旅游团重大危害和损失的。

第十五条 导游人员在导游活动中有下列情形之一的，扣除8分：

（一）拒绝、逃避检查，或者欺骗检查人员的；

（二）擅自增加或者减少旅游项目的；

（三）擅自终止导游活动的；

（四）讲解中掺杂庸俗、下流、迷信内容的；

（五）未经旅行社委派私自承揽或者以其他任何方式直接承揽导游业务的。

第十六条 导游人员在导游活动中有下列情形之一的，扣除6分：

（一）向旅游者兜售物品或购买旅游者物品的；

（二）以明示或者暗示的方式向旅游者索要小费的；

（三）因自身原因漏接漏送或误接误送旅游团的；

（四）讲解质量差或不讲解的；

（五）私自转借导游证供他人使用的；

（六）发生重大安全事故不积极配合有关部门救助的。

第十七条 导游人员在导游活动中有下列情形之一的，扣除4分：

（一）私自带人随团游览的；

（二）无故不随团活动的；

（三）在导游活动中未佩戴导游证或未携带计分卡；

（四）不尊重旅游者宗教信仰和民族风俗。

第十八条 导游人员在导游活动中有下列情形之一的，扣除2分：

（一）未按规定时间到岗的；

（二）10人以上团队未打接待社社旗的；

（三）未携带正规接待计划；

（四）接站未出示旅行社标识的；

（五）仪表、着装不整洁的；

（六）讲解中吸烟、吃东西的。

第十九条　导游人员10分分值被扣完后，由最后扣分的旅游行政执法单位暂时保留其导游证，并出具保留导游证证明，并于10日内通报导游人员所在地旅游行政管理部门和登记注册单位。正在带团过程中的导游人员，可持旅游执法单位出具的保留证明完成团队剩余行程。

第二十条　对导游人员的违法、违规行为除扣减其相应分值外，依法应予处罚的，依据有关法律给予处罚。

导游人员通过年审后，年审单位应核销其遗留分值，重新输入初始分值。

第二十一条　旅游行政执法人员玩忽职守、不按照规定随意进行扣分或处罚的，由上级旅游行政管理部门提出批评和通报，本级旅游行政管理部门给予行政处分。

4. 出境旅游管理方面的规章

这方面的规章有2002年国家旅游局制定的《出境旅游领队人员管理办法》、《旅行社出境旅游服务质量》和2006年4月16日发布施行的《大陆居民赴台湾地区旅游管理办法》等。

5. 旅游安全管理和保险方面的规章

为使我国旅游安全工作规范化和制度化，国家旅游局自1990年以来，先后制定发布了《旅游安全管理暂行办法》、《旅游安全管理暂行办法实施细则》、《重大旅游安全事故报告制度试行办法》、《重大旅游安全事故处理程序试行办法》、《漂流旅游安全管理暂行办法》、《旅行社投保旅行社责任保险规定》等。

6. 旅游投诉与纠纷处理方面的规章

关于旅游投诉与纠纷处理，国家旅游局曾在1991年6月制定发布了《旅游投诉暂行规定》。2010年5月19日，国家旅游局在其官方网站上发布国家旅游局令第32号文件，文件公布了《旅游投诉处理办法》，并宣布自2010年7月1日起施行。作为国家旅游局制定的全国首个《旅游投诉处理办法》，明确规定旅游投诉的有效期将由原来的60天延长至90天，一旦接到投诉，质监部门需在5日内行动。与原有的旅游投诉与纠纷处理的法规相比，《旅游投诉处理办法》有利于增加旅游投诉处理的透明度，并提高游客的维权效率，更大程度上保障游客和旅游企业双方的权益。

六、其他部门相关法律、法规

旅游业的发展离不开相关行业的协调与配合，这些相关部门的法律、法规也是我国旅游立法体系大家庭中的一员。例如，在旅游资源管理方面有《风景名胜区管理暂行条例》、《文物保护法》、《自然保护区条例》、《森林法》、《环境保护法》等；在出入境管理方面有《中国公民出境入境管理法》及其实施细则、《外国人入境出境管理法》及其实施细则、《海关法》等；在旅游交通管理方面有《民用航空法》、《铁路法》、《国内航空运输旅客身体损害赔偿暂行规定》、《铁路旅客运输损害赔偿规定》等；在旅游食品卫生

管理方面有《食品安全法》；在旅游经营和权益保护方面有《反不正当竞争法》、《消费者权益保护法》、《价格法》等。它们都在不同程度上对旅游社会关系起到了调整和促进作用。

总之，我国的旅游立法从无到有，取得了很大成绩，这些法律、法规在调整旅游业结构、规范旅游市场、解决旅游纠纷、调整旅游法律关系中的权利义务等方面起了一定的作用。但总的来看，我国的旅游立法尚不成熟，旅游法制还不完善，存在着立法层次低，法律、法规之间不相协调，缺乏统一性等问题，特别是我国旅游业至今还没有一部综合性的旅游基本法，制约了我国旅游业健康有序的发展。为使我国旅游业适应现代旅游业发展的需求，尽早步入世界旅游强国的行列，还必须不断完善我国旅游立法，健全旅游法制，构建起具有中国特色的完整旅游法律体系。

任务三　旅游法的特点、原则与任务

一、旅游法的特点

旅游业素有“无烟工业”、“无形贸易”之称，是一个投资少、见效快、成本低、利润大、创汇多的新型国民经济部门，各国都十分重视旅游业的发展，并把发展旅游的意志上升到立法上来。从性质上讲，旅游法是国家制定或认可、体现发展旅游业的意志、以国家强制力保证实施的旅行游览活动的行为准则。旅游法同其他法律部门的法律、法规比较起来，具有自身的特点，主要表现为：

1. 综合性

有两种情况：一是旅游部门有许多单行法规，旅游法是由一系列单行法规组合起来的；二是旅游法规内容十分广泛，散存于各种法律法规中。

2. 专业性

旅游法律、法规反映着旅游行业经营管理的业务特点，因而具有鲜明的专业性。由于旅游业是以旅游资源为凭借、以旅游设施为条件、向社会提供旅游服务的行业，因而旅游法律、法规包括开发、利用和保护各种旅游资源，包括兴建和管理各种旅游设施，包括培训涉外的旅游服务和管理人才等，而这些都具有特定的专门业务内容。

3. 调控性

旅游法对一定时期某些旅游业务经营采取鼓励或限制的规定，用以引导旅游业的发展，这体现了旅游法宏观调控作用的特点。

4. 效益性

旅游法的效益性的特点，主要是指旅游法要求一切旅游业的经营和管理行为必须讲究经济效益、社会效益和环境效益。

5. 灵活性

主要是指旅游的法律性文件可以适应旅游业的发展变化，及时加以修改和补充。例如，我国于 2001 年成功加入世界贸易组织之后，为适应我国旅游业对外开放的需要，促进我国旅游业的发展，国务院及时地对 1996 颁布的《旅行社管理条例》进行修改，体现了旅游法的灵活性。

二、旅游法的原则

旅游法的原则是指各国制定旅游法律规范的指导思想和理论基础。由于国情不同，其制定旅游法的指导思想和理论基础也有不同，但从发展旅游业的角度看，又有一些共同的原则是必须遵守的。

具体包括以下几项：

1. 按旅游规律办事的原则

旅游规律又称旅游法则，是旅游现象之间的本质联系，是旅游现象发展变化的内存必然性。它具有客观性，不以人的意志为转移，但人们可以发现、认识和利用旅游规律，为自己的一定目的服务，把按旅游规律办事同按旅游法律办事有机地结合起来。

2. 发挥市场机制作用、健全宏观调控的原则

各国的旅游业都有三种基本旅游业务，面临着两大旅游市场。三种基本旅游业务是指组织本国公民在国内旅游、出境旅游和接待海外旅游者。两大旅游市场是指国内旅游市场和国际旅游市场。旅游产品组合及客源的构成和流向、旅游产品价格的确定，均应适应旅游市场供求关系的变化，受价值规律的支配；同时要发挥宏观调控的威力，通过旅游政策、计划、规章等规范性文件，正确反映各种旅游业信息，促进旅游需求和供应协调，引导旅游市场健康发展。

3. 参照国际旅游惯例的原则

由于旅游业是一种涉外性很强的服务行业，旅游业的业务内容，不论是接待海外旅游者，还是组织本国公民出国旅游，都是在国际旅游市场中进行的。因此，全面参照那些在长期的国际旅游市场中逐渐形成并且公认的行为规则是十分必要的。其中包括在国际惯例中的成文法，即国际商法、公约、加入有关国际组织的条件和权利义务等，也包括不成文法，即相沿成习的交往方式、通行做法等。

4. 奖励和惩罚相结合的原则

有奖有惩、奖惩结合，这是各国旅游法普遍采取的原则。

三、旅游法的任务

旅游法是国家组织、领导和管理旅行游览事业的重要工具，其主要任务有五个方面：

1. 保护旅游者的合法权益

旅游者的合法权益有：旅游者的人身和财产安全；对旅游产品的知情权、选择权；对旅游消费的公平交易权；人格、民族风俗习惯受到尊重的权利；为维护自身权益有组团旅游和组织旅游社会团体的权利；人身或财产受到损害时依法获得赔偿的权利；对旅游商品和服务以及对保护旅游者权益的监督权，旅游法必须加以保护。

2. 保障旅游经营单位的合法经营

旅游经营单位是旅游产品的生产或经营的企业，是旅游市场的法人实体和竞争主体，其合法权益主要有：确认旅游经营单位是自主经营、自负盈亏、独立核算的旅游产品生产或经营的企业；确认旅游经营单位是企业财产的所有者；确认其依法取得法人资格；确认其以自己的名义参与经济仲裁和经济诉讼活动，旅游法同样应加以保障。

3. 保证旅游行政部门的行业管理

旅游业是一项关系国计民生的重要经济产业，加强国家对旅游业的行业管理、促进旅游业健康发展是各个旅游国家制定旅游法的首要任务。主要内容有：以法律、法规的形式确定旅游行政管理部门的法律地位；以法律、法规确定旅游行政管理职能（监督管理职能、计划与控制职能、促销宣传职能、财政的职能和协调的职能）。

4. 协调旅游业与相关行业的关系

旅游业是一个跨行业、跨地区、跨部门的社会经济产业，将旅游业同与旅游业相关的行业、地区和部门有机地组合起来，向国内外旅游者提供食、住、行、游、购、娱“一条龙”式的服务，是各国制定和实施旅游法的一项重要任务。其主要制度有：从管理体制上设立全国最高的旅游决策和协调机构；建立各级各类旅游协调机构。

5. 促进国际旅游合作的发展

旅游业是一个国际性的行业，任何一个国家要使得本国的旅游业立足于国际旅游业之林，必须以旅游立法以及各种协议、协定等形式，加强同各国政府旅游部门的友好交往和各种合作，促进同各种世界性、地域性、行业性的旅游组织之间建立广泛的联系和业务往来。主要有两方面：要按照法定程序签订政府之间、旅游部（局）之间的各种旅游协定、协议、谅解备忘录、会谈纪要，使得国际之间的旅游合作具有法律效力；要使得旅游部门参加的国际旅游行业组织得到政府的批准和支持，从而使参与这些行业组织的活动合法化。

任务四 旅游法律关系

一、什么是旅游法律关系

法律关系是由法律规范所确认的当事人之间的具有权利义务内容的社会关系，或者说，法律关系是指社会关系被法律规范调整之后所形成的权利义务关系。例如，具有行政隶属性质的社会关系经行政法调整之后，就形成行政法律关系，那么，在旅游活动中形成的社会关系，在被旅游法律调整之后，就会形成旅游法律关系。概言之，旅游法律关系，是指当事人之间被旅游法律规范调整的具有旅游权利和旅游义务内容的社会关系。

旅游法律关系与其他法律关系相比，它具有以下特征：

1. 旅游法律关系的存在，是以现行的旅游法律、法规为存在前提的

旅游法律关系之所以产生，是由于有规定和调整这种关系的法律、法规存在，没有相应的法律、法规，旅游法律关系就无从产生，否则就只能是一般的社会关系。例如，如果没有合同和旅行社管理方面的法律，旅行社和旅游者之间、旅行社和相关部门之间就不可能形成旅游法律关系。

2. 旅游法律关系的内容，是旅游法律、法规规定的权利和义务

如旅行社有权自主经营旅游业务，有接受旅游行政管理部门管理的义务，这些权利和义务都是《旅行社管理条例》等法律、法规确定的。

3. 旅游法律关系受国家强制力保护

国家运用法律的手段，确认和维护旅游权利与义务的关系，支持和保证权利、义务人权利的实现、义务的履行，对不履行义务和侵犯他人合法权利的行为给予制裁。例如，旅游经营单位不按合同约定提供服务，就要受到相关法律、法规的制裁。

二、旅游法律关系的构成要素

法律关系的构成要素是指结成当事人之间权利和义务关系的必要条件，而旅游法律关系的构成要素是指旅游法律关系不可缺少的组成部分。它包括旅游法律关系的主体、客体和内容三大要素。

（一）旅游法律关系的主体

旅游法律关系主体是指参加旅行游览活动，依法享有旅游权利和承担旅游义务的当事人。在旅游法律关系中必须有两个以上的当事人，且要具有能够享受旅游权利和承担旅游义务的资格。同时，旅游法律关系主体的资格是由旅游法规定的。在我国，按照有关旅游法律、法规的规定，能够作为旅游法律关系主体的当事人主要有四类：

1. 国家各级旅游行政管理机关

狭义的旅游行政管理机关专指国家和地方旅游局，是国家和地方对旅游业进行行业归口管理的行政管理机关。广义的泛指从不同方面对旅游企业事业单位进行行政管理的外事、财政、物价、外汇、工商、公安、轻工、文化、城建、园林、民航、铁路、宗教、侨务等行政管理机关。它们从各自的职权范围对旅游业实行管理、指导和监督。

2. 旅游者

旅游者是指不是为定居和谋求职业，而到外地或外国时间为 24 小时以上 1 年以下，进行探访、观光、会议或从事经济、文化、体育、宗教等活动的个人或团体。

旅游者分为国际旅游者和国内旅游者。国际旅游者主要指来我国参观、探访、休养、考察以及参加商务、会议等活动的旅游者，包括外国人和港澳台同胞、华裔、华侨等，亦称海外旅游者。国内旅游者主要指参加国内各地旅行游览的本国公民，包括去国外旅行游览的本国公民。

国际旅游者具有成为旅游法律关系主体的资格，其法律依据是获得旅游目的地国家的旅游签证，国内旅游者具有成为旅游法律关系主体的资格，其法律依据是本国公民同有权

经营旅行业务者之间的旅游合同（协议），公民有了同旅行社达成的旅游合同（协议），便可成为国内旅游者。

3. 旅游企事业单位

包括：各类旅行社；各类旅游饭店；交通运输企业；园林、文物或其他游览点；旅游商店；旅游事业单位（主要指旅游书店、旅游出版社、旅游报社、旅游院校以及旅游行业协会等单位），等等。

4. 海外旅游组织

主要指外国旅游企业和外国派驻某国的旅游办事机构。

在我国，海外旅游组织，除了外国的旅游企业和外国的旅游办事机构外，还包括我国港澳台的旅游企业以及它们的有关机构。因为各国无论是接待海外旅游者还是组织本国公民出国旅游，都会同海外的旅游企业或旅游办事机构发生业务交往，从而使它们成为旅游法律关系的一方当事人。

（二）旅游法律关系的客体

亦称标的，指旅游法律关系中当事人旅游权利和旅游义务共同指向的事物。在旅游法律关系中，如果只有主体和权利、义务，而无权利、义务所指向的具体事物，作为旅游法律关系内容的权利和义务就会落空，主体双方之间建立旅游法律关系就失去了意义。因此，旅游法律关系的客体，构成了旅游法律关系不可缺少的要素，根据我国旅游法律的规定，主要有以下四类：

1. 物

物，是指在法律上具有一定经济价值，在法律关系中作为财产权利对象的一切有形物质财富。物是最普遍的客体，主要包括各类旅游资源、各种旅游设施和旅游消费品等。

2. 货币

货币，作为旅游费用的支付手段也是旅游法律关系的客体。

3. 行为

行为，是旅游法律关系主体进行的有目的的、有意识的活动，分为管理行为和服务行为。旅游管理行为是一种直接或间接地为旅游者旅行游览服务的活动，包括旅游管理部门、旅游企业以及旅游企业内部管理机构行使与其担负的旅游职能相适应的旅游管理行为。旅游服务行为是表现为一系列分工协作的劳务活动，包括把旅游者迎进来、送出去以及在旅游过程中食、住、行、游、购、娱等各个环节中的服务工作。

4. 非物质财富

它是指脑力劳动创造的科学技术成果，具体为旅游法律关系主体从事智力活动所取得的智力成果，如专利、技术秘密、科学发明、产品商标、企业名称标志、管理模式等，这种成果并不直接表现为物质的财富，但可转化为物质财富。

（三）旅游法律关系的内容

旅游法律关系的内容指旅游法律关系双方当事人之间的旅游权利和旅游义务。在旅游法律关系中，旅游权利和义务是相互对立、同时存在的。旅游法律关系的主体享有旅游法律、法规所规定的权利，同时，也必须承担旅游法律、法规所规定的义务，当主体一方的旅游权利因其他主体的行为而不能实现时，有权请求国家机关加以保护。

1. 旅游者的权利和义务

旅游者是旅游业赖以生存和发展的重要因素，是旅游法律关系中重要的主体。旅游者作为消费者，除了享有我国《消费者权益保护法》所规定的权利（人身、财产安全不受侵害的权利，自主选择商品和服务的权利，人格尊严、民族风俗习惯受到尊重的权利，公平交易的权利，获得赔偿权，知情权，获得消费教育的权利，依法结社权，监督批评权）之外，还应当享有的权利主要有：在规定的地区旅游，享用各种旅游产品和服务的权利；同旅游企业缔结各种合同的权利；要求自己的合法权益受到法律保护的权利。

旅游者在旅游活动中所承担的义务主要有：自觉遵守中国的有关法律、法规和社会公德；遵守和旅游企业之间缔结的各种合同；为其享用的旅游服务偿付合理的费用。

2. 旅游企业的权利和义务

旅游企业是旅游业的中坚力量，在旅游活动中发挥着重要的作用。根据我国法律、法规的规定，旅游企业享有的权利主要有：在法律允许的范围内的自主经营权，在业务范围内的自由缔结合同权，合法权益受到侵害时申请主管机关予以保护的诉权。

与此同时，旅游企业要承担相应的义务。旅游企业作为经营者，除了承担我国《消费者权益保护法》中规定的经营者的义务（依法或按约定旅行、听取意见、接受监督、保障人身和财产安全、不作虚假宣传、出具相应的凭证和单据、提供符合要求的商品或服务、不得从事不公平不合理的交易、不得侵犯消费者的人身权）之外，还应当负有的义务有：遵守有关旅游业的各种法律、法规，合法经营，履行各种审批和登记手续，保护旅游者的合法权益等。

读一读

《中国公民出境旅游合同》（示范文本·节选）

七、协议条款

第十八条　出发与结束日期

出发日期________，结束日期________；具体集合时间、地点及解散地点见《计划书》。

第十九条　旅游费用与支付

（旅游费用以人民币为计算单位）

成人：￥________元/人；儿童（不满12岁的）：￥________元/人；

合计：￥________元（其中签证/签注费用￥________元/人）。

旅游费用支付的方式和时间：________________________________。

第二十条 个人投保的旅游保险

旅游者________（同意或者不同意，打勾无效）委托组团社办理个人投保的旅游保险。

保险产品名称：________

保险金额：________

保险费：________

第二十一条 成团人数与不成团安排

组团社最低成团人数：________；组团低于此人数不能成团时，组团社应当在出发前日及时通知旅游者。

如不能成团，旅游者是否同意按下列方式解决：

1. ________（同意或者不同意，打勾无效）组团社延期出团。

2. ________（同意或者不同意，打勾无效）转________________旅行社出团。

第二十二条 黄金周的特别约定

春节、十一黄金周旅游高峰期间，组团社和旅游者约定行前退团及取消出团的提前告知时间、相关责任如下：

提前告知时间	旅游者行前退团，旅游者应当支付组团社的业务损失费占旅游费用总额的百分比	组团社取消出团，组团社应当支付旅游者的违约金占旅游费用总额的百分比
出发前 日至 日		
出发前 日至 日		
出发前 日至 日		
出发前 日至 日		
出发前 日至 日		

第二十三条 争议的解决方式

本合同履行过程中发生争议，由双方协商解决；亦可向合同签订地的旅游质量监督管理所、消费者协会等有关部门或机构申请调解解决。协商或者调解不成的，按下列第________种方式解决：

1. 提交________仲裁委员会仲裁；

2. 依法向人民法院起诉。

第二十四条 其他约定事项

未尽事宜，经旅游者和组团社双方协商一致，可列入补充条款。

（如合同空间不够，可附纸张贴于空白处，在连接处需双方盖章。）

旅游者代表签字（盖章）：________　　组团社签字（盖章）：________

签约代表：________

电话：　　电话：

传真：　　传真：

地址：　　地址：

邮编：　　邮编：

电子信箱：　　电子信箱：

签约日期：________年________月________日

签约地点：________________

3. 旅游行政主管机关的权利和义务

根据有关法律法规的规定，旅游行政主管机关有权制定有关政策和规定，引导旅游企业合法经营；有权监督旅游企业的经营行为；有权协调各旅游企业之间及旅游者与旅游企业之间的关系，维护良好的旅游秩序。

作为政府管理旅游业的行政机关，旅游行政主管部门应当：模范地遵守法律、法规、政策；依法行政，在法律规定的范围内对旅游企业行使管理权；赔偿因其违反法律、法规、政策所造成的旅游企业的损失。

此外，旅游行政主管机关代表国家在国际旅游交往中遵守国际法上主权平等、经济互利等原则，也享受国际法赋予的相应权利。

三、旅游法律关系的保护

（一）旅游法律关系的确立

旅游法律关系是由一定的法律事实所引起、所确立的社会关系。所谓法律事实指能够引起法律关系产生、变更和消灭的事实。通常分为两类：

1. 旅游法律事件

它是指能导致旅游法律后果的产生，但又不以人的主观意志为转移的客观事实，包括如战争、动乱等社会现象和地震、水灾等自然现象。

2. 旅游法律行为

它是指能产生旅游法律后果，但以人的主观意志为转移的活动状态，其中包括合法行为和违法行为。

合法行为，指旅游法律关系主体实施的符合旅游法律、法规的行为，具体分为法律行为、行政行为和司法行为。

违法行为，指旅游法律关系主体实施的违反旅游法律、法规的行为，具体分为民事违

法、行政违法和刑事违法三种情况，无论是何种违法行为，都须承担相应的法律责任。

（二）旅游法律关系的产生、变更和消灭

1. 旅游法律关系的产生

旅游法律关系的产生，是指因某种法律事实使旅游法律关系主体之间形成一定的权利和义务关系。例如，旅行社和旅游者签订一份旅游合同，只要符合《合同法》和《旅行社管理条例》的相关规定，就会在旅行社和旅游者之间产生权利义务关系，并会受到上述有关法律的保护和约束。

2. 旅游法律关系的变更

旅游法律关系的变更，指的是因某种旅游法律事实使旅游法律关系的主体、客体和权利义务发生了变化。例如，甲旅行社接待了几位旅游者，双方签订了合同，可出团时，因团内人数不够，甲旅行社在征得这几位旅游者的书面同意后，将他们转让给乙旅行社出团，这几位旅游者与乙旅行社再行协商签订新的合同，这种情况是主体的变化引起旅游法律关系的变更。但是，旅游法律关系的变更不是随意的，它受到法律严格的限制，除因不可抗力事件或当事人事先协商一致以外，不得擅自变更，否则应承担相应的法律责任。

3. 旅游法律关系的消灭

旅游法律关系的消灭，指因某种旅游法律事实，使旅游法律关系主体间的权利义务关系终结。在实践中，旅游法律关系的消灭一般表现为主体各方权利义务的实现。例如，一个旅行社按合同规定圆满完成了某旅游团的服务任务，双方权利、义务关系即归于消灭。当然也有因主体间自行协商，或依法律规定，或因主体消亡、破产等引起旅游法律关系消灭的情况。

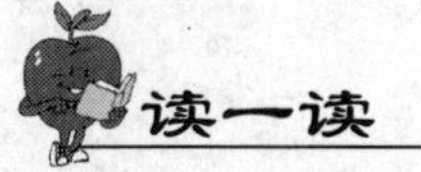

读一读

海南将在全省重点景区设立旅游法庭

新华社电（记者侯建森）　记者从海南省高级人民法院获悉，海南将在三亚试点的基础上，在全省重要景区等游客较为集中的地点设立旅游法庭，及时受理旅游投诉、化解纠纷。

据海南省高级人民法院研究室主任张西克介绍，旅游法庭的成立可以有效地应对旅游服务不可储存、旅游过程的流动性及缔约形式的不规范性。海南将适当放宽立案条件，扩大有管辖权的法院范围；建立繁简分流机制，对事实清楚、责任明确、标的不大的案件适用速裁方式审理，建立旅游纠纷就地立案、就地审理、当庭裁决和立即执行的快速处理机制，并采用“110联动”出警方式受理案件；加大对欺诈宰客等违法违规行为惩处力度，构建旅游市场综合整治长效机制，以维护海南旅游市场的良好形象。

早在2002年，海南省针对三亚作为国际旅游胜地游客流动性大、旅游纠纷多的特点，在三亚城郊法院设立旅游法庭，实行巡回办案，快立快审快执，有效化解了大量矛盾纠纷。

（三）旅游法律关系的保护

旅游法律关系的保护，指对旅游法律关系主体的权利和义务的保护，即有关主管机关严格监督旅游法律关系主体正确地行使旅游权利和切实地履行旅游义务。也就是加强旅游法制，维护旅游法规定的国家旅游管理部门、旅游经营单位及旅游相关部门和旅游者的法律地位不受侵犯，保护他们的合法权益，促使他们自觉地承担义务。

1. 旅游法律关系的保护体系

为切实有效地保护旅游法律关系，我国已建立一整套比较完备的保障体系：

(1) 旅游行政执法保护。这是国家旅游行政管理机关和相关的国家行政管理机关（如工商、税务、卫生、公安等）通过行政执法活动所进行的保护。在其职责范围内，通过强制履行、行政处分、行政处罚和行政复议等手段来保护旅游法律关系。

(2) 旅游仲裁保护。这是仲裁机关以第三者的身份，对特定的旅游纠纷或争议进行调解、裁决和仲裁所作出的保护。

(3) 旅游司法保护。这是人民检察院和人民法院对重大的旅游纠纷案件和行政案件，通过行使检察权和审判权所作出的保护。

2. 旅游法律关系的保护措施

(1) 行政措施，指国家行政机关对违反相关法律、法规的单位和个人所作出的警告、罚款、责令停业整顿、没收非法所得、吊销营业执照等行政处罚。

(2) 民事措施，指国家司法机关判令有侵权行为的一方或不履行义务者支付违约金、赔偿损失等。

(3) 刑事措施，指人民法院对于构成犯罪的个人依法追究刑事责任。

金钥匙

2007年五一黄金周期间，某旅行社组织一批游客参加“日照4日游”，时间为5月2日至5日。按照行程约定，5日下午安排旅客在日照海边游玩，然后返程。可是5日下午日照突降大雨，游客海边游玩计划被取消。旅游团共有34名游客，其中23名游客要求导游延迟一天行程，费用自行承担，并集体签字认可。另外11名游客要求提前返程，并要求旅行社派原乘坐车辆送他们返回，旅客双方发生争执。组团社立即协调当地地接社，为11名旅客调来一辆同车型、同档次的旅游大巴，答应送他们返回。但是，11名游客仍然怀疑旅行社的诚意，派出3名代表坐在原旅游车上，既不听导游劝解，也不去旅行社为他们免费提供的酒店食宿，并提出，要么旅行社派原乘坐车辆送他们返回，要么给他们买火车卧铺返程。该旅行社经理左右为难，最后只得给旅游质监所打电话请求援助。

分析：尽管此案例的案由并不复杂，11 名游客维权的方式显然不适当。在这种情况下，旅客应该要求旅行社赔偿相关损失，或采取其他补救措施，以维护自己的合法权益，而不应该采取类似不恰当的方式阻断行程。但是，因为该事件发生在黄金周期间，势必引起各级旅游部门的重视。质监所工作人员一方面责成旅行社不计任何代价，妥善安排旅客安全返程，避免造成更大的恶劣影响；一方面致电旅客代表，劝抚客人先听从旅行社安排返程，回家后按照相关法规规定给予经济赔偿，尽量不使事态扩大。此案的最后处理结果为旅行社为 11 名游客购买了第二天的返程卧铺票，花费了火车票及在日照滞留一夜的住宿、餐饮等各项损失共计 2000 余元。

总结：这起案例说明，一方面游客的自我保护意识逐渐增强，是社会走向进步、市场迈向成熟的明显标志，但同时也反映出部分游客仍然存在维权方式不适当等现象，旅客在不懂得旅游法规的前提下，无限制地让自己的权益膨胀，从最初的“受害者”演变为最终的“损害者”。当经营者已经做到仁至义尽时，客人还要求对方做出不切实际的赔偿，无限制地扩大矛盾，也就使保护自己合法权益的行为变成了无理取闹，即损害了别人的利益也损害了自身利益。另一方面也折射出我们在市场、行业监管以及旅行社经营管理等方面存在诸多问题。在日趋成熟的旅游消费市场中，旅行社应学会运用法律武器保护自己，尤其针对部分游客无理取闹、无限制地扩大损失时，应积极采取应对措施。这些现象的存在也暴露出我们现行的旅游法规仍有许多不尽完善之处，对于旅游经营者有众多条条框框，对于旅游者缺乏规范，过多强调了旅游消费者的权利而削弱了其应尽的义务，因而有待进一步完善。

模块小结

本模块主要阐述旅游法的产生和发展，旅游法的概念和特征、旅游法法律关系及其保护。旅游法的调整对象主要是指旅游活动中（包括旅游管理、经营、参观、游览等与旅游有关的活动）形成的带有旅游或体现旅游活动特点的社会关系。旅游法包括狭义的旅游法律（《中华人民共和国旅游法》和其他调整旅游活动中各种法律关系的有关法律、法规），也包括国务院及旅游主管部门制定颁布的单行旅游行政法规和部门规章。旅游法律关系是旅游法对旅游社会关系调整的结果。旅游权利和旅游义务是旅游法律关系的核心。旅游法律关系一旦形成，就受到法律保护。

复习与练习

一、填空题

1. 旅游法是调整________领域中各种________的法律规范的总称。

2. 旅游经营单位主要是指直接从事旅游经营的________、________、________、________等单位。

3. 从我国的实际情况来看，旅游法是指旅游法律、法规、部门规章以及________的总称。

4. 目前，国务院专门针对旅游业制定的行政法规是________、________和________。

5. 旅游法律关系是指当事人之间被________调整的具有________和________内容的社会关系。

二、选择题

1. 行政执法人员在执法活动中必须按照法律规定的内容、精神和程序办事，绝不允许徇私舞弊，贪赃枉法。其要求是指________。

A. 有法可依　　B. 有法必依

C. 执法必严　　D. 违法必究

2. 甲旅行社与乙旅行社签订旅游合同。在合同中约定，若在合同履行过程中甲违约由丙向乙承担赔偿责任，后甲违约，丙不履行赔偿责任，该违约责任应由________。

A. 甲承担　　B. 丙承担

C. 甲丙共同承担　　D. 甲或丙承担

3. 导游人员在导游活动中有以下哪种情形的，扣除其 IC 卡 8 分________。

A. 以明示或者暗示的方式向旅游者索要小费的

B. 私自带人随团游览的

C. 擅自增加或者减少旅游项目的

D. 欺骗、胁迫旅游者消费的

4. 青岛市某旅行社欲聘具有特定语种语言能力的李某临时从事导游活动。按《导游人员管理条例》，应________。

A. 由李某向青岛市旅游局申请领取临时导游证

B. 由李某向山东省旅游局申请领取临时导游证

C. 由某旅行社向青岛市旅游局申请领取临时导游证

D. 由某旅行社向山东省旅游局申请领取临时导游证

5. 依据《导游人员管理办法》规定，累计扣分达到 10 分者________。

A. 不予通过年审　　B. 暂缓通过年审

C. 行业通报　　D. 警告批评

三、简答题

1. 怎样理解旅游业的发展导致旅游法的产生？

2. 什么是旅游法？它有什么原则和作用？

3. 我国的旅游立法体系如何？

4. 什么是旅游法律关系？它由哪三大要素构成？

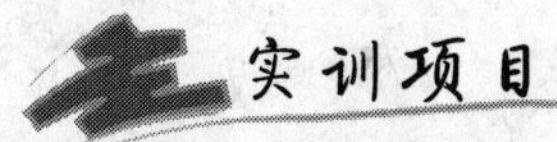

【实训名称】

旅游法规实施情况调查。

【实训内容】

学生以小组为单位，设计制作调查问卷，然后去当地著名的旅游景区或游客中心进行调查。调查的主要内容包括食宿购物、旅游安全、导游服务、旅游维权途径等方面的旅游法规实施情况。

【实训步骤】

1. 要求作好调查结果的分析。

2. 形成调研报告。

参考文献

[1] 陈淑君．服务［M］．北京：国家行政学院出版社，2006.

[2] 林雨荻．访客接待拜访礼仪［M］．北京：北京大学音像出版社，2006.

[3] 林友华．社交礼仪（第二版）［M］．北京：高等教育出版社，2007.

[4] 杨眉．现代商务礼仪（第二版）［M］．大连：东北财经大学出版社，2005.

[5] 洪美玉．旅游接待礼仪［M］．北京：人民邮电出版社，2006.

[6] 张利民．旅游礼仪［M］．北京：机械工业出版社，2004.

[7] 金正昆．商务礼仪［M］．北京：北京大学出版社，2004.

[8] 金正昆．商务礼仪教程（第二版）［M］．北京：中国人民大学出版社，2005.

[9] 李光，达明．酒店礼仪［M］．伊犁：伊犁人民出版社，2000.

[10] 马飞．商务礼仪规范手册［M］．北京：金城出版社，2005.

[11] 常建坤．现代礼仪教程［M］．天津：天津科学技术出版社，1998.

[12] 熊经浴．现代实用社交礼仪［M］．北京：金盾出版社，2003.

[13] 程道品．旅游学概论［M］．大连：东北财经大学出版社，2008.

[14] 刘荣．旅游学概论［M］．北京：北京交通大学出版社，2007.

[15] 蔡敏华．旅游学概论［M］．北京：人民邮电出版社，2006.

[16] 刘伟．旅游概论［M］．北京：高等教育出版社，2003.

[17] 杨振之．旅游资源开发与规划［M］．成都：四川大学出版社，2002.

[18] 杨振之．旅游原创策划［M］．成都：四川大学出版社，2005.

[19] 吴忠军．旅游景区规划与开发［M］．北京：高等教育出版社，2003.

[20] 国家旅游局人事劳动教育司．饭店管理概论［M］．北京：旅游教育出版社，2004.

[21] 全华．旅游资源开发及管理［M］．北京：旅游教育出版社，2006.

[22] 马勇，周娟．旅游管理学理论与方法［M］．北京：高等教育出版社，2004.

[23] 肖星．旅游策划教程［M］．广州：华南理工大学出版社，2005.

[24] 沈祖祥，张帆．旅游策划学［M］．福州：福建人民出版社，2000.

[25] 马勇，周霄．旅游学概论［M］．北京：旅游教育出版社，2004.

[26] 李肇荣，罗世伟．旅游资源开发与旅游规划［M］．北京：中国财政经济出版社，2001.

[27] 赵长华．旅游概论［M］．北京：旅游教育出版社，2004.

[28] 邓清南．旅游学概论［M］．成都：四川大学出版社，2007.

[29] 赵西萍．旅游市场营销学［M］．北京：高等教育出版社，2002.

[30] 程宝山．旅游法教程［M］．郑州：郑州大学出版社，2006.

[31] 编写组．全国导游人员资格考试教材［M］．北京：旅游教育出版社，2005.

[32] 卢世菊，樊志勇，陈筱．旅游法规［M］．武汉：武汉大学出版社，2003.

[33] 王健．旅游法教程［M］．天津：南开大学出版社，2002.

[34] 杜洪义．旅游法规概述［M］．大连：辽宁师范大学出版社，2004.

[35] 编委会．旅游法规案例精选与评析［M］．北京：中国旅游出版社，2004.

[36] 苏立，侯爽．旅游心理学［M］．北京：电子工业出版社，2008.

[37] 田利军．旅游心理学［M］．北京：中国人民大学出版社，2006.

[38] 刘纯．旅游心理学［M］．天津：南开大学出版社，2000.

[39] 甘朝有．旅游心理学［M］．天津：南开大学出版社，2001.

[40] 赵亚翔．市场营销［M］．大连：大连理工大学出版社，2009.

[41] 邹益民，周亚庆．饭店管理——理论、方法与案例［M］．北京：高等教育出版社，2004.

[42] 郑凤萍．旅游市场营销［M］．大连：大连理工大学出版社，2008.

[43] 吴承照．现代旅游规划设计原理与方法［M］．青岛出版社，1998.

[44] 王思忠．礼仪基础知识［M］．上海：华东理工大学出版社，1997.

[45] 刘小清．现代营销礼仪［M］．大连：东北财经大学出版社，2002.

[46] 黄大成．试论珠海旅游资源的开发与保护［J］．中共珠海市委党校珠海市行政学院学报［J］．2004（2）．

[47] 新华网．http：//www.xinhuanet.com.

[48] 中商行酒店联盟．http：//www.ecoclub.hk.

[49] 中华人民共和国国家旅游局．http：//www.cnta.gov.cn.

[50] 中国旅游信息网．http：//www.cthy.com.

[51] 问道——专业问卷调查平台．http：//www.askform.cn.

[52] 游澳门．http：//www.youaomen.com.